01 ゼロからはじめる建築知識

木造住宅

関谷真一

X·K
エクスナレッジ

INDEX

第1章　プランで決まる住みやすさと住宅の寿命 … 005

本当は長い木造住宅の寿命 …… 006
安全性と建て主のニーズを満たすプランニング …… 008
窓や軒《のき》でコントロールする日照と通風 …… 010
敷地で決まる建物のプラン …… 012
見た目だけでは分からない地盤の強さ …… 014
生活に欠かせない水とエネルギーの供給 …… 016
建築の手続きとその手順 …… 018
より安心になった木造住宅の保証 …… 020
木造住宅建築の費用 …… 022
木造住宅建築の流れ …… 024
コラム　昔の家のつくり方に学ぶ …… 026

第2章　木造住宅を支える地盤と基礎 …… 027

軟弱地盤や盛土《もりど》の危険性 …… 028
不同沈下《ふどうちんか》が起こす建物の変形や亀裂 …… 030
地盤の支持力で分かる地盤の強さ …… 032
地盤の支持力で変わる地盤の補強方法 …… 034
地盤の状況で決まる基礎の種類 …… 036
建物を長持ちさせる床下の湿気対策 …… 038
コラム　木造住宅の耐震《たいしん》・制震《せいしん》・免震《めんしん》 …… 040

第3章　木造住宅の構造 …… 041

適材適所で生かされる木材の性質 …… 042
等級で規定される木材の強さ …… 044
ムク材と集成材・合板それぞれの特徴を知る …… 046
柱と梁《はり》で骨組みをつくる軸組工法《じくぐみこうほう》 …… 048
壁と床で建物を支える枠組壁工法《わくかべぐみこうほう》 …… 050

丸太の断熱性や燃えにくさを生かすログハウス …… 052
構造計算が義務づけられている木造3階建て …… 054
伏図《ふせず》は木造住宅の構造設計図 …… 056
地震に強い架構《かこう》設計の考え方 …… 058
防腐《ぼうふ》・防蟻《ぼうぎ》対策が重要な木造住宅の土台 …… 060
建物を支える通し柱と管柱 …… 062
スパンで決まる梁《はり》の断面寸法 …… 064
木造住宅の安全性を確認する壁量《へきりょう》計算 …… 066
バランスが大切な耐力壁《たいりょくへき》の配置 …… 068
地震時の変形を防ぐために強める水平構面 …… 070
継手《つぎて》と仕口《しぐち》は木造住宅の特徴 …… 072
継手《つぎて》と仕口《しぐち》を補強する接合金物 …… 074
屋根を支える小屋組《こやぐみ》の構造 …… 076
コラム 住宅性能表示制度は、住宅の通知表 …… 078

第4章　木造住宅を守る屋根と外壁 …… 079

風雨や火災から住宅を守る外装 …… 080
防火規定で防ぐ火災時の延焼 …… 082
屋根形状に特徴がある日本建築 …… 084
屋根材として優秀な日本の瓦 …… 086
外観とメンテナンス性に大きく影響する軒《のき》と樋《とい》のデザイン …… 088
建物の耐久性を高める外壁通気構法 …… 090
日本の住宅を変えたサイディング …… 092
伝統的な木板《もくいた》張《ば》り外壁とメンテナンス性が高い金属外壁 …… 094
湿式で仕上げるモルタルやタイルの外壁 …… 096
開口部とバルコニーの防水対策 …… 098
目的に応じて選べる多彩な開口部 …… 100
開口部の断熱と結露《けつろ》対策 …… 102
断熱材の普及で向上した木造住宅の省エネ性能 …… 104
換気への配慮が大切な高気密・高断熱住宅 …… 106
施工がしやすい充填《じゅうてん》断熱工法 …… 108
壁体内結露《へきたいないけつろ》を防ぐ外張り断熱工法 …… 110
夏の日射対策に有効な棟換気《むねかんき》と屋根断熱 …… 112
コラム 誰でもできる！　自然素材の仕上げ …… 114

第5章　自然素材に回帰する住宅の内装 ………… 115

シックハウス症候群を防ぐ内装設計のポイント ………………………… 116
大壁《おおかべ》と真壁《しんかべ》で異なる下地のつくり方 ………………………………… 118
見直される左官仕上げの内装 ……………………………………… 120
天井の形状によって変わる空間の広がり方 ………………………… 122
天井を水平に見せるテクニック ……………………………………… 124
部屋の長手《ながて》方向に張る床板の原則 ………………………………… 126
バリアフリーで増える吊戸の納まり …………………………………… 128
キッチンの内装制限 ……………………………………………… 130
D値・L値で表される木造住宅の防音・遮音《しゃおん》性能………………………… 132
床に座った目線を基準に設計する和室の基本寸法 ……………………… 134
和室の天井と造作《ぞうさく》のルール ………………………………………… 136
和室に欠かせない障子《しょうじ》と襖《ふすま》……………………………………………… 138
防水を重視する玄関ドア ……………………………………………… 140
価格の幅が大きいキッチンなどの水廻り設備 ………………………… 142
建築基準法で決まっている階段の基本寸法 ………………………… 144
量より使いやすさで考える収納と造作家具《ぞうさくかぐ》 ………………………… 146
コラム 家の中で火を囲むよろこび …………………………………… 148

第6章　進化する住宅設備とまちなみをつくる外構… 149

建物より短い設備の寿命 ………………………………………… 150
引込み柱を立てたい電線の計画 …………………………………… 152
できるだけまとめたい給排水設備 ………………………………… 154
機械換気と自然換気の使い分けで実現する快適な空間 …………… 156
多くの種類がある給湯の熱源 ……………………………………… 158
節水や快適性で進化を続けるトイレの設備 ………………………… 160
火を使わないキッチン設備の増加 ………………………………… 162
空間を演出する照明の使い方…………………………………………… 164
投資回収で考える省エネ設備の効果………………………………… 166
周辺環境との調和が大切な外構計画 ……………………………… 168
玄関と一体で考えるアプローチのデザイン ………………………… 170
トータルイメージが大切な住宅の植栽計画 ………………………… 172
5分間の防御が目標の防犯対策 …………………………………… 174

本書は2008年10月、エクスナレッジより刊行された「世界で一番やさしい木造住宅」を、再編集および加筆・修正したものです。

第1章

プランで決まる
住みやすさと住宅の寿命

本当は長い木造住宅の寿命

日本の住宅では、木造住宅が圧倒的に大きな割合を占めています。多くの人が慣れ親しんだ日本の伝統を受け継ぐ住宅であり、木造専門の大工さんも多くいます。しかし、最近では、高い技術が不要な新建材を使って簡単に工事ができるため、優れた技術を持った職人さんが少なくなっているのが現状です。

木造住宅の寿命

欧米の住宅の多くは、100年以上使われています。一方、日本の古い民家の場合は、300年以上使われているものもありますが、戦後に建てられた木造住宅の多くは、30年あまりで建て替えられています。取りあえず、需要を満たすことが求められ、広さと質の点でその後の生活に合わなかったことが大きな要因です。このため、より長持ちする住宅の建設を進めていくために、国土交通省により、長期優良住宅の普及の促進等に関する法律が制定され、長期優良住宅の建設に対して補助金が交付されています。

住宅の寿命が長くなれば、建て替え時に発生する大量の建築廃材を減らすことができます。また、木が成長する時間と同じか、それ以上の寿命を木造住宅が持てば、木を植えて成長してから建てるという環境に優しい循環型の家づくりを行うことができます(図1)。

大切な顔の見える関係づくり

これまでの木造住宅は、地域の工務店が中心になって建ててきましたが、最近では住宅メーカーによる住宅の供給が多くなっています。また、工務店が建てる場合でも、建材は新建材を取り付けるような組立型の住宅工事が多く、木造の技術を伝承しにくくなっています。

これから先、職人の高い技術を伝承していくためには、建て主と地域工務店が顔の見える関係で、地域の住宅の建設やメンテナンスに対応してきた良さを生かしつつ、設計者がパートナーとして、バックアップしていくことがますます必要になってくると考えられます(図2)。

これからの木造住宅は
寿命の長い家を目指しましょう

図1▶長持ちする木造住宅づくりのポイント

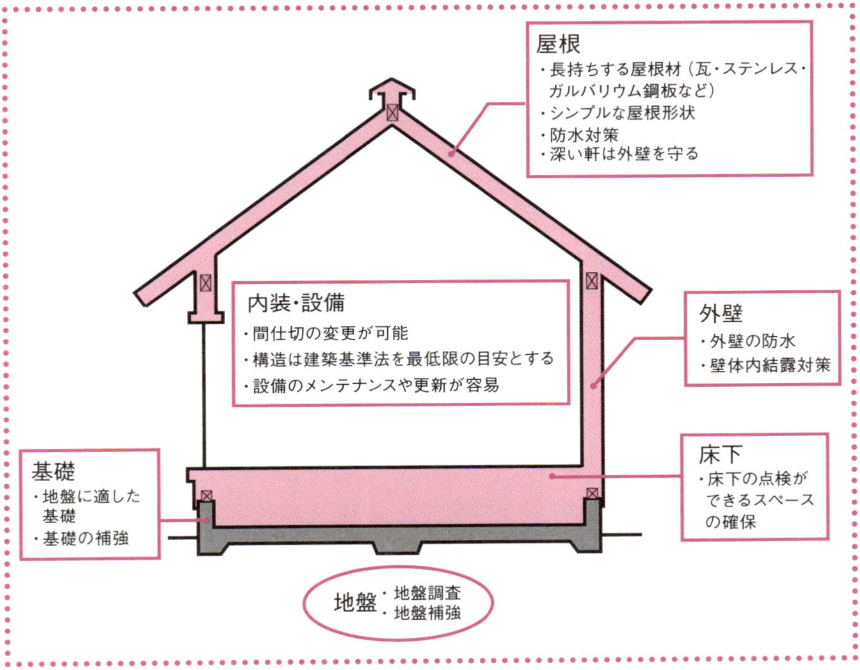

図2▶地域による家づくりの仕組み

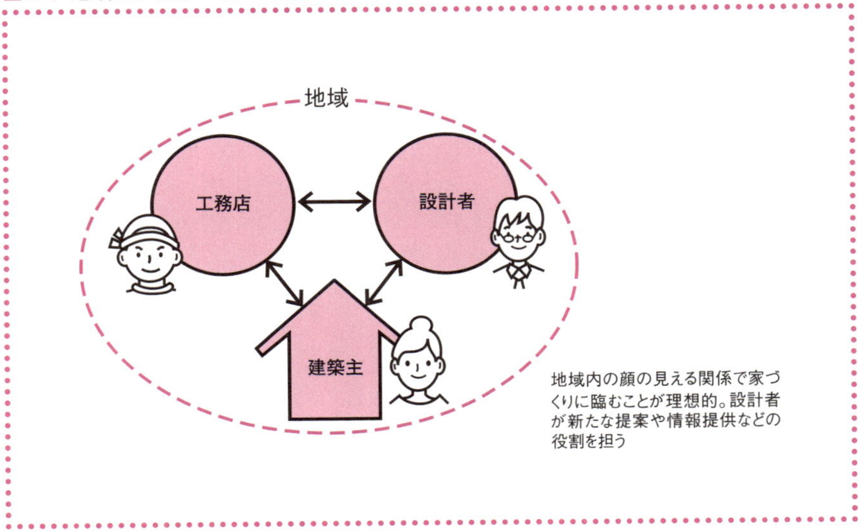

地域内の顔の見える関係で家づくりに臨むことが理想的。設計者が新たな提案や情報提供などの役割を担う

安全性と建て主のニーズを満たすプランニング

木造住宅設計のポイント

建て主がどのような生活をし、どのような空間をイメージしているのか、生活のイメージを共有してプランニングします。

(1) 必要な空間と機能の実現

建て主の必要としている空間と設備などの機能を整理し、ゾーニングすることから始めます。平面だけではなく、立体的な検討が重要になります(図3)。

(2) 構造からの発想

耐震《たいしん》性に優れていることを目指すと、建築基準法で定められている基準の1.5倍程度の強度が必要となります。一方、間取りだけを考えて決めると、構造が複雑になり、目標としていた耐震性が満たせないことがあります。よって、設計の当初から構造を意識してプランニングを進める必要があります。

(3) 日照と通風の確保

冬は日照を確保し、夏は日差しをさえぎり、通風をよくして、なるべく機械に頼らない自然換気とします。また、軒を出すことや、窓の配置の検討も日照・通風に大きな影響を与えます。

ゾーニングのポイント

敷地内のゾーニングでは、道路や隣地の建物、植栽、遠方の景色も重要な要素です。また、敷地内の建物がない空きの部分をどのようにするかがポイントとなります。

玄関からのアプローチを長く取るとゆとりのある演出ができますし、バリアフリーを考えてスロープを設ける時に緩やかな勾《こう》配《ばい》を確保することができます。

室内のゾーニングでは、住宅の中心となる居間や食堂などの位置を、玄関からの動線を考えて決めます。次に、関連する台所などを決め、その他の水廻りや個室を決めていきます。動線が交錯《こうさく》すると、落ち着かない空間になってしまいます。廊下をなくして部屋同士をつなぐと、無駄な動線が無くなり、その他の空間を大きくすることができます(図4)。

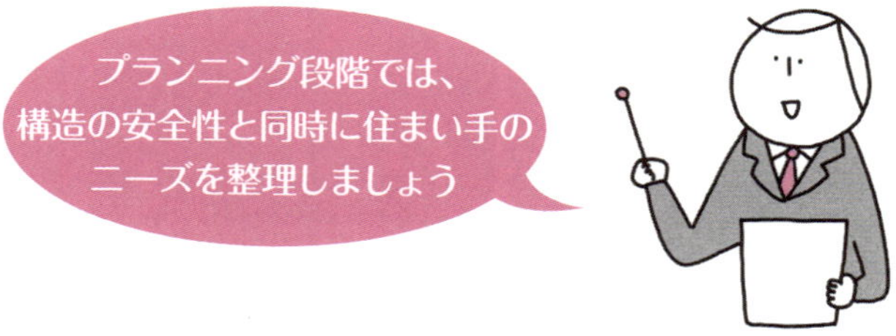
プランニング段階では、
構造の安全性と同時に住まい手の
ニーズを整理しましょう

図3 ▶ゾーンニング

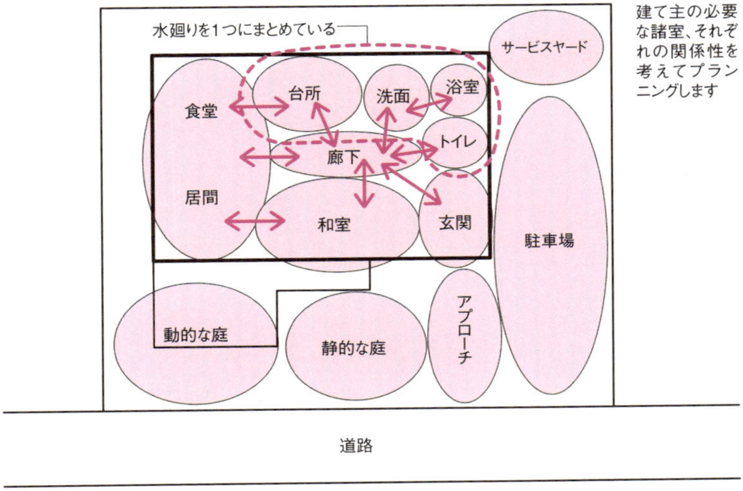

建て主の必要な諸室、それぞれの関係性を考えてプランニングします

図4 ▶動線

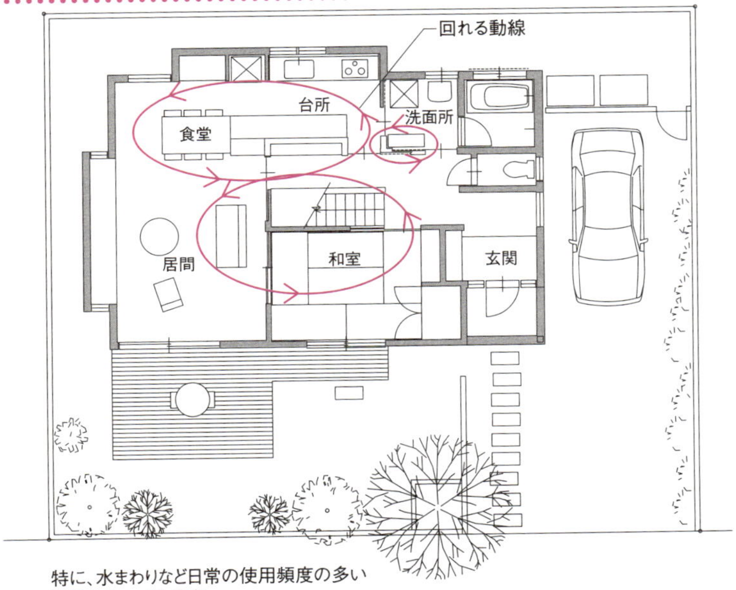

特に、水まわりなど日常の使用頻度の多い動線をチェックします

窓や軒《のき》でコントロールする日照と通風

配置やプランニング、立面計画において、冬の日照と夏の通風確保が重要になります。

日照のコントロール

冬至の南中時における太陽高度は、東京では 30度ほどになり、夏至では、約 80度にもなります。軒を出すことができれば、高い位置にある夏の太陽の日差しを遮《さえぎ》りながら、低い位置にある冬の太陽の日照を奥まで取り込むことができます(図5)。

市街地では、建物が密集しており、十分な日照が得られません。そこで、吹抜けをつくることで日差しが1階まで入るようにしたり、2階に居間をつくる逆転プランを取り入れることで、日照を確保します。こうすれば、2階の屋根に日が当たる程度であっても、ある程度の日照を確保することができます。天窓を設置するのも日照の面では大きな効果があります。

庭に落葉樹を植えると、夏は日影をつくり、冬は日差しを妨《さまた》げずに取り入れることができます。

通風の確保

夏の通風を確保するためには、部屋の対角線方向に、2つ以上の窓を設けると効果的です。また、暖められた空気は上昇する性質があるため、高い所に窓をつくり、上方向に熱気を逃がすようにします(図6)。

高所に窓を設ける場合、オペレーター式の窓にしたり、内倒し窓にして、専用のポールで簡単に開閉することもできます。このようにして、室内全体で、空気が流れるルートを確保します。

勝手口として、上げ下げ窓が一体になった扉を使うと、採光と通風を有効に取り入れることができます。上げ下げ窓とは、2枚のガラス戸が縦の窓枠の溝に沿って、上下方向に開閉する縦長の窓のことです。下部のガラスだけが上下するシングルハング窓と、上下のガラスが両方とも可動するダブルハング窓があります。また、格《こう》子《し》やよろい戸の雨戸などで、窓開放時の防犯対策を十分に考えておく必要があります。

開口部は、通風を考えて
適切な位置に適切な大きさで
設計しましょう

図5 ▶夏・冬季の日照の違い

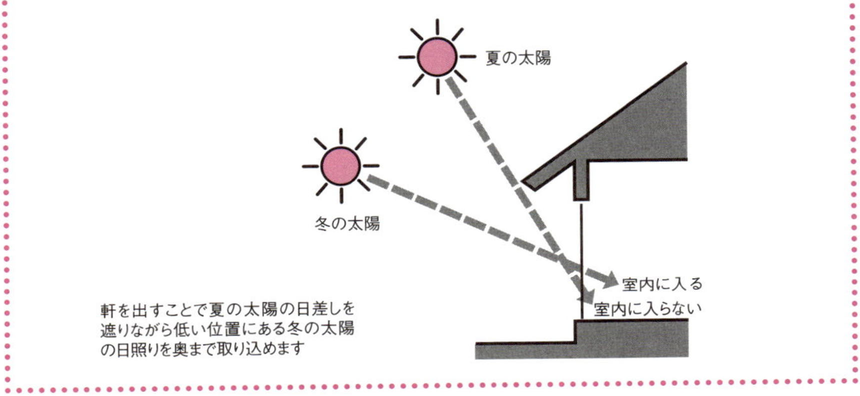

図6 ▶良好な日照と通風を得られる木造住宅のイメージ

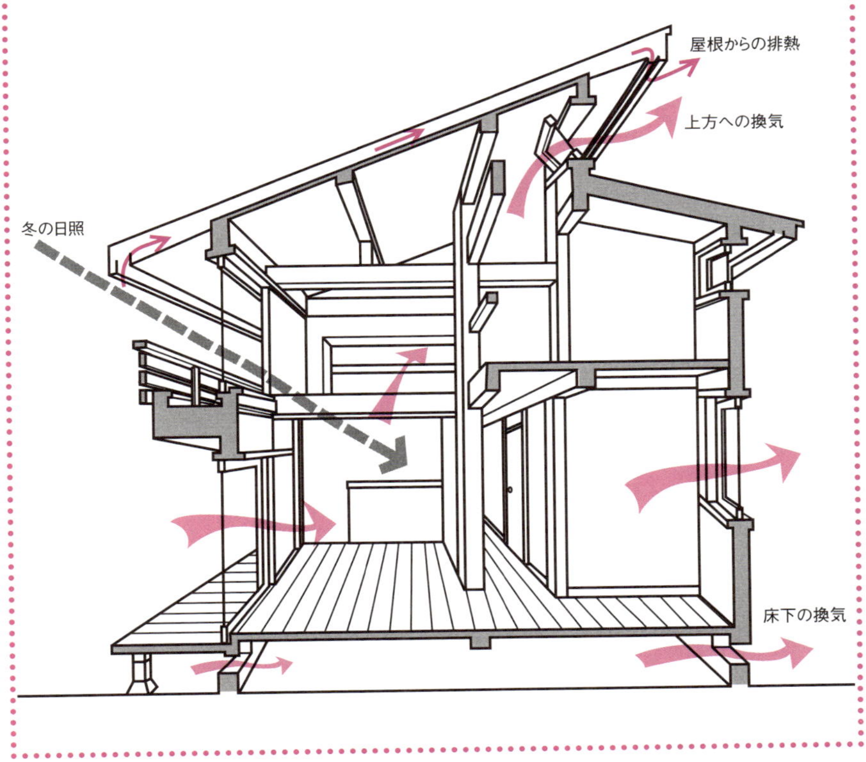

敷地で決まる建物のプラン

敷地の周辺環境

設計の初期段階で、敷地の環境を把握し、設計を進めるための基本的な方向性を決めていきます。そのためにも実際に敷地に立ち、敷地そのものと周辺の状況を把握します。そして、どのような空間がふさわしいか、敷地に立って想像します。

（1）道路との関係

敷地は、敷地に接している道路の幅などにより、そこに建てられる家の大きさが決まります。また、建築基準法の接道《せつどう》義《ぎ》務《む》により、敷地は原則として道路に２ｍ以上接していなければならないと定められています。さらに、道路と敷地の段差が大きいと、設計に大きく影響します。高低差がかなりある場合は、擁壁《ようへき》で高い位置にある地盤を支えたり、建物の基礎を高くして高さを揃えます。

また、玄関と道路側アプローチの高低差をどうやってつなぐか、検討する必要があります（図７）。

（2）近隣敷地との関係

周囲の建物の位置とその開口部の位置も把握しておく必要があります。現在、建物が建っていなくてもできる範囲で、将来的なことを想定します。

隣地境界のポイントを確認し、境界塀が境界線のどちらかに寄っているか、あるいは中心なのかを確認します。境界塀を新規につくる場合は、補修時のことなども考え、敷地内に設置することが多くなっています。

自然条件の把握

できれば晴れの日だけでなく、雨の日にも敷地を見ておくとよいでしょう。季節ごとの状況も近所の方へのヒアリングなどで確認しておきます。

敷地内だけでなく、周囲の地形や土地の条件も、資料や実際に歩いてみて確認する必要があります。特に、湿度や風、雨が降ったときの状況、日当たりなどの自然条件の把握が重要です（図８）。

敷地環境はそこに建てられる
家の大きさをはじめ、さまざまな
条件に影響を及ぼします

図 7 ▶前面道路の状況をチェックする

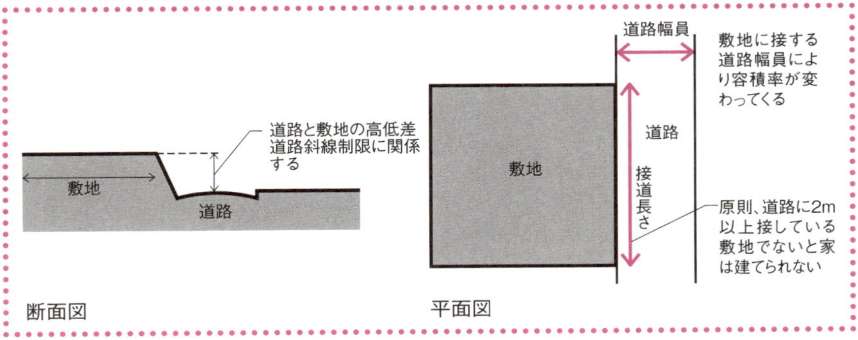

図 8 ▶敷地環境を生かした住宅のイメージ

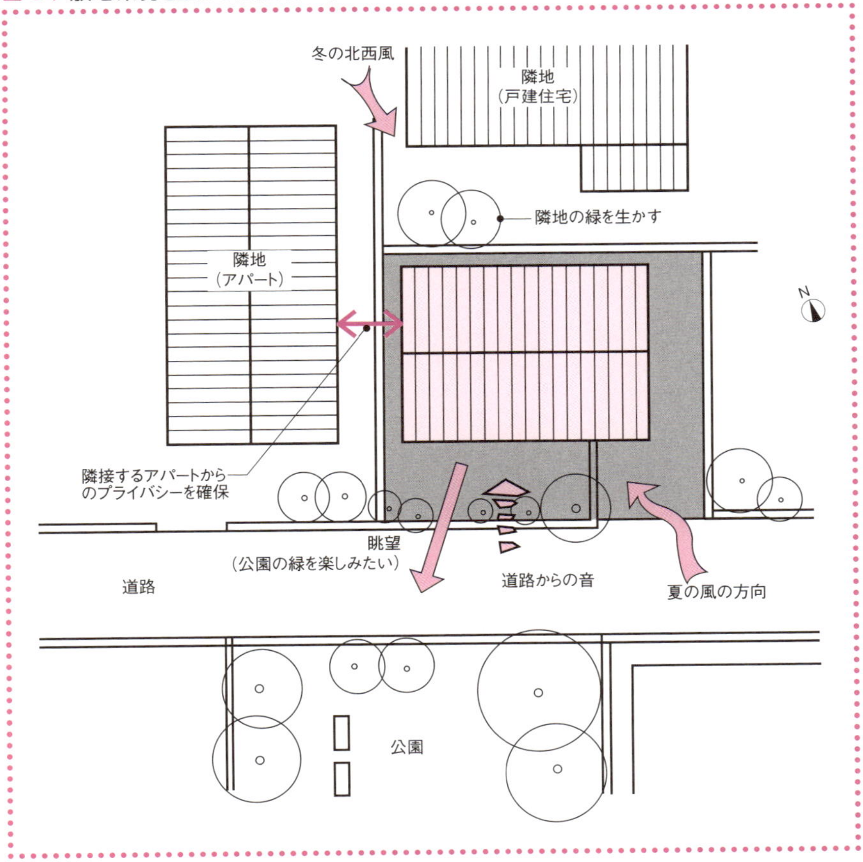

見た目だけでは分からない地盤の強さ

見逃せない地盤不良

地盤に不良があると、建物が沈下して重大な欠陥につながるおそれがあります。地盤の欠陥は、補修に莫大な費用がかかり、場合によっては建物を建て直すことにもなりかねません。そのため、現地調査では、敷地の環境を見るだけではなく、必ず地盤調査を行う必要があります(図9)。

これまでは、地盤に対する認識が低くて調査を行わないケースが多く、地盤補強も十分に行われないことが多くありました。古い住宅をリフォームする際に建物を調査すると、地盤沈下によって床が部分的に下がっている状態がよく見られます。これは、地盤が部分的に沈下する不同沈下のため、建物が傾いているからです。少しの傾きでも、住まい手にとっては、平衡《へいこう》感覚に悪影響を与えるおそれがあり、軽視することはできません。

地盤の調査方法

木造住宅の地盤調査方法として一般的なのは、スウェーデン式サウンディング調査です。調査の結果によっては、地盤の補強を行う必要があります。

調査をする前には、周辺の地盤調査のデータを参照したり、敷地周辺の塀《へい》や住宅の基礎に亀裂《きれつ》が入っていないかどうかも参考にします。地盤が悪いと塀や基礎に欠点として表れている可能性が高いからです。

また、敷地周辺に河川や水田などがある場合は、軟弱地盤である可能性が高くなるので、注意が必要です。

埋め立てや、盛土《もりど》を行った敷地かどうかの履歴も確認します。

埋め立て地や盛土の土地は、地盤の転《てん》圧《あつ》が不足していると不同沈下《ふどうちんか》を起こす可能性があります。

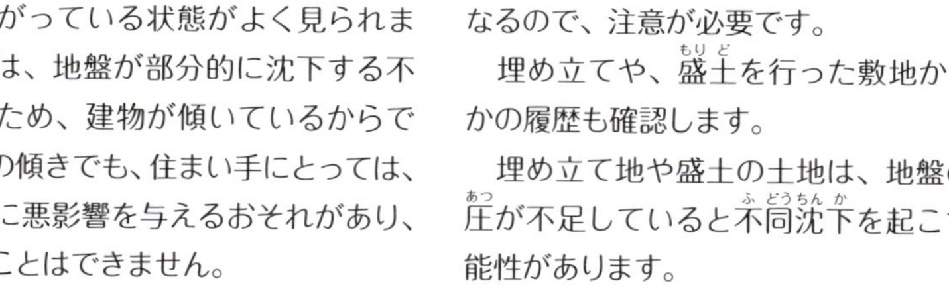

図9 ▶地盤の安全性を確認する

自分で調べられること

土地の歴史を知ること
・開発間もない土地かどうか
・開発前の状態や利用状態

現状の土地の状況を調べる
・地中の埋設物の有無
・地下工作物の有無
・足で踏んで感触を確かめる
・周辺に川や水田がないかどうか
・近隣の建物の基礎にひび割れなどがあるかどうか
・埋め戻しや盛土をした土地かどうか

↓

地盤調査

専門業者による地盤調査を行う
・スウェーデン式サウンディング調査
・表面波探査法
・標準貫入試験（ボーリング調査）
・その他

目的や建物規模などに適した調査方法を選択する

↓

地盤の許容応力度（kN／m^2）	基礎の構造
20未満	基礎杭を用いた構造
20以上30未満	基礎杭を用いた構造またはべた基礎
30以上	基礎杭を用いた構造、べた基礎または布基礎

注：地盤の許容応力度が70kN／m^2以上であれば土台を設けず柱を基礎に緊結する形式、または平屋で土台を設けず、足固めを使用して柱の下部同士を一体化するようつなぎ、地盤に礎石などを敷きならべて柱を礎石上に立てる形式が可能

↓

地盤補強

地盤調査結果にもとづき、必要な場合は地盤補強を行う
・再転圧工法
・柱状改良
・表層改良
・鋼管杭
・その他

地盤調査の結果、許容応力度が20kN／m^2未満の場合や自沈が多く見られる場合、何らかの地盤補強が必要

生活に欠かせない水とエネルギーの供給

給水とガス・電気の引込み

敷地の給水、ガス、電気の供給については、現地調査や行政庁で現状を確認し、必要があれば、新たに引き込む必要があります(図 10)。

(1) 給水

以前は、給水メーターの管径《かんけい》は 13mmのものが多く使われていましたが、現在では、20mm以上のものが標準となっています。20mmに変更できない場合は、給水タンクに貯留《ちょりゅう》してポンプで加圧して給水する方法を用いることもあります。

(2) ガス

都市ガスは、道路から引き込んでメーターをつけ、建物内の配管につなげます。道路から敷地内に引き込むまでは、無料でガス会社に工事をしてもらえる場合もあります。

(3) 電気

電気は、道路の電柱から建物に直接引き込むか、一旦、引き込み用のポールに引き込んでから、地中経由で建物に取り込みます。引込みポールを立てると、電線の距離が短くなり、強風時に電線があおられる危険を防ぐことができます。

生活排水

生活排水は、公共下水道に放流するか、浄化槽 (じょうかそう)を設置して汚水を処理します(図 11)。

(1) 公共下水道

下水道が完備されている場合は、建物からの排水管を道路から引き込んだところに設置されている公設桝《こうせつます》に接続します。

下水道は、汚水と雨水を分ける分流式と、汚水と雨水を分けない合流式があります。分流式の場合、雨水は敷地内に浸透させるか、道路脇の側溝《そっこう》に流します。

(2) 浄化槽

公共下水道がない場合は、浄化槽を設置して、浄化した排水を側溝等に流します。トイレの汚水とその他の雑排水をまとめて処理する合併浄化槽が多く使われるようになっています。

排水不良でクレームになる
ことも多いので、排水状況の
確認を忘れないようにします

図 10 ▶水道・ガス・電気の引き込み

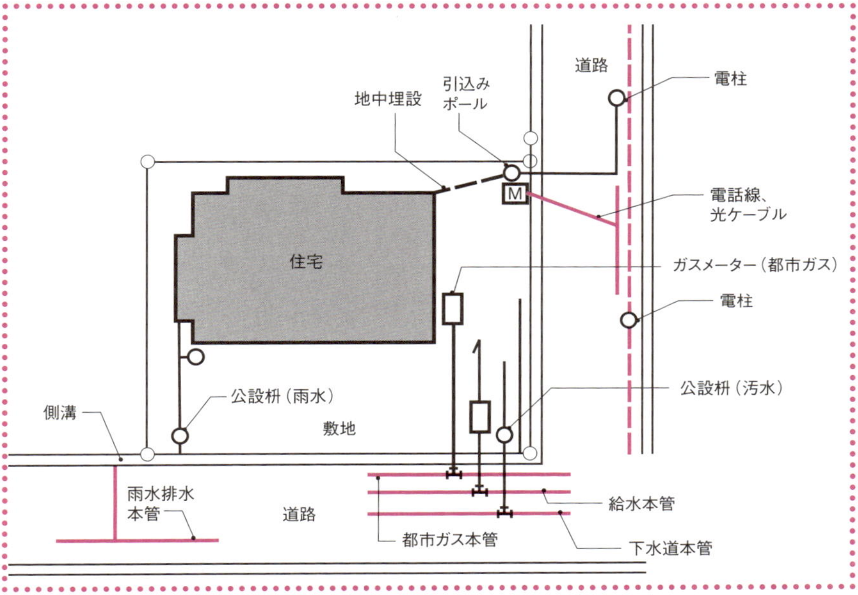

図 11 ▶排水方式の種類

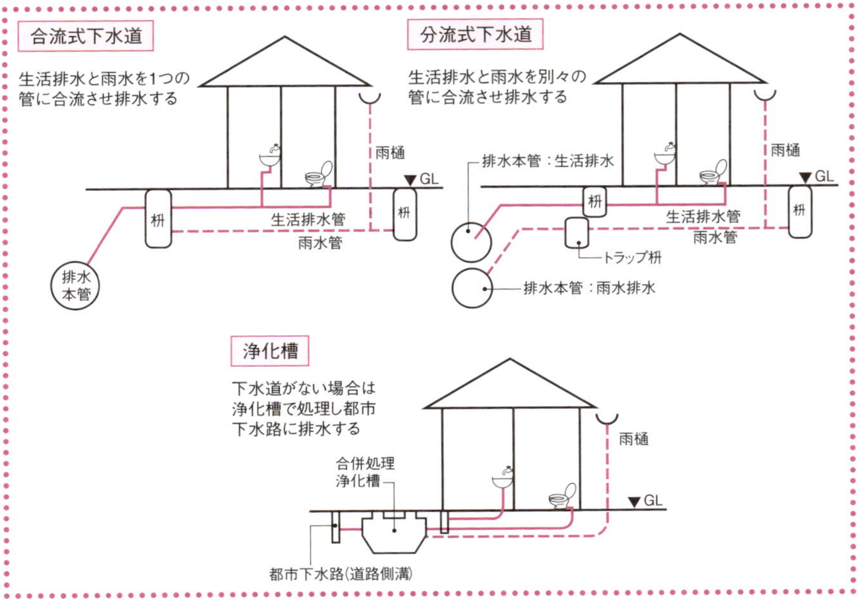

建築の手続きとその手順

確認申請と許可申請

建物の建築にあたっては、まず、建物が建築基準関係規定に適合していることを確認するための申請書の提出が求められます。これがいわゆる「確認申請」です。確認申請は、着工前に申請して審査を受け、「確認済証」の交付を受けなければなりません。

確認申請は、行政庁の建築指導課のほか、民間の指定確認検査機関でも行うことができます。この確認申請の手続きは、建築士が建て主の代理人として行うものです。

また、申請した計画通りに建物が建てられているかどうかを確認するために、中間検査や完了検査を受けることが義務付けられています。完了検査が済むと「検査済証」が交付されます(図 12)。

建築地の条件によっては、都市計画などの申請が必要になる場合があります。

敷地が市街化調整区域(原則として、新たな建物は建てられない区域)にある場合や敷地に1m以上の盛土《もりど》や 1.5m以上の切《きり》土《ど》などの開発行為を行う場合、行政や地区住民が定める地区計画や建築協定が定められた地域に敷地がある場合などです。建築協定とは、用途や隣地境界から建物までの離れ距離、外構《がいこう》などについて地域住民が定めている約束事です。

建物の登記

建物が完成すると建物を登記します。登記事項証明書に建物の所有者や建物の用途や面積などを記載することで、建て主がその建物を所有しているという事実が公示され、保護されます。登記を行わなければ、所有権が発生しません。この手続きは、建て主が行政書士や土地家屋調査士に依頼して法務局で手続きを行います。建物を解体した場合にも、滅失《めっしつ》登記《とうき》の手続きをとる必要があります。

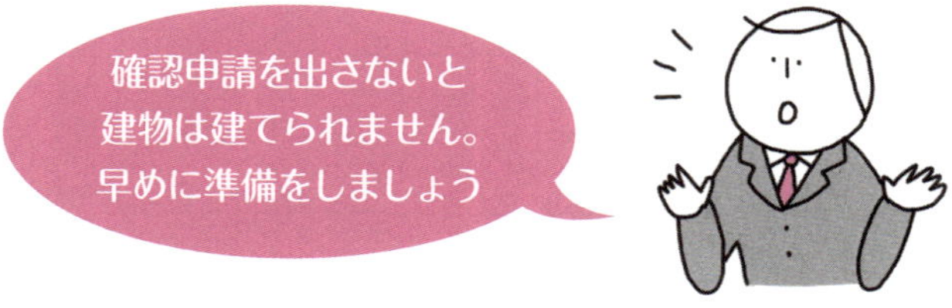
確認申請を出さないと
建物は建てられません。
早めに準備をしましょう

図 12 ▶確認申請の流れ

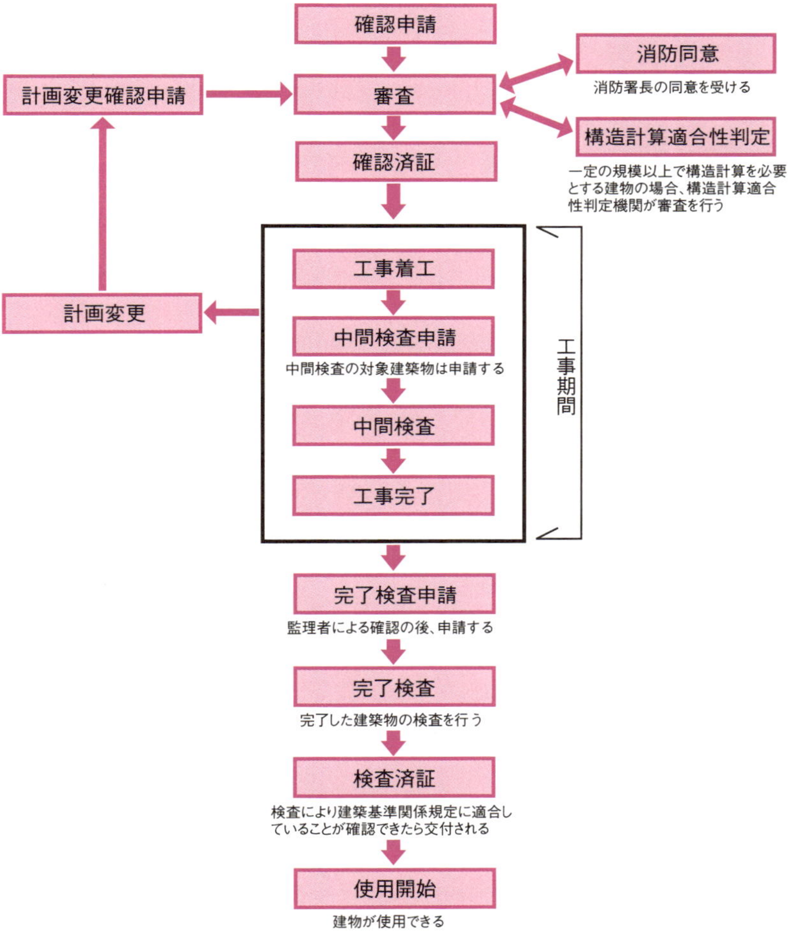
確認申請
審査
消防同意
消防署長の同意を受ける
構造計算適合性判定
一定の規模以上で構造計算を必要とする建物の場合、構造計算適合性判定機関が審査を行う
計画変更確認申請
確認済証
工事着工
中間検査申請
中間検査の対象建築物は申請する
中間検査
工事完了
計画変更
工事期間
完了検査申請
監理者による確認の後、申請する
完了検査
完了した建築物の検査を行う
検査済証
検査により建築基準関係規定に適合していることが確認できたら交付される
使用開始
建物が使用できる

より安心になった木造住宅の保証

瑕疵《かし》保証

家電製品などを購入すると、一般に1年間の保証がありますが、それと同様に、住宅にも保証制度があります。

2000年に施行された「住宅の品質確保の促進に関する法律(品確法《ひんかくほう》)」によって構造上の問題や、雨漏りなどの防水上の問題に対して、10年間の保証が義務付けられています。

引き渡し後 10年の間に、構造的な欠陥や、雨漏りが発生した場合、施工者が無償で補修しなければなりません。契約書で保証期間の記載がなかったり、10年以下の保証期間が記載されていても、10年間の瑕疵保証が優先されます(図 13)。

住宅《じゅうたく》瑕《か》疵《し》担《たん》保《ぼ》履《り》行法《こうほう》

耐震《たいしん》偽装《ぎそう》問題で、欠陥のあるマンションを購入した消費者が建物を取り壊して再建築するため、2重の住宅ローンを抱えることになったことが大きく報道されました。

品確法で建物の欠陥に対して10年間の保証がされていても、住宅会社に保証能力が無ければ、何の役にも立たないことが明らかになったのです。そこで、消費者保護のために、住宅の売主や請負《うけおい》者に瑕疵担保責任履行の裏付けとなる資力確保が義務づけられました。これが、2009年10月 1日に施行された「特定住宅瑕疵担保責任の履行の確保等に関する法律」です。住宅の売主や請負者は、補修にかかる費用をまかなうための保険に加入するか、補償金を供託《きょうたく》することが義務付けられました。

供託や保険に入っていれば、万が一、住宅会社に保証する能力が不足していても保険会社が建て主に補修工事に必要な保険金を支払います。保証の裏付けが確保されることになったのです。

この法律に違反した場合は、営業停止処分や建設業許可の取り消しを受ける場合もあります(図 14・15)。

構造上主要な部分や
雨漏りなどについては 10 年間の
保証が義務付けられています

図13 ▶住宅瑕疵担保責任保険の概要

保険の仕組み（瑕疵が発生したとき）

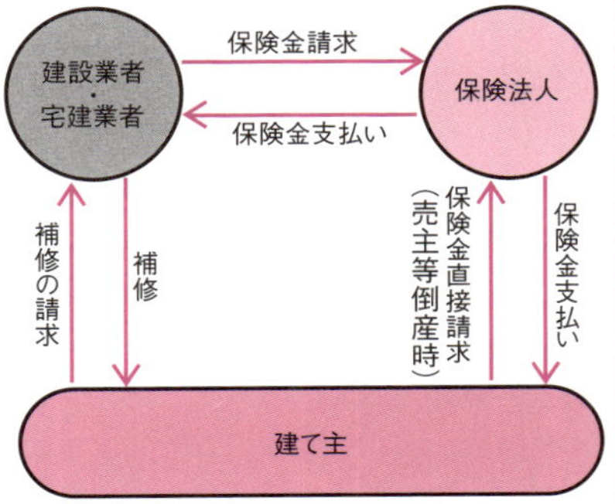

図14 ▶住宅瑕疵担保責任保険の対象部位

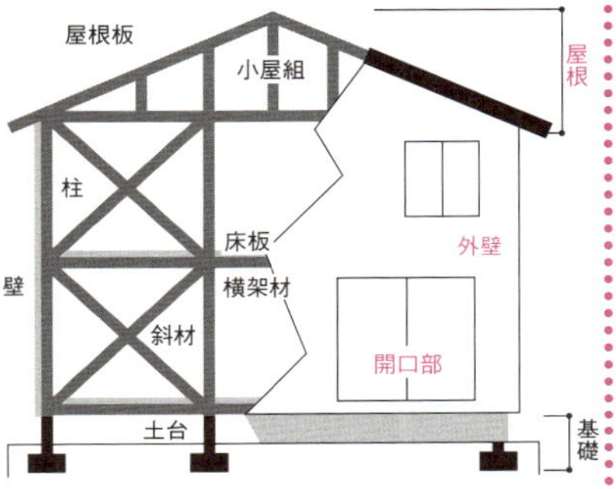

黒文字部分:構造耐力上の主要な部分を示す
色文字部分:雨水の浸入を防止する部分を示す

図15 ▶住宅瑕疵担保責任保険契約の流れ

着工前の準備 ➡ 設計 ➡ 契約 ➡ 確認申請 ➡ 確認通知 ➡ 保険契約の申込み ➡ 着工 ➡ 現場検査①基礎配筋工事終了時 ➡ 現場検査②躯体工事完了時 ➡ 保険証券発行申請 ➡ 保険証券の発行 ➡ 引渡し

注　保証金を供託する場合を除く

- 着工前の準備：現地調査を行う
- 設計：保険法人が用意する設計施工基準に適合するように設計を行う
- 契約：請負契約書に保険や保証金のことを記して顧客に伝える
- 保険契約の申込み：該当する建設事業登録者、宅建業者が申し込む
- 着工：保険法人が用意する設計施工基準に適合するように施工を行う
- 保険証券発行申請：保険法人に保険証券発行申請書や住宅の完成を確認する書類を提出

瑕疵担保責任保険の設計施工基準は全保険法人で共通している

木造住宅建築の費用

工事費の内訳

木造住宅のコストは、総額の坪当たりの価格で表現されることが多く、工事費の内訳はあまり知られていません(図 16・17)。

(1) 工事費の内訳

木造住宅の本体工事費のおおよその割合は、全体の 50%が木工事で、残りがその他の工事費と諸経費になります。また、木工事のうちの約半分が木材費で、半分が人件費です。その他の工事でも人件費が工事費の半分以上と、多くの割合を占めています。

排水設備は、浄《じょう》化《か》槽《そう》か下水道かによって費用が異なります。キッチンやバスなどの設備の費用は、選定する機種によりかなり幅があります。

(2) 本体工事費以外の費用

本体工事費に含まないことが多い工事費として、地盤補強費、給排水の道路からの引き込み費用、外構《がいこう》、カーテンやブラインドなどの備品、照明器具などがあります。費用の予測がつきにくいものや、選択の幅がかなりあるものは、本体工事費と分けて考えます。

(3) 工事以外の費用

工事費以外に、設計料や確認申請の費用(指定確認検査機関への納付金と作業費用)、都市計画法関連その他の申請費用がかかります。

地《じ》鎮《ちん》祭《さい》、上棟式《じょうとうしき》などの費用、引越、仮住まいの費用。登記、不動産取得税などについても、設計者は建て主に対して説明ができるようにしておかなくてはなりません。

完成後の費用

木造住宅は、完成後もメンテナンスや生活の変化に応じた費用が発生します。この点についても建て主にきちんと説明しておく必要があります。瑕《か》疵《し》が無い場合でも、建築後 10〜15年程度で、防水部のシーリング打ち替え、外壁や屋根の塗装、鉄部の塗装、水回り設備の点検や補修などが必要になります。

木造住宅の建築では、
工事以外にもいろいろな
費用がかかります

図 16 ▶住宅のコスト

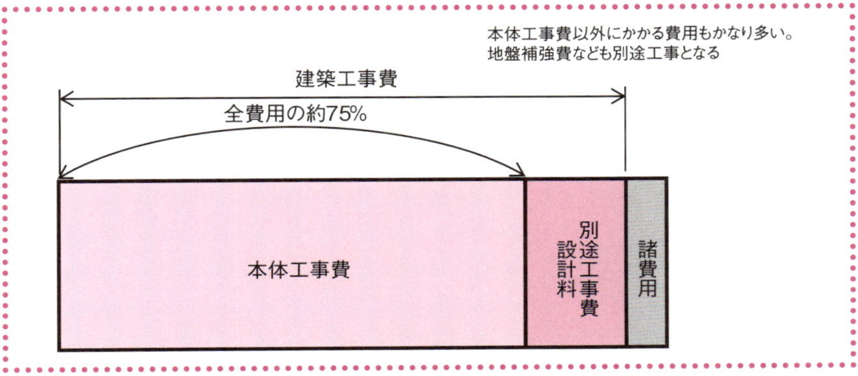
本体工事費以外にかかる費用もかなり多い。
地盤補強費なども別途工事となる
建築工事費
全費用の約75%
本体工事費
別途工事費
設計料
諸費用

図 17 ▶工事費のコスト内訳例

名称	金額(円)	内　訳
A.建築工事	17,581,900	外構工事、ガス工事別途
B.電気設備工事	1,425,000	
C.給排水衛生設備工事	1,735,000	
D.諸経費	207,000	
合計	22,811,900	

A.建築工事費項目別内訳	金額(円)	内　訳
1. 仮設工事	943,300	水盛遣り方、足場、用水、電力、養生ほか
2. 基礎工事	981,200	基礎、ガレージ・浴室基礎、土間コンほか
3. 木工事	5,523,800	プレカット材工、造作手間、釘・金物ほか
4. 屋根工事	811,200	コロニアル葺き、軒樋、縦樋
5. 板金工事	535,700	出窓屋根、シーリング工事
6. タイル工事	413,800	玄関廻り磁器タイル、浴室床壁タイルほか
7. 左官工事	1,423,100	外壁ラスモルタル塗り刷毛引き、和室新京壁ほか
8. 鋼製建具工事	1,612,400	各種アルミサッシ、網戸、クリーニングほか
9. 木製建具工事	1,213,500	フラッシュドア(枠共、既製)、襖、障子ほか
10. 塗装工事	683,200	外壁アクリルリシン吹付け、内外塗装(建具枠別)ほか
11. 内装工事	1,385,100	クッションフロアー、クロス、畳、バスリブほか
12. 雑工事	1,523,600	浴槽、キッチン、ベランダほか
13. 現場直接経費	532,000	運搬費、現場経費
小計	17,581,900	

木造住宅建築の流れ

設計から完成までの流れ

設計から完成までのスケジュールは、物件によってかなりの幅があります(図18)。

(1) 設計前

住宅の土地から探す場合、土地の状況だけでなく周辺環境も含めて、設計者が建て主と一緒に確認しましょう。傾斜地や変形地など、条件が悪く安い土地であっても設計次第でうまく活用できる場合もあるからです。単なる現地調査だけでなく、敷地を管轄《かんかつ》する行政庁の建築指導課で都市計画や道路、上下水道等の規制なども調べます。

(2) 基本設計

敷地条件、建て主の住宅へのイメージ、必要な部屋、設備、予算、法的な条件などを踏まえ、基本設計を進めていきます。周辺環境との関係から、大まかな敷地内のゾーニングを決め、配置、平面、断面の設計を進めます。打合せを重ねて、案が決まった段階で実施設計に入ります。

(3) 申請業務

基本設計に基づいて、確認申請の作業に入ります。確認申請は、行政庁か民間審査機関で行います。確認申請を提出する前に、都市計画などの手続きが必要な場合もあります。

(4) 実施設計

実際に工事ができるよう、実施設計を進めていきます。施工業者が決まっている場合、予算をなるべく早い段階で確定するため、見積りができる程度の図面を先に作成し、早い段階で予算を見積ることもあります。複数の業者で相見積《あいみつも》りを取る場合は、ある程度完成した図面でないと同じ条件で正確なコスト比較することができません。

(5) 工事監理《かんり》

工事が始まり、図面通りに施工されているか確認するのが工事監理です。行政庁などの中間検査や完了検査も適切なタイミングで進めていきます。

工程が遅れないよう、
設計者・施工者・建て主の間で
しっかりと連絡をとりましょう

図18 ▶標準的な木造住宅のスケジュール

	2010年5月	6月	7月	8月	9月	10月	11月	12月	2011年1月	2月	3月	4月
現地調査	→	→										
役所に確認	→	→										
基本計画	→	→										
設計契約		●										
基本設計図作成		→	→									
実施設計図書作成				→	→							
確認申請図書の作成				→	→							
確認申請					→							
見積りとその調整						→						
工事契約						●						
建築工事						→	→	→	→	→		
工事監理						→	→	→	→	→		
							地鎮祭	上棟式			引渡し	

コラム

昔の家のつくり方に学ぶ

昔の家づくりは、自分の家を建てるために山に木を植え、再び木が生長する期間以上に長持ちする家を建てていました。100年以上長持ちする家が普通で 300年もつ家も多くありました。そのような昔の家づくりには、現代にも生かしたいさまざまな工夫が用いられています。古いものをそのまままつくるのではなく、長い間、積み重ねられてきた経験や試行錯誤をふまえ、それに、現代の技術やデザインを加えてバージョンアップしていくことが、これからの住宅寿命を長くすることにつながります。このことから昔の家づくりに学びましょう。

(1) 深い軒《のき》

昔の家は、深い軒に大きな特徴があります。雨の多い日本では、大きな屋根の深い軒で壁や構造体に雨をなるべくかけないようにし、家を長持ちさせるための重要な役割を持っていました。また、夏の日差しを遮《さえぎ》り、冬の日を部屋の奥まで入れるなど、日照をコントロールする機能も果たしていました。

(2) すべて自然素材

家に使われる材料は、木･土･石･紙などで、自ら自然に還《かえ》り、呼吸する自然素材でした。エネルギー消費も少なく、自然循環のなかで永続的にまかなえる仕組みも整っていました。地域の自然素材は、環境にやさしい素材です。

(3) 夏涼しい

昔の家が夏に涼しいのは、開口部が多く風通しがよいことと、厚い茅葺《かやぶき》や、土を載《の》せた上に瓦屋根を葺《ふ》くことによって、上からの日射を十分に遮ることができたからです。また、土間の表面温度が低いことも夏涼しい理由の 1つでした。

土蔵の屋根には、屋根と土蔵本体との間をあけて上に載せるようにつくる置き屋根というつくり方がありました。それは、ちょうど日傘のように日差しを外側で効果的に遮る役割があります。

(4) フレキシビリティー

古民家の間取りは、田の字型プランで、襖《ふすま》を閉めれば個室になり、襖を開ければワンルームへと変化します。個室の用途を限定せずに、プライバシーへの配慮をしながらフレキシブルに空間を使うことができるこの手法は、現代の住宅設計にも応用できます。大きめの梁《はり》を用いて比較的大きなスパンの構造にすることで、間仕切の変更がしやすく生活の変化にも対応しやすくなります。

第2章

木造住宅を支える
地盤と基礎

軟弱地盤や盛土《もりど》の危険性

危ない地盤の種類

地盤調査を行う前に、問題が起こりやすい地盤の種類を知っておく必要があります。問題が起こりやすい地盤のなかでも、特に造成地は注意が必要です。

造成地は外から見ると何も問題がないように思えても、問題が隠れているケースがあります。傾斜地を造成する場合は、切土《きりど》と盛土をつくることで階段状に仕立てます。

盛土というのは、土を盛っただけなので、そのままでは軟らかい場合が多く、特に擁《よう》壁《へき》側の盛土部分の転圧《てんあつ》が不十分なことがあります。さらに、切土と盛土にまたがって住宅を建てた場合、地盤の固さに差があるため、不同沈下《ふどうちんか》を起こすおそれがあります(図 19)。

周辺で大規模な建築工事や水路の工事などがあると、土圧《どあつ》や地下水の流れが変化して地盤に影響が及ぶこともあるので注意が必要です。

資料や地名で探る地盤の履歴

危ない地盤の種類を理解したら、敷地周辺の資料を参照して地盤の履歴を確認します。

地質図や土地条件図のほか、古い地図なども参考になります。役所で敷地周辺のボーリングデータが手に入る場合や、インターネットで地盤の情報を得られる場合もあります。

古くからの地名で地盤の状況を想像できることもあります。流れ、沢、谷、沼、川など水に関わる地名の場合、昔は、水分をたくさん含む地盤であったことが推測され、要注意です。

そのほか、敷地周辺のブロック塀《べい》や建物の基礎などを見て、沈下によるひび割れがないかどうかも確認します。

一見問題のないような
造成地でも盛土の転圧が
不十分な場合があります
ここが盛土

図19▶問題が起こりやすい地盤の種類

軟弱地盤 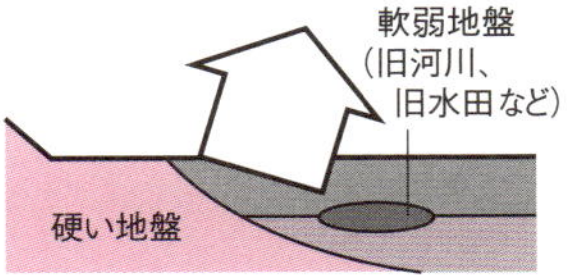 	沖積層（約2万年前の最終氷期最盛期以降に堆積した地層。 地質学的に最も新しい地層）のうちでも軟らかい堆積物からなる三角州、河川沿い、湿原、湖沼跡、干拓地、埋立などで、不同沈下が起こりやすい
盛土地盤 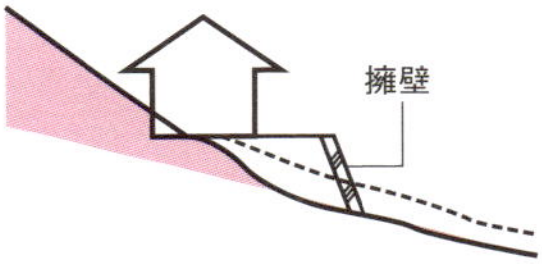 	盛土による造成地盤は地盤がまだ安定していない場合もある。建物建設時には、盛土からどのくらいの放置期間があるか確認したい。また、造成時の盛土は、擁壁がしっかりしていないと擁壁の崩壊によって建物が移動してしまうケースもある。さらに、建物を盛土と切土部分にまたがって建てると不同沈下を起こしやすくなる
砂質地盤 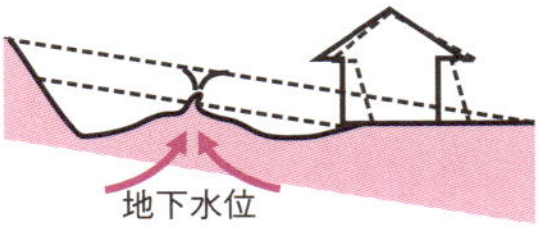 	地下水位の高い砂質地盤では地震の振動により飽和した地下水の水圧が高くなり、砂の粒子間の結合と摩擦力が低下し、砂層が液状化して流動する（液状化現象という）
崖・急傾斜地 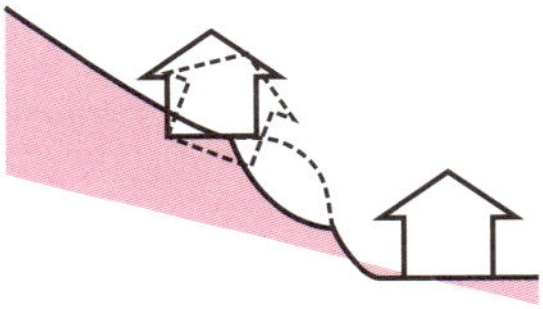	崖や急斜面に接近した場所は、集中豪雨や地震による土砂崩れ、擁壁の崩壊が起こるおそれがある
礫層 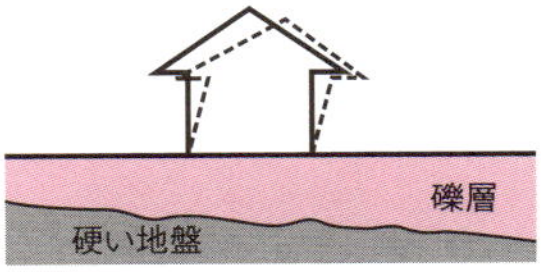 	締まっていない礫（れき）層では、地震が起こった場合、普通の地盤よりも振れ幅が大きくなる

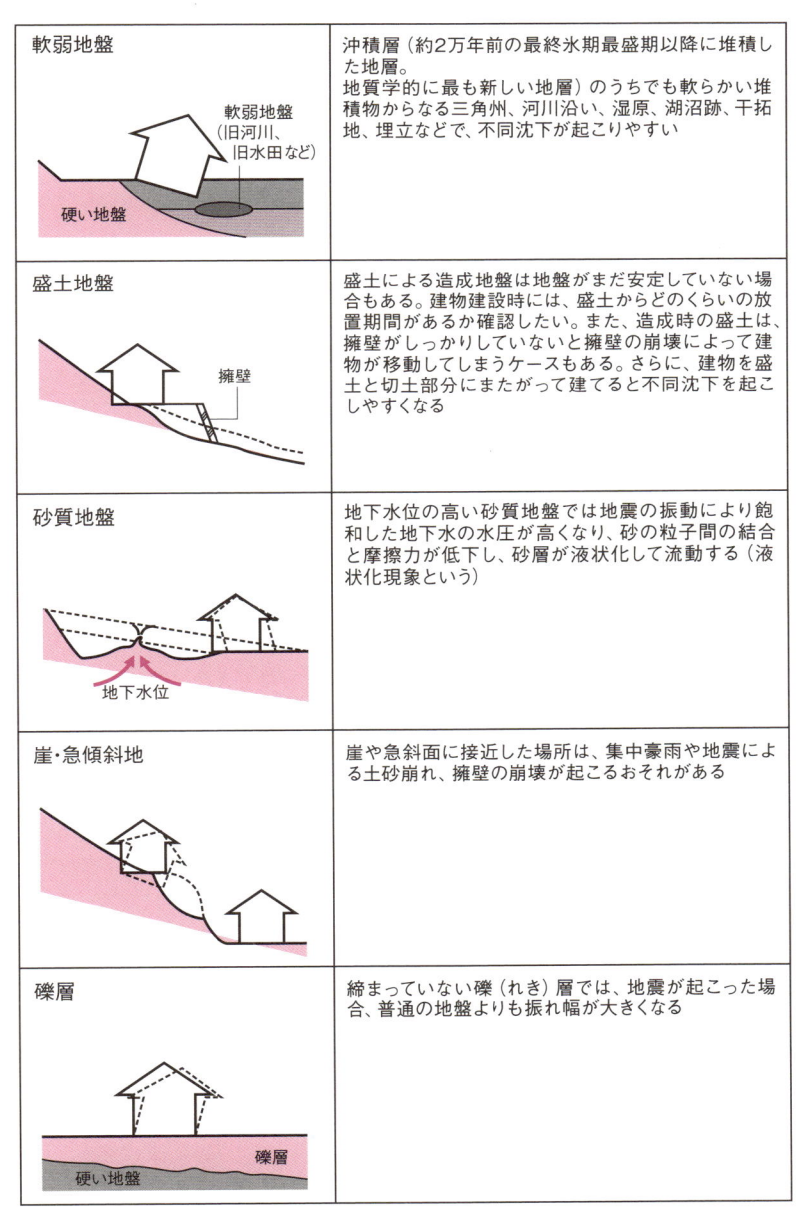

不同沈下《ふどうちんか》が起こす建物の変形や亀裂

不同沈下と圧密沈下《あつみつちんか》

軟弱地盤に発生しやすい被害に不同沈下と圧密沈下があります。

不同沈下は、敷地内で地盤の固さが場所により違っていたり、建物の荷重が大きく偏《かたよ》っていたりすることで建物が不均等に沈下することです。建物がひずむため、扉《とびら》が開閉しにくくなる、床が傾くなど生活に支障が出ます。また、建物が傾くことで荷重が1カ所に集中し、構造的な問題を引き起こすことにもつながります。

傾斜地の造成や切土《きりど》と盛土《もりど》が混在している場所、埋立地などは不同沈下が発生する危険性が高いので注意が必要です(図 20)。

圧密沈下は、軟弱地盤の体積が建物の重さで圧縮されることによって起こります。軟弱地盤中の水分が蒸発したり、地下に浸透したりするなど、水分があった部分に空間ができます。すると、地盤全体やその上にあった建物の重さによって地盤の体積が圧縮され、建物の沈下が起こります。これが圧密沈下です(図 21)。

地震被害が大きい軟弱地盤

軟弱地盤とは、水分を多く含んだ軟らかい地盤のことです。もともと海や川、池、水田などであった場所は軟弱地盤である可能性が高くなります。

軟弱地盤は、建物の重さで地面が沈むだけでなく、大地震が発生した際、地震の揺れが増幅され、建物により大きな被害をもたらします。阪神・淡路大震災では、軟弱地盤の層が急に浅くなるところで、地震波が増幅されて大きな被害となりました。

地盤が砂質《さしつ》でしかも地下水位が高い場合には、地震の振動により地盤が液体状になる液状化現象《えきじょうかげんしょう》が起こる危険性があります。比重の大きい構造物が埋もれたり、倒れたり、地中の比重の軽い構造物(下水管等)が浮き上がったりします。砂丘地帯や港湾地域の埋立て地などで発生します。

建物が傾いて沈下すると、
建物の荷重が一個所に集中して
構造的な問題が発生します

図 20 ▶不同沈下のメカニズム

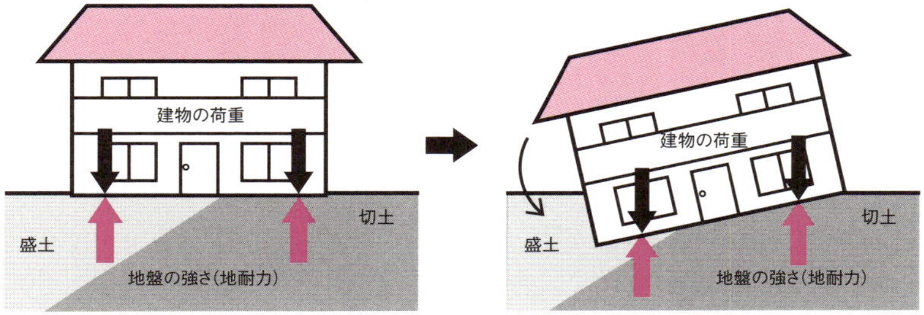

建物の荷重と、下からそれを支えようとする地耐力が均衡している状態

盛土部分の地耐力が弱く、建物の荷重を支えきれずに建物が不均等に沈下してしまった状態

図 21 ▶圧密沈下のメカニズム

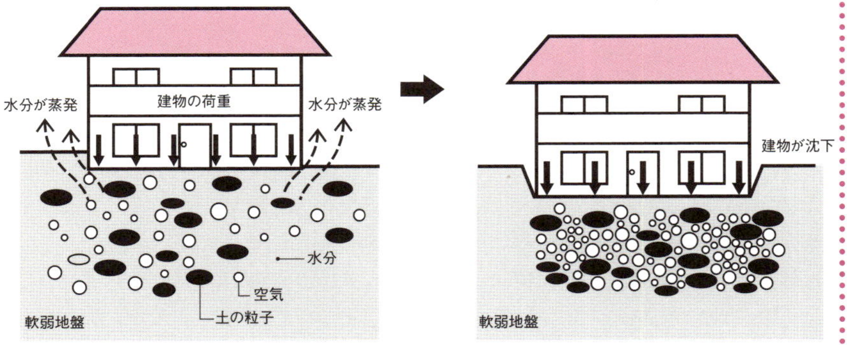

建物の荷重が軟弱地盤に加わり、地中の水分が蒸発していしまった状態

地盤の水分が放出し、体積が圧縮してしまった状態。そのため、地盤の沈下とともに建物も沈下してしまう

地盤の支持力で分かる地盤の強さ

地盤の状態は自分で確認することもできます。人が片足で立ったときの1㎡当たりの荷重は約 20kNと木造住宅の荷重にほぼ等しいので、めり込むようなら、軟弱地盤の可能性があります。鉄筋を突き刺して、表面付近の地盤の固さを確認することもできます。

スウェーデン式サウンディング試験

大規模なＲＣ造建築や鉄骨造建築では地盤調査として標準貫入試験が行われますが、木造住宅では簡易な方法として、スウェーデン式サウンディング試験（ＳＷＳ試験）が広く行われています。ＳＷＳ試験は、先端がキリ状になった器具に荷重をかけ、地盤にねじ込んでいきます。ある深さに下るまでの回転数によって地盤の強度を確認する方法で、比較的安価に調査を行うことができます(図 22)。

この調査は、新たに建てる住宅の四隅と中央の合わせて５カ所以上で行います。１カ所だけでは全体の状況が把握できず、支持地盤の傾斜が確認できないからです。

支持地盤とは、建物の重さで沈まない地層のことで、木造住宅の場合、支持力20kN／㎡以上の地盤が支持地盤となります。なお、支持力とは、地盤の沈下に対して抵抗力がどのくらいあるかを示す指標のことです。地盤の「長《ちょう》期《き》許《きょ》容《よう》応《おう》力《りょく》度《ど》」ともいいます。

報告書の見方

地盤調査報告書には調査した位置と、調査位置ごとの地盤の固さが表記されています。調査位置ごとに支持力が 20kN／㎡以上ある支持地盤の深さを確認し、その深さによって地盤補強の必要性を判断します。

支持地盤が深い位置にある場合には地盤補強を行う必要があります。図 23では、深さ 0.7mの位置に 30kN／㎡の地盤が確認されたので、地盤補強の必要はありませんが、表面が軟らかいので転圧《てんあつ》を十分に行う必要があります。

地盤調査結果は、構造設計者にも確認してもらったほうがよいでしょう。

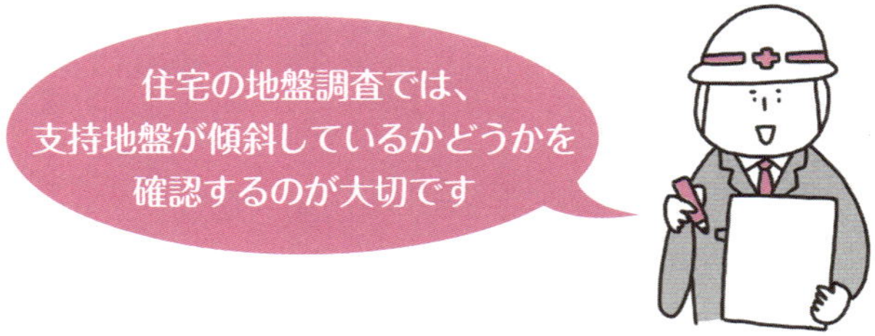
住宅の地盤調査では、
支持地盤が傾斜しているかどうかを
確認するのが大切です

図22 ▶スウェーデン式サウンディング試験

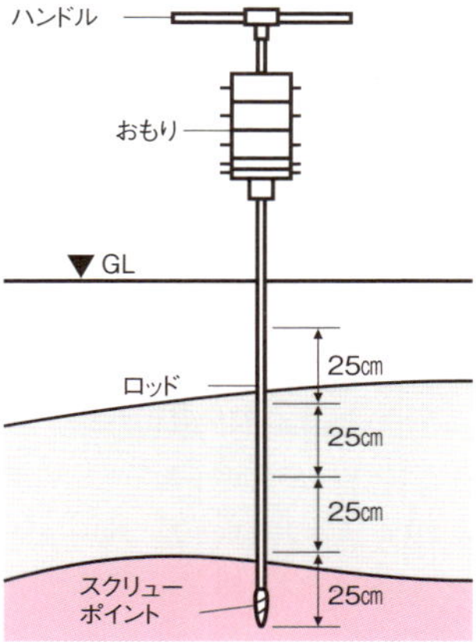

①地中に貫入させたロッドにおもりを載せても沈下しない（自沈しない）ことが確認された後、ロッドを何回転（半回転で1回と数える）させたら25cm沈むかを記録する

②自沈層が認められたら、自沈したときのおもりの重さを記録する（自沈したときのおもりが50kgの場合は「0.5kN自沈」という）

③長さ1mのロッドを継ぎ足しながら約10mまで調査可能。調査できるところまで貫入し続けるが、N値10程度の層に当たると貫入できなくなる

図23 ▶スウェーデン式サウンディング試験の結果

推定柱状図	推定地下水位 (m)	貫入深さ (m)	荷重Wsw (N)	半回転数Na (回)	1m当り半回転数Nsw (回)	換算N値 (回)	許容応力度qa (kN/m^2)	結果図 荷重Wsw 500 0	結果図 質入量1m当たり半回転数Nsw 100 200	記録 ストン	スルスル	ゆっくり	じんわり	ガリガリ	ジャリ	シャリ	砂音あり	無音
c		0.50	500			1.5	7.5											*
c		0.70	1,000			3.0	30.0											*
c		0.75	1,000	1	20	4.0	42.0											*
c		1.00	1,000	4	16	3.8	39.6											*
c		1.25	1,000	1	4	3.2	32.4											*
c		1.50	1,000			3.0	30.0											*
c		1.75	1,000			3.0	30.0											*
c		2.00	1,000			3.0	30.0											*
c		2.25	1,000			3.0	30.0											*
c		2.50	1,000			3.0	30.0											*
c		2.75	1,000			3.0	30.0											*
c		3.00	1,000			3.0	30.0											*
c		3.25	1,000			3.0	30.0											*
c		3.50	1,000			3.0	30.0											*
c		3.75	1,000			3.0	30.0											*
c		4.00	1,000			3.0	30.0											*
c		4.25	750			2.3	16.9					*						
c		4.40	750			2.3	16.9					*						
c		4.50	1,000			3.0	30.0					*						
c		4.75	1,000			3.0	30.0					*						
c		5.00	1,000			3.0	30.0					*						
c		5.25	1,000	4	16	3.8	39.6							*				
g		5.40	1,000	1	7	2.4	34.0							*				
g		5.50	1,000	16	160	12.7	126.0							*				
備考	c:粘性土　s:砂質土　g:礫（れき）質土																	

地表面が軟らかいため転圧を十分に行うこと

3m以上の深い位置に一部支持力の低い地盤が確認されるが、深い位置であるため、問題はないといえる

地盤の支持力で変わる地盤の補強方法

地盤補強の方法には、軟弱な地盤そのものを固める地盤改良と、既製の杭《くい》を打《だ》設《せつ》する工法があります。

支持地盤で変わる地盤補強方法

地盤調査の結果、支持力が 20kN／㎡未満であれば、地盤補強を行う必要があります。おもに、地面から支持地盤までの深さによって最適な補強方法を選びます。

地盤補強の費用を見込んで全体の予算を立てる必要があるため、地盤調査はなるべく早い時期に行います(図 24)。

(1) 再転圧工法《さいてんあつこうほう》

地表面だけの補強の場合は、ランマーや振動ローラーで地面を転圧するのが一般的です。

ランマーや振動ローラーは、最大300mmの深さまでしか効果がないため、それより深い地盤を補強する場合は、掘り下げた場所で転圧し、さらに土を乗せて転圧します。

(2) 表層改良《ひょうそうかいりょう》

表土にセメント系の混和材《こんわざい》を混ぜて表土を固めるのが、表層改良です。地質が変わって植物が植えにくくなる可能性があります。

(3) 柱状改良《ちゅうじょうかいりょう》

地表より3～5m程度の深さまでを補強する方法です。直径 600mmほどの穴を掘り、そこに掘り出した土と混和材と水を混ぜて柱状に土を固めて補強を行います。30坪程度の木造住宅では、30～ 40本ほどの柱状改良を行います。柱状改良の先端部の状況が確認しにくいため、注意をする必要があります。

(4) 鋼管杭《こうかんぐい》

地面から支持地盤までの距離が深い場合の地盤補強方法です。直径約 120mmほどの鋼管杭を回転させながら地面にねじ込むように打設して、支持地盤に達したことを確認して打設を終えます。30坪程度の木造住宅では、30本程度の鋼管杭を打ちます。

地盤調査の結果に
もとづいた
補強方法を選びます

図24 ▶主な地盤補強方法

再転圧工法

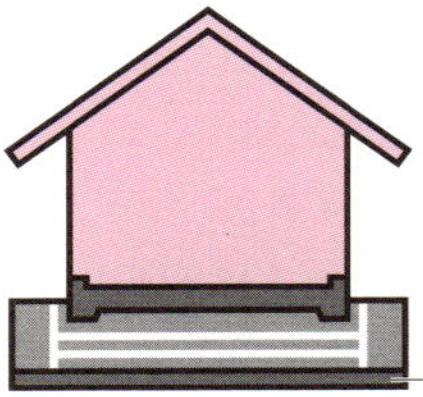

水または石灰を撒きながら、30㎝ごとにローラーで締め固める。最もシンプルで安価な方法

表層改良

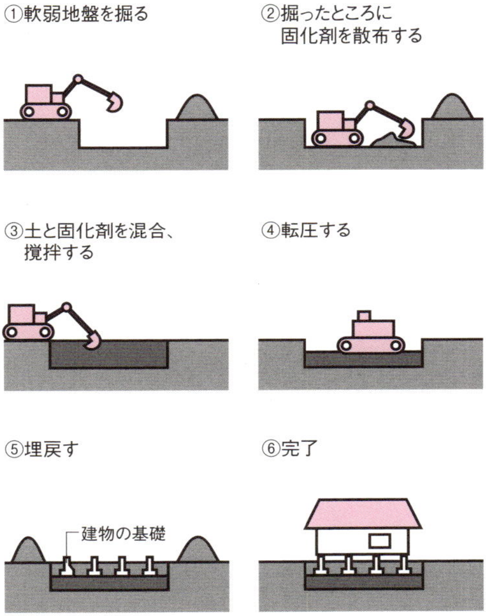

軟弱な地盤にセメント系の固化剤を散布・混合・撹拌し、基礎の下に地耐力の大きな安定した層を設ける

柱状改良

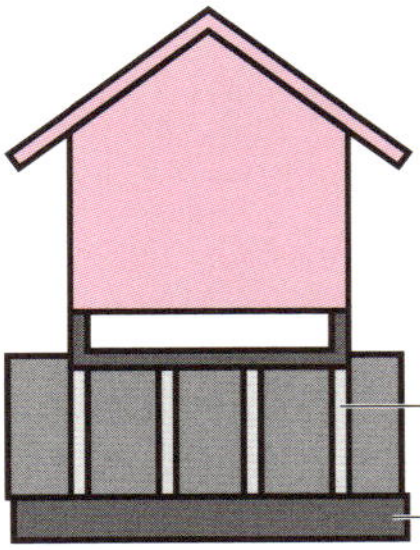

液状化したセメント系固化材を原地盤に注入し、原地盤土を柱状に固化させ、建物を支える

鋼管杭

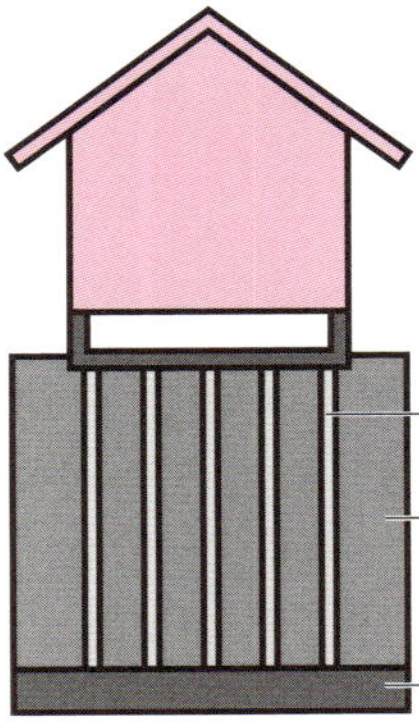

太さ約114.3〜264.7㎜径の鋼管杭を支持層まで打ち込み、建物を支える

地盤の状況で決まる基礎の種類

木造住宅の基礎には、布基礎《ぬのきそ》、ベタ基礎、独立基礎があり、地盤強度や地質の性状によって基礎の形式を選択します。以前は、無筋の基礎もみられましたが、現在は、鉄筋を入れて基礎をつくることが義務付けられています。

布基礎

布基礎は、従来から多く使われている基礎形式です。建物の規模と地盤の支持力により、底盤《ていばん》（フーチング）の幅を決めます。以前は底盤がない基礎もかなりみられましたが、最低、幅 450mmは必要です(図 25)。

基礎の立上り部分と底盤の厚さは通常120mmとしますが、地中部分の鉄筋のかぶり厚さを確保するために厚さ 150mmにする場合もあります。かぶり厚さとは、鉄筋を覆《おお》っているコンクリートの厚みのことです。外部の水分などによるコンクリート中の鉄筋への影響を防ぐため、最低のかぶり厚さが規定されています。底盤の厚さを変えるだけであれば、鉄筋量と型枠の手間はあまり変わらず、若干コンクリートの量が増えるだけなので、多少の金額増ですみます。

独立基礎とは、1本ずつの柱の位置に単独で設けられた基礎のことです。

ベタ基礎

最近は、床下全面を底盤とするベタ基礎にすることが多くなっています。強度が確保できて、床下の防湿にも役立つ基礎形式です。コンクリートの量は増えますが、施工手間がかからないこともベタ基礎にする理由です(図 26)。

ベタ基礎の底盤は構造的にはスラブとして考えるため、広い面積にすると強度上の問題が出ます。そのため、立上り部分を梁《はり》として位置付けます。立上り部分に床下の通気やメンテナンス用の開口部を空けるときには地中梁《ちちゅうばり》を設けて補強します。底盤の厚さを 200mm以上としてダブル配筋にすると強固になります。

ベタ基礎なら安心とは
限りません。 地盤の状況から
基礎の形式を選びます

図 25 ▶布基礎の仕様

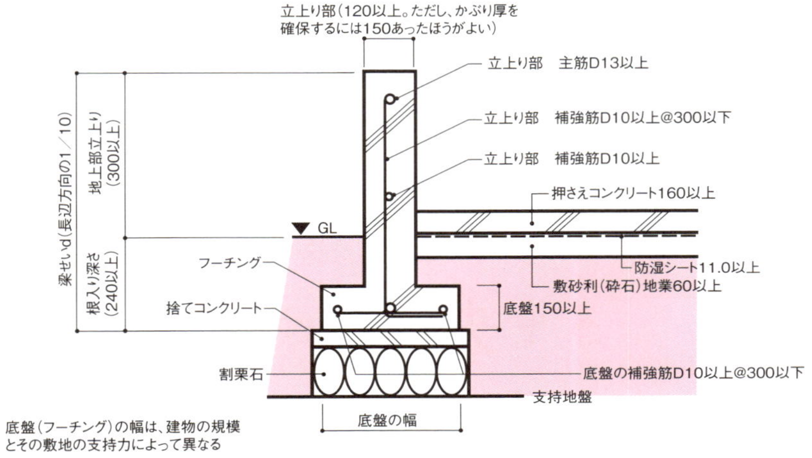
立上り部（120以上。ただし、かぶり厚を
確保するには150あったほうがよい）
立上り部　主筋D13以上
立上り部　補強筋D10以上@300以下
立上り部　補強筋D10以上
押さえコンクリート160以上
梁せいd（長辺方向の1／10）
地上部立上り
（300以上）
根入り深さ
（240以上）
GL
防湿シート11.0以上
敷砂利（砕石）地業60以上
フーチング
捨てコンクリート
底盤150以上
割栗石
底盤の補強筋D10以上@300以下
支持地盤
底盤の幅
底盤（フーチング）の幅は、建物の規模
とその敷地の支持力によって異なる

図 26 ▶ベタ基礎の仕様

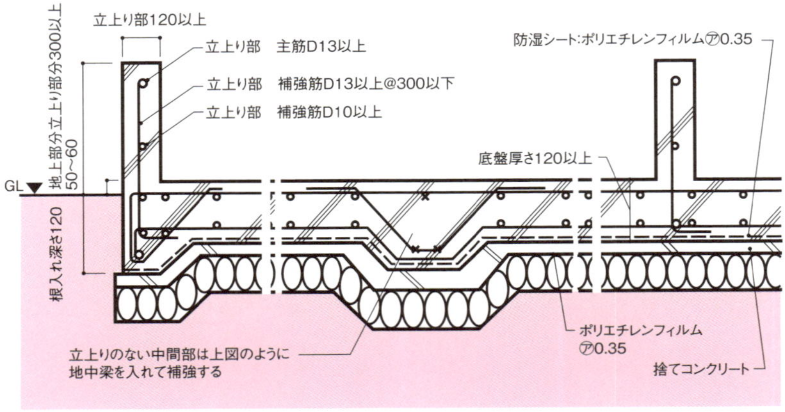
立上り部120以上
地上部分立上り部分300以上
50~60
立上り部　主筋D13以上
立上り部　補強筋D13以上@300以下
立上り部　補強筋D10以上
防湿シート:ポリエチレンフィルム㋐0.35
底盤厚さ120以上
GL
根入れ深さ120
ポリエチレンフィルム
㋐0.35
立上りのない中間部は上図のように
地中梁を入れて補強する
捨てコンクリート

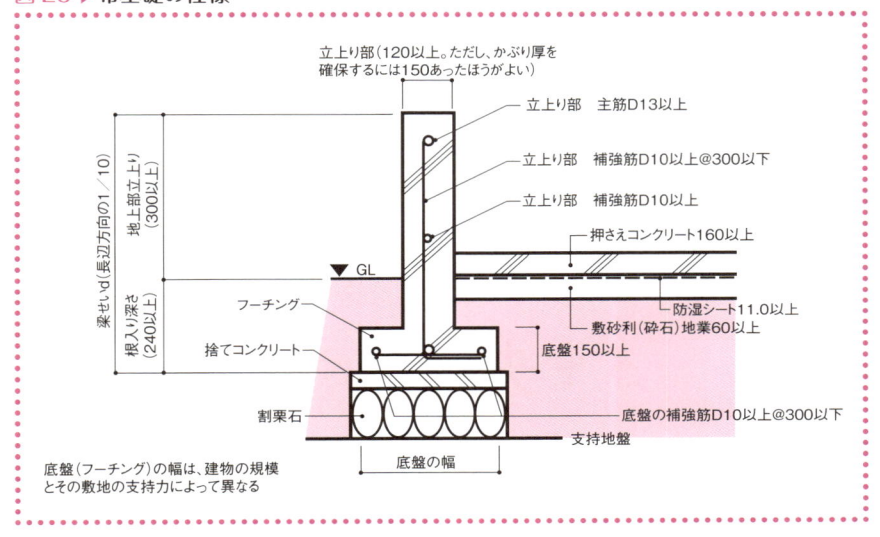

建物を長持ちさせる床下の湿気対策

基礎の補強ポイント

基礎の立上り部分に床下換気口や人通《じんつう》口《こう》、配管のための貫通口《かんつうこう》などを設ける場合は、基礎を貫通した部分の周囲に補強配筋を行う必要があります。基礎立上りの上に開口部を計画する場合も同様に補強を行います。ベタ基礎の場合は、地《ち》中梁《ちゅうばり》を設けて補強します(図 27)。

床下の湿気対策

床下に湿気があると、土台の木材を腐食させたりシロアリの発生の原因になるため、湿気対策が重要です。

まず、床下の地盤を周囲の地盤より高くするのが基本です。基礎を施工する前に防湿シートを敷く、防湿コンクリートを打つ、ベタ基礎にすることも湿気対策として有効です。

一般的には基礎の立上りを地盤面から400mm以上とし、1階の床高《ゆかだか》を地盤面から600mm以上とします。

基礎周囲の立上り部分に設置する床下換気口は、上物の荷重がかかりにくい開口部下の中央に設置します。間仕切《まじきり》下の立上り部分には、通気口をつくり、床下を空気がうまく流れるようにします。この通気口は、床下のメンテナンス時にも人間が通れる大きさとします。

床下の換気を行う方法として、立上り部分に換気口を設けず、基礎の上に樹脂製のパッキンを載せる工法もあります。パッキンによって基礎の天端《てんば》と土台の間に20mmほどの隙間をあけることで、基礎天端全体で換気を行うことができます。換気量を十分確保できるため、床下換気には有効です。ただし、冬場の床下の温度がかなり低くなるため、床下の断熱をしっかり施工する必要があります(図 28)。

傾斜地などで、敷地の低い部分の基礎の底盤《ていばん》よりも地面が高くなる場合は、地中の水圧で基礎内側に水が染みてくることがあります。そのような場合は、ドライエリアをつくることが効果的です。

床下換気のため、基礎立上
がり部の換気口か、土台との間に
パッキンで隙間を設けます

図 27 ▶開口部の補強

貫通口の補強

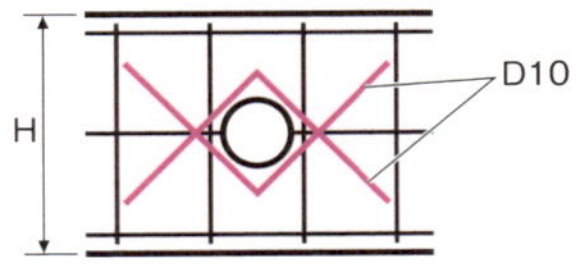

径60㎜以上の貫通口には、補強筋を入れる。貫通口の直径はH／3以下として、隣接する口の中心距離は径の3倍以上とする

換気口の補強

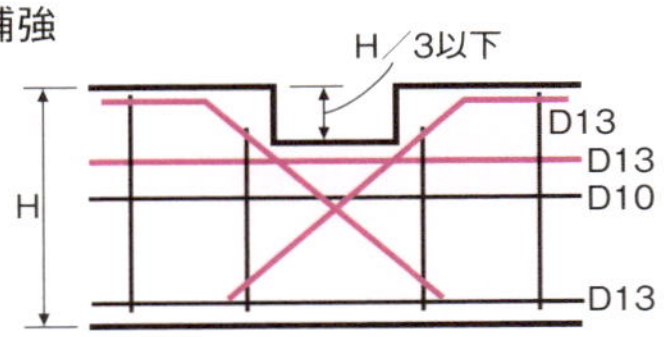

人通口の補強

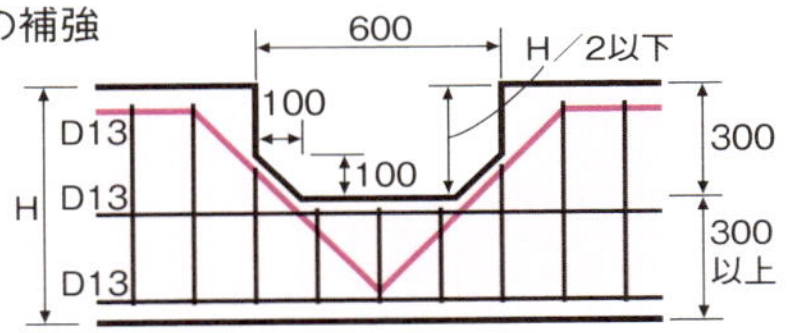

図 28 ▶床下換気の方法

床下換気口（布基礎の場合）

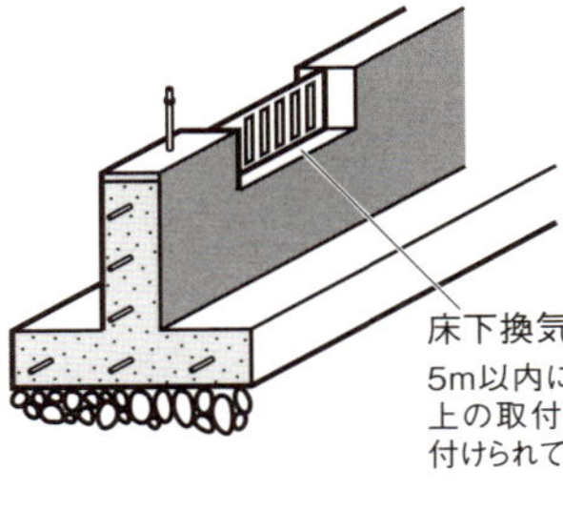

床下換気口

5m以内に1カ所以上の取付けが義務付けられている

ネコ土台（ベタ基礎の場合）

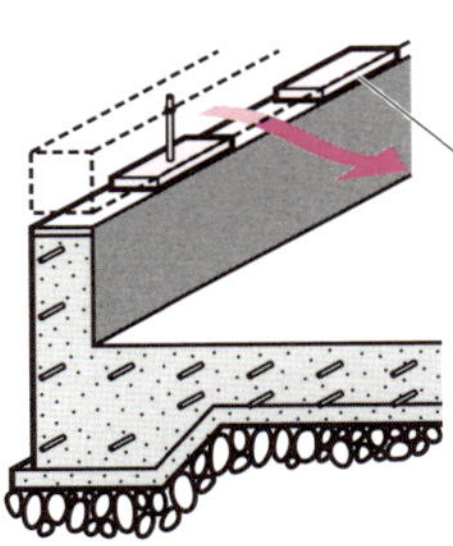

ネコ土台

基礎と土台の間に薄いパッキンをはさみ込む。すると、基礎と土台の間がパッキンの厚さ分隙間があき、新鮮な空気が入り込む

コラム

木造住宅の耐震《たいしん》・制震《せいしん》・免震《めんしん》

地震対策の新しい技術

(1) 耐震工法

耐震工法は、土台・柱・梁《はり》・基礎などを筋《すじ》かいや合板などの耐力壁《たいりょくへき》で固めて地震の揺れに耐える工法です。耐力壁を必要な量を建物に合わせてバランス良く配置すれば、地震から建物を守ることはできますが、建物の揺れは防げないため、家具などの転倒の危険があります。耐震工法住宅では、家具を固定することが必要になります。

(2) 制震工法

制震工法は、ダンパーや積層《せきそう》ゴムを使用して地震のエネルギーを吸収する工法です。上部構造の耐力壁にこれらの制震装置を設置して地震の衝撃を吸収します。新築だけでなく、リフォーム時に制震装置を追加で設置することもできます。コストは100万円以下でできるものが多くありますが、非常に強い地震時には、ある程度の構造への影響は避けられません。

(3) 免震工法

免震工法は、地盤と基礎を構造的に切り離し、基礎と地盤の間に免震装置を設置し、地震の揺れが起きたときに、地震の揺れを基礎および上部構造に伝えない工法です。免震装置は積層ゴムやボールベアリング、摩擦材《まさつざい》を使ったものがあり、一定以上揺れすぎないためにダンパーを設置します。

揺れを伝えないため、地震による構造の損傷を大幅に抑えることができますが、免震装置や基礎工事に少なくとも 300万円以上かかり、構造計算も必要となります。免震工法では、地震が起こった時に建物が 40cm程度動くので、塀《へい》などの障害物からそれ以上離して建物を建てる必要があります。

(1)耐震工法

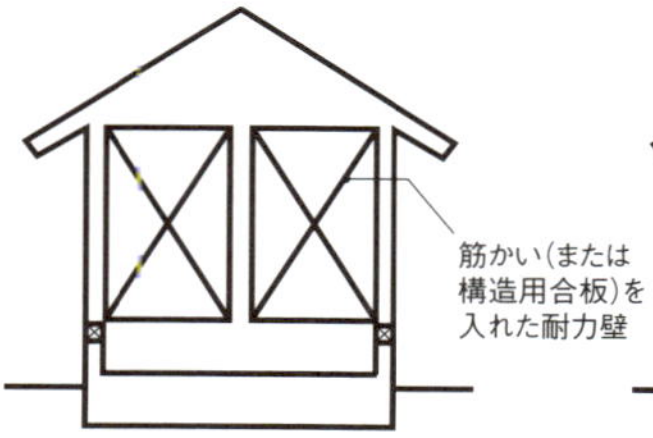

(2)制震工法

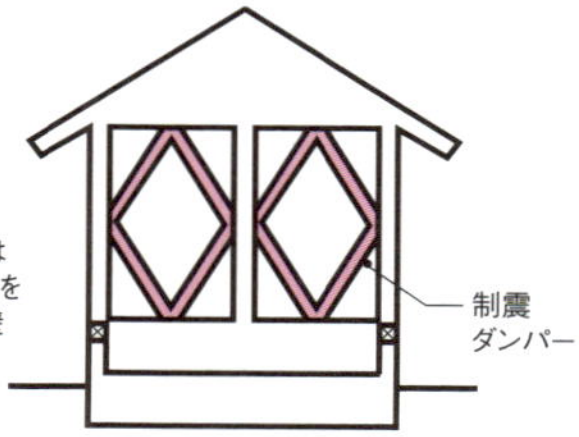

(3)免震工法

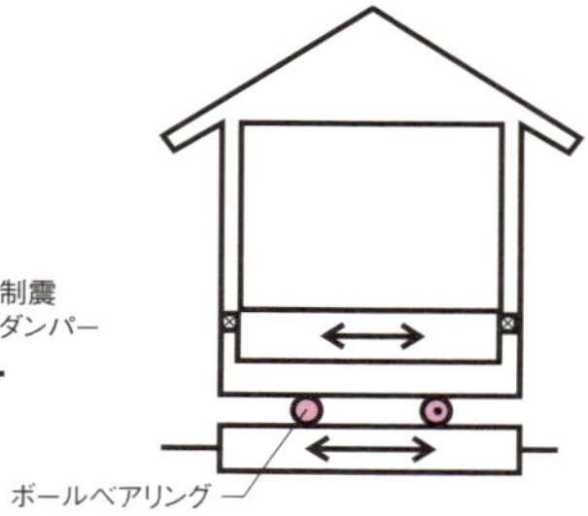

第 3 章

木造住宅の構造

適材適所で生かされる木材の性質

乾燥の重要性

木は、伐採《ばっさい》してからその木の育った年月以上長持ちすると言われています。木造住宅を設計するには、木材の性質を十分に理解し、その性質を生かした設計をすることが大切です。

木は含水量が性能に大きく影響するため、十分に乾燥しているものを使用します。乾燥が十分でないと、収縮、ねじれ、反り、ひび割れなどが生じやすくなります。木材が大気の湿度と釣り合うまで乾燥したときの含水率は約15%となり、これを「平衡含《へいこうがん》水率《すいりつ》」といいます。木材を使用する場合は、この平衡含水率より低くなるまで乾燥させてから使うとよいとされています。
以前は、乾燥させるために半年以上もの長期間、自然乾燥させてから使っていました（図29）。しかし現在では、乾燥機に入れて蒸気で人工乾燥させたものを使うことが多くなっています（図30）。

木取り

建材として使用する木材は、原木の丸太から無駄が出ないように、どの位置でどのような部材を取るかを決めて挽《ひ》いていきます。これを木取りといいます。木材は、部位によって性質が異なるため、木取りはそれを考慮した上で行われます。

木材には表と裏があり、樹皮に近いほうを木表、樹心に近いほうを木裏といいます。木表側は木裏側よりも細胞が大きく水分を多く保持しているため、木表のほうが収縮しやすく、木表側に反るという現象が起こります。

樹心《じゅしん》を含み、腐りにくく強度の高い心《しん》持《も》ち材《ざい》は、構造材に加工されます。節《ふし》が少なく、樹心を含まない部分の心《しん》去《さ》り材《ざい》などは、造作材《ぞうさくざい》に加工されます。板材では、丸太の中心に向かって挽く柾目《まさめ》取り、年輪の接線方向に挽く板目《いため》取りなどがあります（図31）。

木材は部位によって性質が
異なるので、適材適所で
使い分けることが大切です

図 29 ▶天然乾燥

葉枯らし

葉枯らしとは、樹木を伐採した後に枝葉を付けたまま、林地内に放置しておき、樹幹内の水分を減少させることをいう

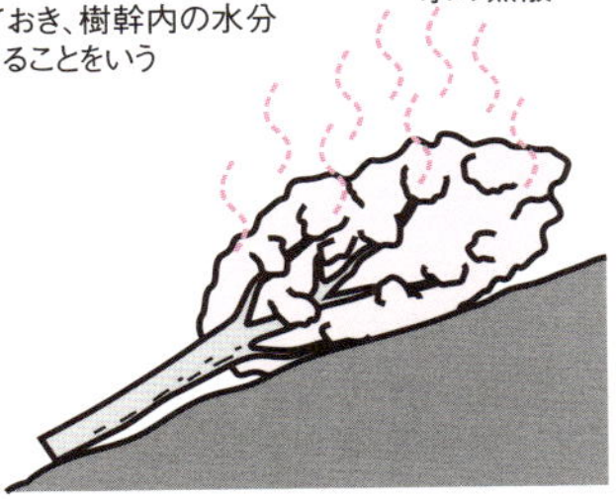

図 30 ▶人工乾燥

除湿式乾燥法の仕組み

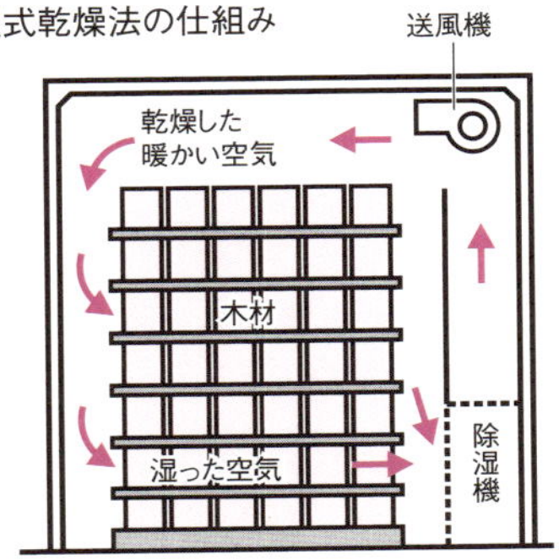

図 31 ▶木取り

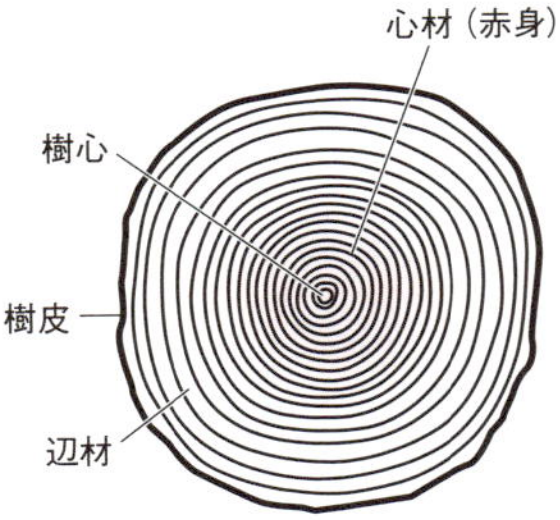

心持ち材

樹心を含んでいる材。腐りにくく強い。土台や柱、梁など断面の大きな部材として使われる

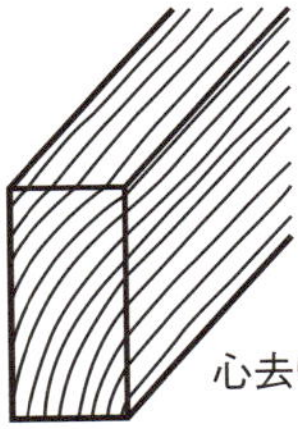

心去り材

樹心を含んでいない部分の角材。節が少なく木目がきれい。垂木や根太など断面の小さい材や造作材に使われる

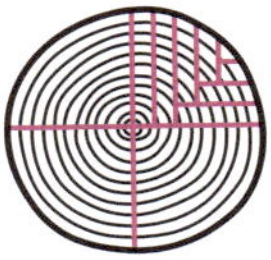

柾目

丸太の中心に向かって挽いた材で、年輪は平行な木目となる

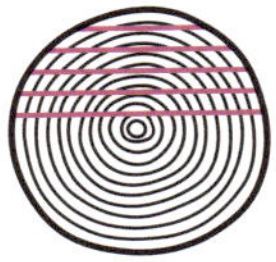

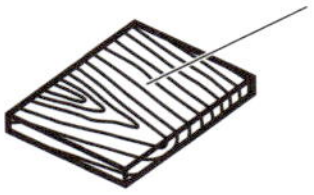

板目

年輪の接線方向に挽いた材で、年輪がうず巻き模様に表れる

樹皮に近いほうを木表といい、樹心に近いほうを木裏という。木表のほうが乾燥が早いため木表側に反る

等級で規定される木材の強さ

木材の等級には、品質の基準であるＪＡＳ規格と、慣用的に使われる等級の2種類があります。

ＪＡＳ規格

ＪＡＳ規格は、1950年に制定された、「農林物資の規格化および品質表示に関する法律（ＪＡＳ法）」にもとづき、1967年に、木材の製材に対する規定として制定されたものです。ＪＡＳでは製材品を針葉樹製材（構造用製材、造作用《ぞうさくよう》製材、下地用製材、枠組壁工法《わくぐみかべこうほう》構造用製材）、広葉樹製材、耳付き板、押角《おしかく》、薄板、建具、キリ材に区分しています（図32）。

針葉樹の構造用製材の規格は、節《ふし》や丸みなどを目視で等級区分する「目視等級区分製材」と機械でヤング係数を測定した「機械等級区分製材」とがあります。ヤング係数とは、材料の変形しにくさを表す数値で、値が大きいほど強度が高くなります。機械等級区分製材ではヤング係数の測定値によりE50からE150までの6段階に区分されます。構造用集成材や単板積層《せきそう》材は、ＪＡＳ規格材が多く流通していますが、一般材料ではＪＡＳ規格材がほとんど流通していないのが現状です。

構造計算を行う場合は、ＪＡＳ製品でない無等級の材料を使用すると、製品や樹種によって、強度のばらつきがあるので注意が必要です。

慣用的等級

慣用的等級は、節の大きさやその数が基準となっていて、主に表面の状態で決まります。（ＪＡＳ規格でも化粧面の等級があります）。針葉樹では、節のないものを「無節《むぶし》」、節の数が増すごとに、「上小節《じょうこぶし》」、「小節」、「特1等」、「1等」などと呼びます（図33）。当然、無節は高価であり、1等が安価な材となります。無節の材面数が3面あれば「三方無地」、2面であれば「二方無地」などと呼んで区別しています。流通している製材の長さは、柱・梁《はり》材であれば、長さ3mまたは4mが標準です。

無等級の構造材を
使用する場合は、
強度のばらつきに注意します

図32 ▶ JAS規格

JAS認定マークの一例

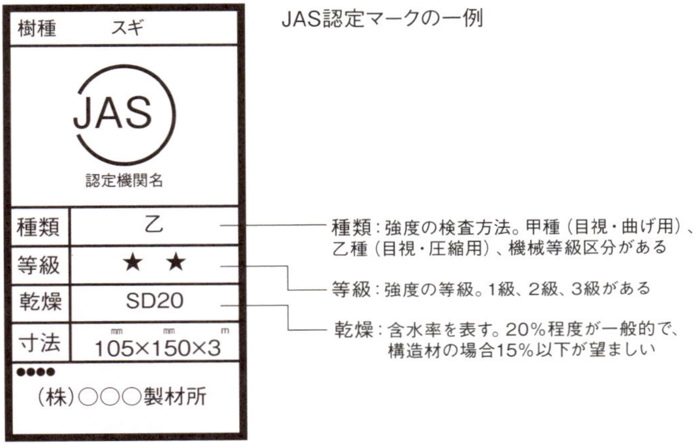

図33 ▶ 木材の慣用的等級

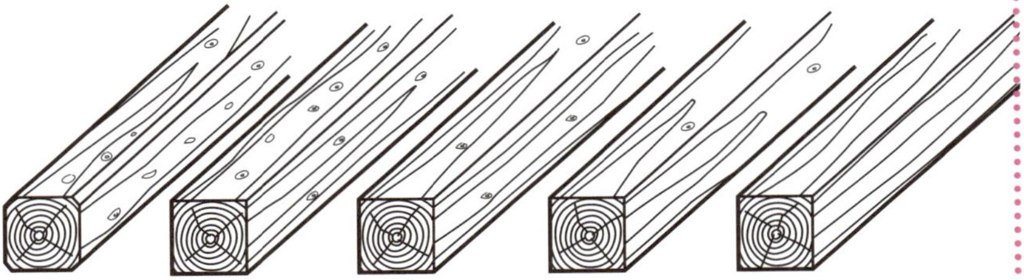

1等：構造材／大小の節がたくさんあり、若干の死に節や虫食いなどもある。
床板など／大小の節があるが、死に節を節埋め加工している。虫食い穴はない。
構造材、床板などともに、丸太の丸身が残っている

特等：1等材とほぼ同等品といえる。ただし、丸太の丸身はない

小節：直径25以下の節が1mごとに1個程度点在している

上小節：直径10以下の節が1mごとに1個くらい点在している

無地（無節）：節がない。木目や色合いもよい

ムク材と集成材・合板 それぞれの特徴を知る

ムク材の特徴

ムク材は割れや収縮などの変形を生じる可能性があるものの、本物の木材が持つ存在感・質感があり、時間が経つほど味わいが増すという魅力を持っています。ひび割れが発生することもありますが、多少のひび割れは強度的には問題ありません。ムク材を使用する場合は、多少、割れが発生したり変形するものだと認識して用いることが必要です。ムク材の特徴を知ったうえで、魅力を生かし、味わうことができる部分に使用します(図 34·35)。

最近では、木材をスライスしたラミナを乾燥して接着した集成材《しゅうせいざい》を使うことが多くなっています。集成材は変形や割れが生じにくいという特徴があり、主に柱、梁《はり》、造作材《ぞうさくざい》、カウンターの天板などに使われています。

ホワイトウッド集成材は湿気に弱いため、浴室などの水廻りで使うことはできるだけ避けます(図 36)。

合板の種類と用途

木造住宅の多くで、耐力壁《たいりょくへき》や床下地として構造用合板が使われています。構造用合板は、多くは針葉樹合板ですが、ラワン合板も使われています。厚さ 12mmのラワン合板はコンパネと呼ばれ、主にコンクリート型枠に使われています。接着剤の耐久性によって特類、1類、2類に区分され、屋外または湿気の心配のある箇所には特類を使用します。外壁や床の下地として使用する際は特類を使用するのが原則です(図 37)。

シックハウス対策により、星印の数で有害物質のホルムアルデヒドの発散量を等級表示するようになりました。F☆、F☆☆、F☆☆☆のように表示され、☆の多い方が有害物質の発散量の少ないことを示します。内装の下地としては、発散量が少ないF☆☆☆☆が使用されます。板状の集成材の両面にシナ合板を接着したランバーコアは、家具などに多く使われています。

集成材は変形や割れが生じにくいのですが、樹種によっては水に弱いので注意します

図 34 ▶木材の乾燥収縮の動き

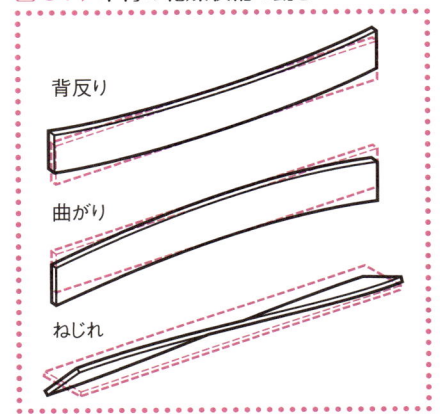

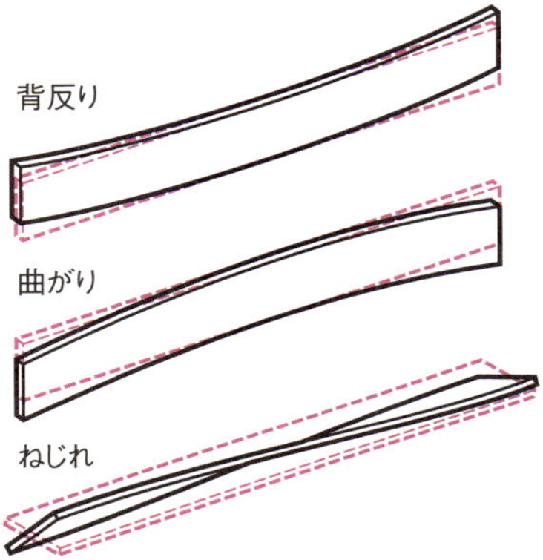

図 35 ▶乾燥による割れ対策

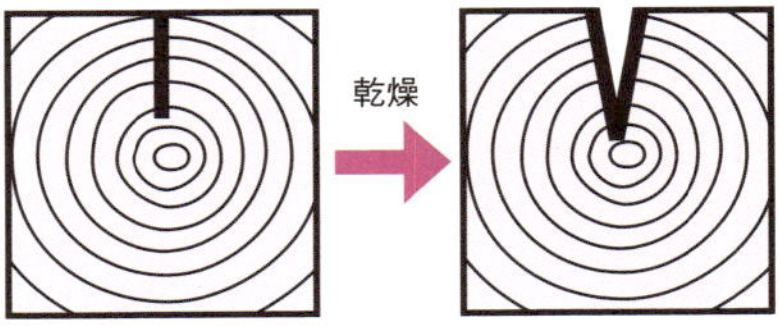

柱の裏面に図のように背割りを入れて、割れの発生を背割り部分に集中させ、他の部分に割れが起こらないようにする

図 36 ▶集成材

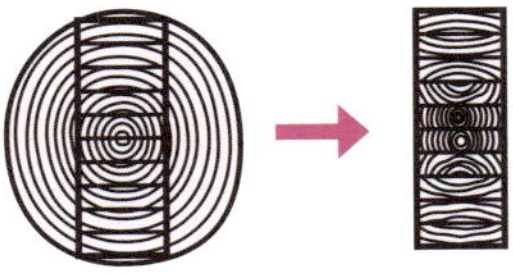

図は単一の樹種で構成した集成材。異樹種を組み合わせることもある

種　類	品質、用途
構造用集成材	柱、梁、アーチなどの構造体に使われるもので、大断面やわん曲材もつくれる
化粧梁構造用集成材	突き板を表面に張ったもので、強度、耐水性は構造用集成材と同様。主に柱、梁などの直線材に使われる
造作用集成材	積層面が見える独特の美しさをもつ。梁、階段の手摺、カウンターなどにも使われる
化粧梁造作用集成材	内部造作（長押、鴨居、敷居など）に使われる

図 37 ▶合板

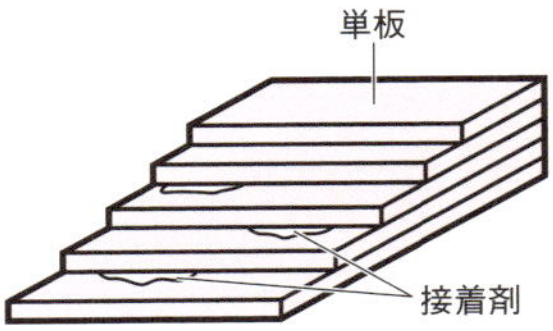

種　類	用途など
普通合板	ラワン合板で、下地板またはフラッシュドアなどに使われる
特殊加工化粧合板（化粧合板）	表面単板に、突き板などを張ったもの。内装仕上材に使われる
構造用合板	耐力壁など構造材として使われるもの。耐水性が高い
コンクリート型枠合板	普通合板に準ずるが、耐水性が高い。コンパネと呼ばれている

柱と梁《はり》で骨組みをつくる
軸組工法《じくぐみこうほう》

進化を続ける軸組工法

建物をかたちづくる骨組みのことを軸組と呼びます。柱などの垂直な部材と、土台・胴差《どうさし》・桁《けた》などの水平な部材を接合し、そこに1階や2階の床組《ゆかぐみ》と屋根を構成する小屋《こや》組《ぐみ》を組み合わせて、軸組をつくっていきます。

この軸組を構造体とする工法が軸組工法です。日本の古くからの木造住宅の工法で、在来工法とも呼ばれています。社寺や数奇屋《すきや》建築、古民家にも使われていますし、現在でも、多くの住宅で使われています(図 38)。

現代の軸組工法は、ベタ基礎やプラスチック床束《ゆかづか》を用い、厚物合板により根太《ねだ》を省いた床組や合板による耐力壁《たいりょくへき》などの仕様が主流となっています。これらは最近になって、耐震《たいしん》性などを高めるために改良された工法です。軸組工法も、時代によってつくり方が変化しています。

軸組工法の壁のつくり方は2種類あります。壁の仕上げとして、柱や梁を隠す大《おお》壁《かべ》と、和室の壁で、柱や梁を見せる真壁《しんかべ》です。木造住宅の在来工法では、真壁が一般的な納まりでしたが、現在では大壁が一般的となっています。

軸組工法の材料

柱は、スギやヒノキ、梁はベイマツを使うことが多く、丸太の梁には国産のマツを使うのが一般的です。また、柱、梁とも集成材《しゅうせいざい》を使うことも多くあります。

土台は、耐久性の高いヒノキやヒバが使われます。さらによいとされているのが、枕木にも使われていたクリです。輸入のツガ材(ベイツガ) に薬剤を注入した注入土台も使われています。

社寺建築にはヒノキを使い、茶室建築の手法を採り入れた数奇屋づくりでは柔らかな印象さを出すためにスギを使います。また、床柱や上《あが》り框《かまち》などでは、銘木《めいぼく》と呼ばれるような質の高い特殊な木材を使用しています。

軸組工法は、柱と梁でつくった骨組みに耐力壁と床組などの水平面を組み合わせる工法です

図38 ▶軸組工法の成り立ち

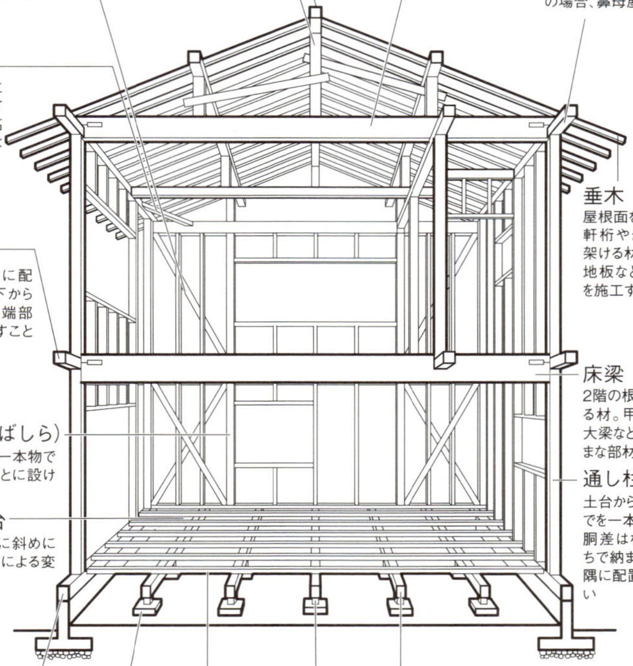

棟木
小屋組の頂部に架ける材で、垂木や登り梁を受けて屋根の荷重を小屋束から梁に伝える

小屋束
母屋や棟木からの荷重を小屋梁に伝える束

小屋梁
小屋束より屋根の荷重を受けて柱に伝える横架材。角材のほかに、太鼓材や丸太材も使用される

筋かい
耐力壁として柱と柱の間に斜に入れて、水平力による変形を抑える材。筋かいだけでなく丸鋼や構造用合板による耐力壁もある

軒桁
外壁と屋根面の交点に入れる横架材で、地廻りを構成する部材。小屋組が折置き組の場合、鼻母屋ともいう

火打梁
直交する梁に斜めに入れて水平剛性を高め、水平力による変形を防ぐ

垂木
屋根面を支えるための軒桁や母屋、棟木に架ける材。この上に野地板などの屋根下地を施工する

胴差
建物の胴廻りに配置する材。上下から柱が取り付き、端部は通し柱に差すことが多い

床梁
2階の根太や梁を受ける材。甲乙梁、小梁、大梁などのようにさまざまな部材がある

管柱（くだばしら）
通し柱のように一本物で通さず、各階ごとに設けた柱

通し柱
土台から2階の軒桁までを一本物で通した柱。胴差は柱に差すかたちで納まる。建物の出隅に配置することが多い

火打ち土台
直交する土台に斜めに配置し、水平力による変形を防ぐ

土台
基礎の上に設置する部材。柱からの荷重を基礎に伝え、柱の根元をつなぐ役目を果たす

大引
1階床組の根太を支える部材。たわみ防止のために半間ごとに床束で支える

束石
床束を水平に支えるために石やコンクリートを設置する

床束
1階床組の大引を支える部材。近年では木製の束だけでなく、鋼製やプラスチック製のものも普及している

根太
大引や梁の上に渡して、床板を受ける部材。厚物の構造用合板などを敷いて根太を省略することもある

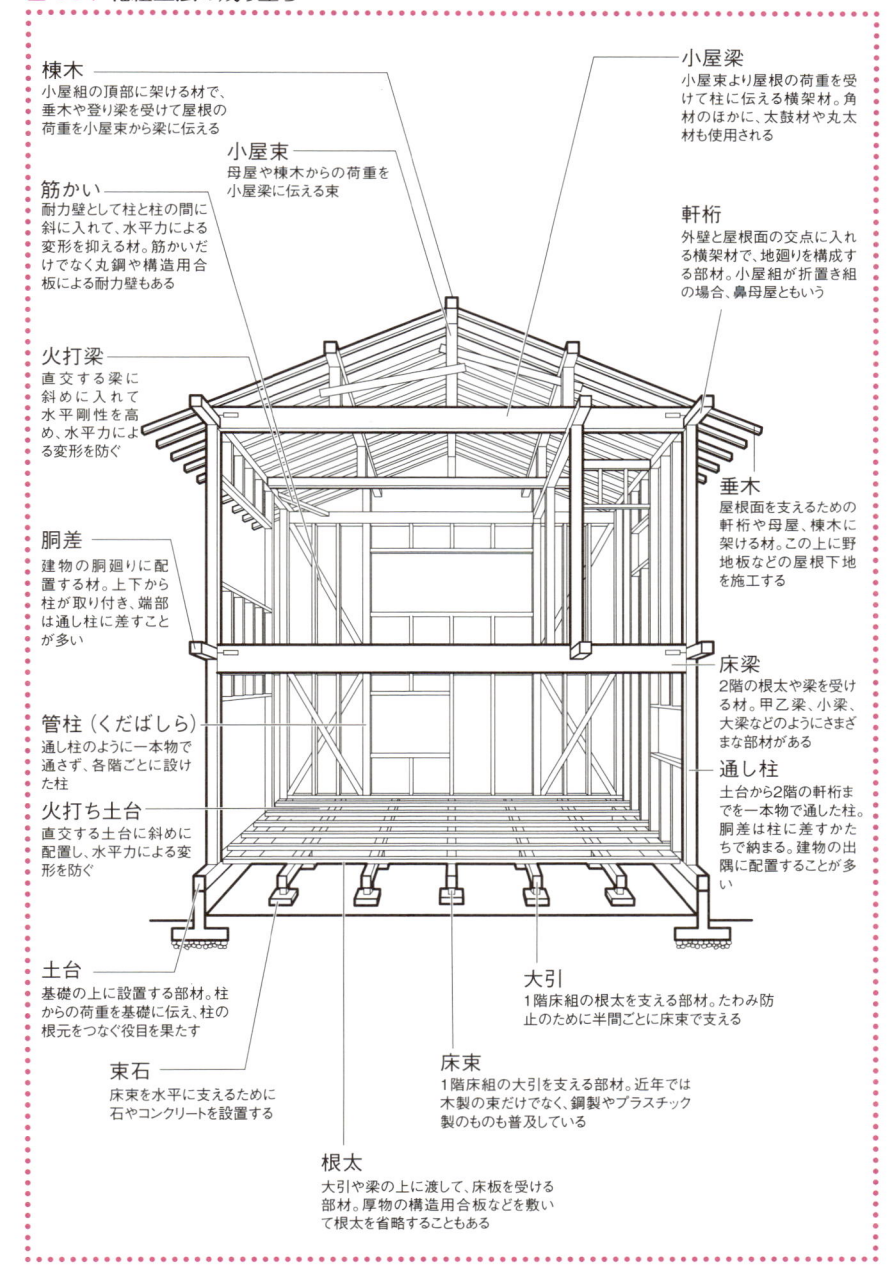

壁と床で建物を支える 枠組壁工法《わくぐみかべこうほう》

壁と床の一体化

枠組壁工法は、一般に2×4(ツーバイフォー) 工法と呼ばれています。枠組材(ツーバイ材、ディメンションランバーともいう) に構造用合板などのパネルを釘で留め、壁と床をつくって、全体の構造とする工法です。アメリカの開拓時代に、セルフビルドで簡単に家を建てるために考案されました。

ちなみに、構造用合板とは、構造耐力上主要な部分に用いる目的でつくられた合板です。等級は 1級と 2級に区分され、1級のほうが高い強度を持っています。

枠組壁工法は、壁と床を一体化し、剛《ごう》性《せい》の高い壁式の構造を形成するため、建物にかかる荷重を壁全体に分散して伝えることができます。そのため、耐震《たいしん》性に優れています。また、用いられる部材の種類が少なく構造が単純なため、比較的短期間の工事ですむこともメリットです(図 39)。

ただし、壁が構造体であるため、間仕《まじ》切《きり》の変更がしにくいことを前提として設計する必要があります。

その他に、床・壁を合板で囲うため気密性・断熱性が高いという特徴があります。気密性が高いため火災時に火が回りにくく、火災保険料が軸組工法《じくぐみこうほう》に比べて約半分になる場合もあります。

設計のポイント

枠組壁工法を日本に導入するにあたり、建築基準法上で構造基準が設けられました。構造基準では、耐力壁《たいりょくへき》と耐力壁の間の距離を 12m以下とするなど、構造壁に囲われた最大の範囲が定められています。また、開口部の幅も4m以下とされています(図 40・41)。

パネルを留める釘は規定のものを使い、定められた間隔以下で打つことも重要なポイントです。スパンが大きい床下地には、2×6(ツーバイシックス) 材を使います。

枠組壁工法は壁と床が一体でつくられているので剛性が高く地震にも強い工法です
2×4

図 39 ▶軸組工法と枠組壁工法の違い

軸組工法のイメージ

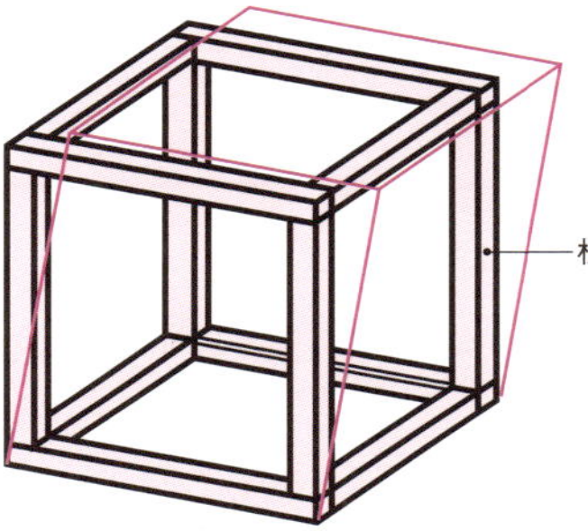

枠組壁工法のイメージ

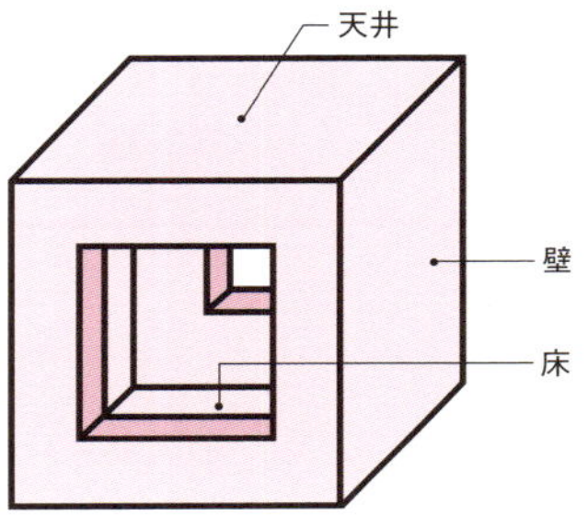

図 40 ▶枠組壁工法のつくり

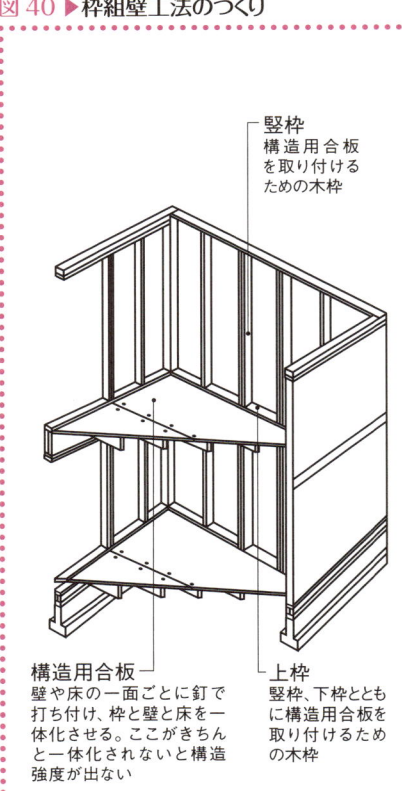

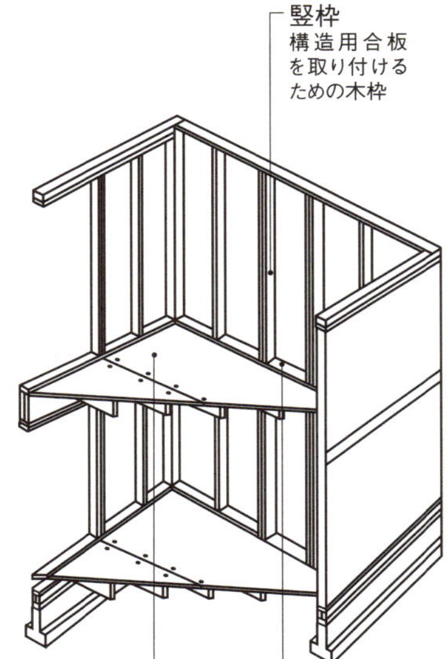

壁や床の一面ごとに釘で打ち付け、枠と壁と床を一体化させる。ここがきちんと一体化されないと構造強度が出ない

竪枠、下枠とともに構造用合板を取り付けるための木枠

図 41 ▶枠組壁工法の設計ルール

平面

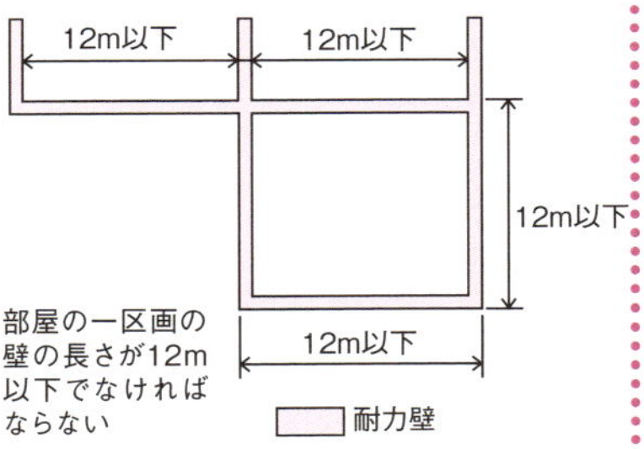

立面

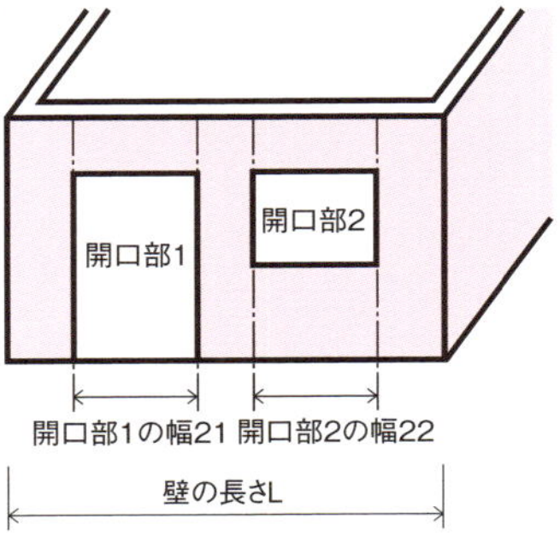

開口部の幅の合計は壁の長さの4分の3以下
21＋22≦L×3／4

丸太の断熱性や燃えにくさを生かすログハウス

北欧で発達した丸太組工法《まるたぐみこうほう》

丸太組工法とは、一般的には、ログハウスといわれている工法です。

丸太を水平に積み重ねて構造体に仕上げていきます。もともとはデンマークや北欧で発達した工法で、丸太の断熱性を利用した寒冷地の住宅です。丸太ではなく、太い角材を使う場合もあります。

構造材として積み上げた丸太そのものを内部・外部ともに、仕上げとして見せるつくり方をします。この工法は、枠組壁《わくぐみかべ》工法《こうほう》と同様にセルフビルドも可能です(図42)。

丸太組工法の設計

丸太の材料は、スプルスなどの輸入材が多く使われています。壁全体を丸太でつくるため、住宅1棟に使用する木材の量は、軸組工法《じくぐみこうほう》などと比べて、かなり多くなります。標準タイプの材料は、加工した部材を輸入することができるため、コストを低く抑えることが可能です。

基礎は軸組工法と同じように、鉄筋コンクリートでつくります。

壁は丸太を積んだ壁が耐震壁《たいしんへき》となるため、開口部の幅を大きく取るのは難しくなります(図43)。

また、丸太は時間が経つにつれて乾燥収縮しますし、丸太自体の重さで、積み重ねた丸太と丸太の隙間が小さくなるため、壁が沈み込んでしまいます。そのため、窓や扉の上部に隙間を設けるなど、沈下量を考慮して設計・施工することがポイントとなります。

太い丸太は、すぐには火がつきにくく、仮に燃えても表面だけが燃えるだけで済むため、一定の規模までなら市街地の準防火地域でも建設が可能です。

その他のポイントとして、壁や天井にボードを張って仕上げることをしないため、設備は、給排水や電気配線などが露出した状態にならざるを得ず、その処理に工夫が必要です。

ログハウスでは、丸太の乾燥収縮で丸太の壁が沈み込むことを考慮して設計します

図 42 ▶丸太組工法の特徴

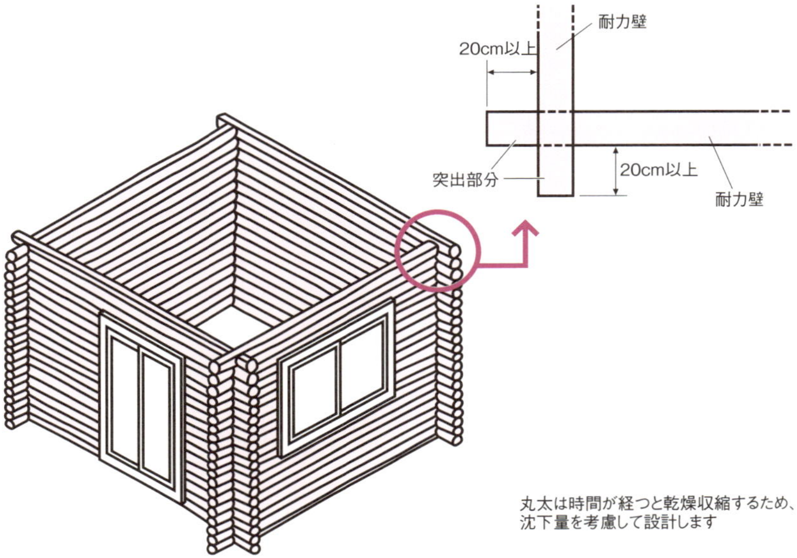

丸太は時間が経つと乾燥収縮するため、
沈下量を考慮して設計します

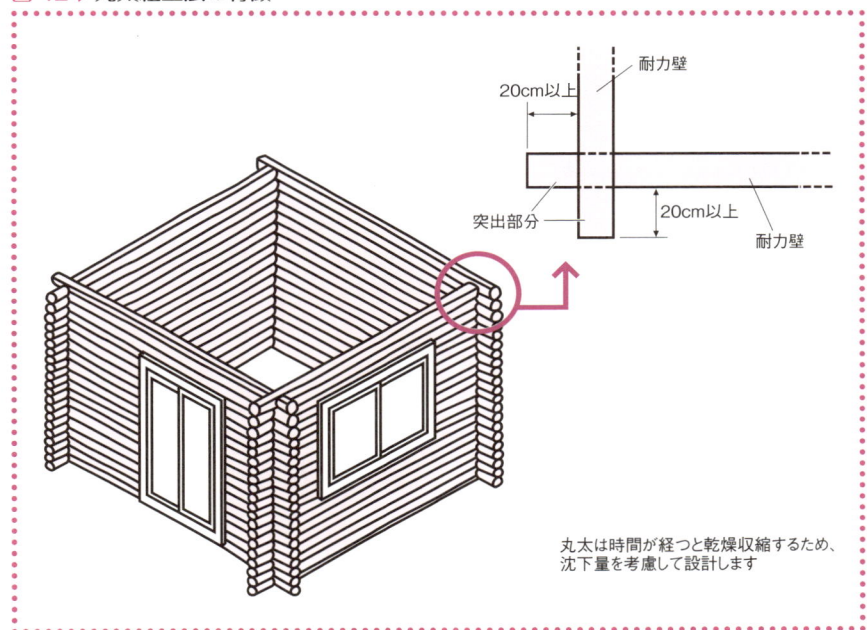

図 43 ▶丸太組工法の設計ルール

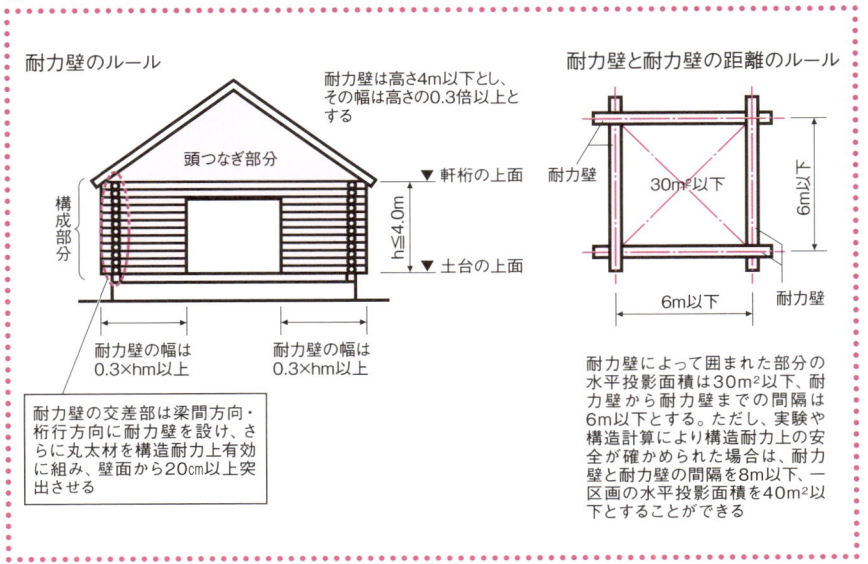

耐力壁のルール

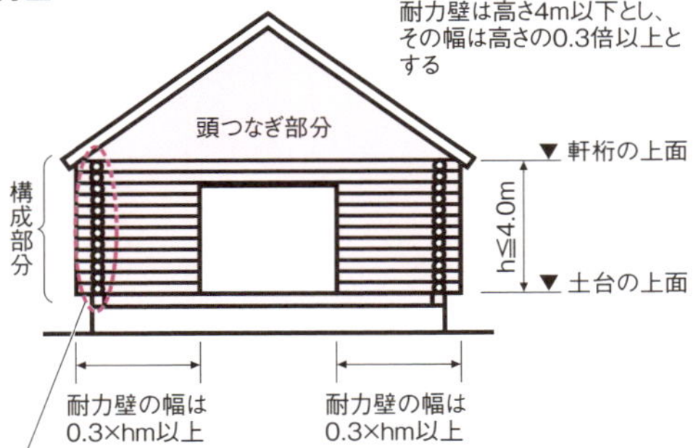

耐力壁の交差部は梁間方向・桁行方向に耐力壁を設け、さらに丸太材を構造耐力上有効に組み、壁面から20cm以上突出させる

耐力壁と耐力壁の距離のルール

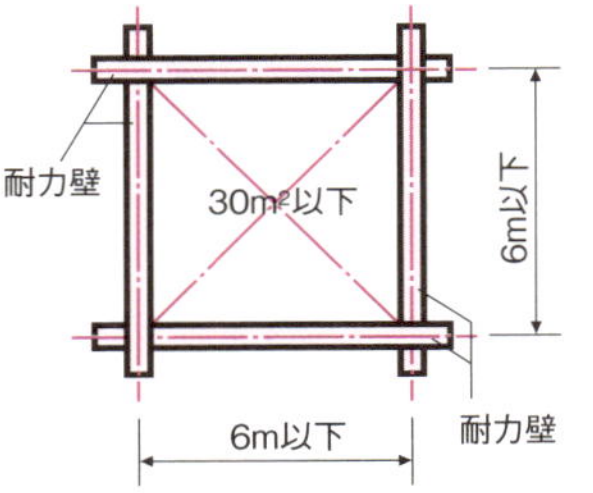

耐力壁によって囲まれた部分の水平投影面積は30m²以下、耐力壁から耐力壁までの間隔は6m以下とする。ただし、実験や構造計算により構造耐力上の安全が確かめられた場合は、耐力壁と耐力壁の間隔を8m以下、一区画の水平投影面積を40m²以下とすることができる

構造計算が義務づけられている木造3階建て

木造3階建ての構造規定

土地価格の上昇や、住宅事情などにより、狭い敷地を有効に利用できるようにするため、1987年から、準防火地域内でも木造3階建てが建てられるようになりました。

しかし、木造3階建ては、2階建てと比べると、構造や防火規定の基準が厳しく定められています。

木造3階建ての設計では、2階建てと異なり、構造計算が義務付けられています。2階建てよりも1階に大きな荷重と外力が加わるため、それに耐える設計が求められます。

構造材は、構造計算によって断面寸法などを決めますが、主要構造部の柱の小径は 12cm以上にすると安心です。

狭い敷地を有効に活用するため、1階が車庫になっているプランを多く見かけますが、1階の耐震壁《たいしんへき》が不足しやすいので、2階床などの水平構面を固めることを検討します。

なお、木造3階建ては確認申請の際には、構造計算適合性判定を受けることもあります。構造計算適合性判定とは、確認申請時に、構造計算過程の詳細な審査やプログラムによる再計算を行うことです。確認申請により時間がかかるので、考慮しておく必要があります。

木造3階建ての防火規定

準防火地域に木造3階建てを建築する場合は、準耐火建築物にする必要があり外壁などに 45分準耐火構造以上の性能が要求されます。

屋根は、不燃《ふねん》材料を使いて外壁耐火の屋根にするか、石膏ボード2重張りなどで天井を耐火被覆《たいかひふく》する必要があります。

床は、不燃軸組とするか、裏または直下の天井裏に石膏ボードを2重張り、または、石膏ボードの上にロックウールを張るなどの耐火被覆の措置が求められます(図44)。

木造３階建ては構造計算が
必要で、防火のルールが
決められています

図44 ▶準防火地域での3階建ての構造と防火のルール

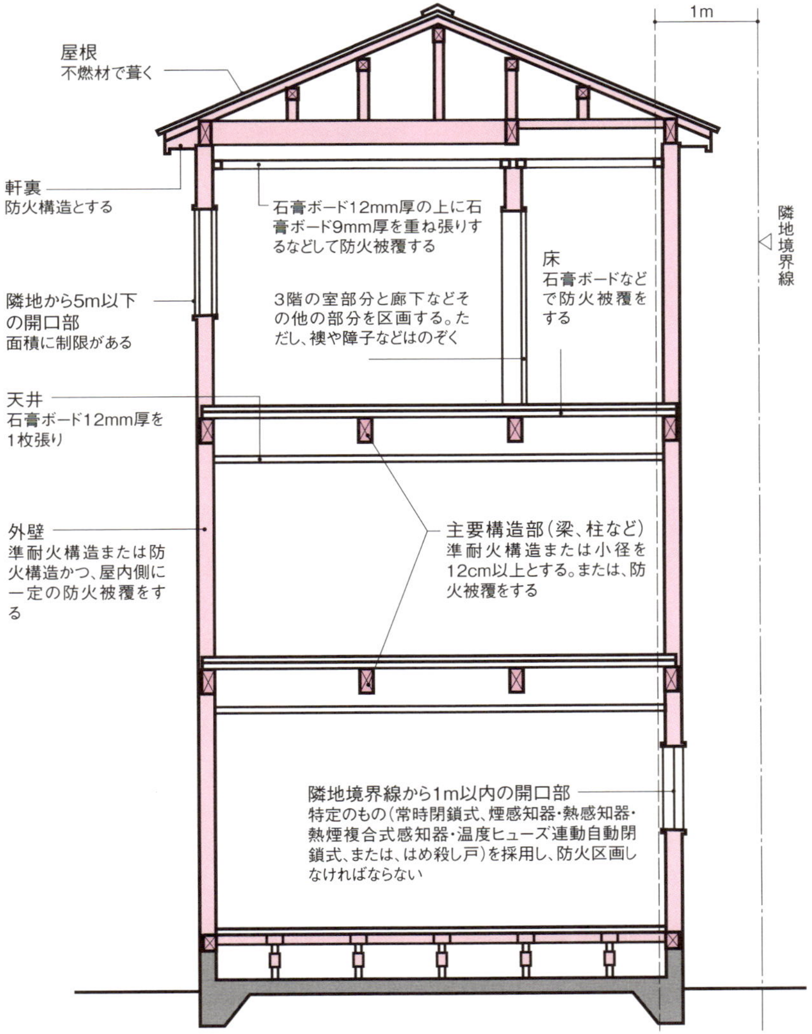
1m
屋根
不燃材で葺く
軒裏
防火構造とする
石膏ボード12mm厚の上に石膏ボード9mm厚を重ね張りするなどして防火被覆する
床
石膏ボードなどで防火被覆をする
隣地境界線
隣地から5m以下の開口部
面積に制限がある
3階の室部分と廊下などその他の部分を区画する。ただし、襖や障子などはのぞく
天井
石膏ボード12mm厚を1枚張り
外壁
準耐火構造または防火構造かつ、屋内側に一定の防火被覆をする
主要構造部（梁、柱など）
準耐火構造または小径を12cm以上とする。または、防火被覆をする
隣地境界線から1m以内の開口部
特定のもの（常時閉鎖式、煙感知器・熱感知器・熱煙複合式感知器・温度ヒューズ連動自動閉鎖式、または、はめ殺し戸）を採用し、防火区画しなければならない

伏図《ふせず》は木造住宅の構造設計図

伏図とは何か

現状では、伏図を作成する意匠設計者は少なく、ほとんどの場合、プレカット工場まかせになっています。しかし、架構《かこう》と間取りは一体で考えるのが木造設計の基本であり、伏図の描き方や読み方は、正しく理解しておく必要があります。現在は、確認申請時に伏図の提出は求められていませんが、今後は伏図が必要図書となる可能性があります。

伏図の作成手順

2階建て戸建住宅をモデルにして、伏図の作成手順を解説します(図45)。

2階建ての場合、まず、1、2階平面図をもとに2階の床伏《ゆかぶせ》から検討していきます。2階の床伏を作成するときは、1階と2階の構造が関係するため、1階と2階の間取りを同時に検討しなくてはなりません。次に、2階平面図と屋根伏図をもとに小屋伏《こやぶせ》を、1階平面図をもとに1階床伏を検討します。2階の床伏図では、始めに間《ま》仕切《じきり》上の梁《はり》を描き入れます。次に1階の柱を×で示し、その位置を考慮したうえで2階の柱を記入します。そして、スパンが飛んでいる部分に梁を架けていき、最後に床の張り方向をもとにして根太《ねだ》を描き込みます。

小屋伏図は、2階の間仕切上の梁とスパンの飛んでいる梁を記入し、次に屋根の形をつくる下地の垂木《たるき》を決め、母屋《もや》や隅木《すみき》の位置を決めていきます。1階床伏図は、間仕切に土台を描き入れ、大引《おおびき》と根太を記入します。

原則として間仕切の上には梁が必要で、限られた木材の寸法と構造的な理由から、2間(3.6m)程度を最大スパンとするのが標準的な設計です。スパンは使用する構造材やその断面寸法によって変わります。(財)日本住宅・木材技術センターでは、構造用製材・集成材《しゅうせいざい》を横架材《おうかざい》や屋根組に使用する場合の必要な断面寸法やスパンを表にまとめたスパン表を発行しています。

伏図は木造の構造設計図です。
伏図で柱や梁の配置や断面寸法を
検討します

図45 ▶伏図の描き方（2階床伏図の場合）

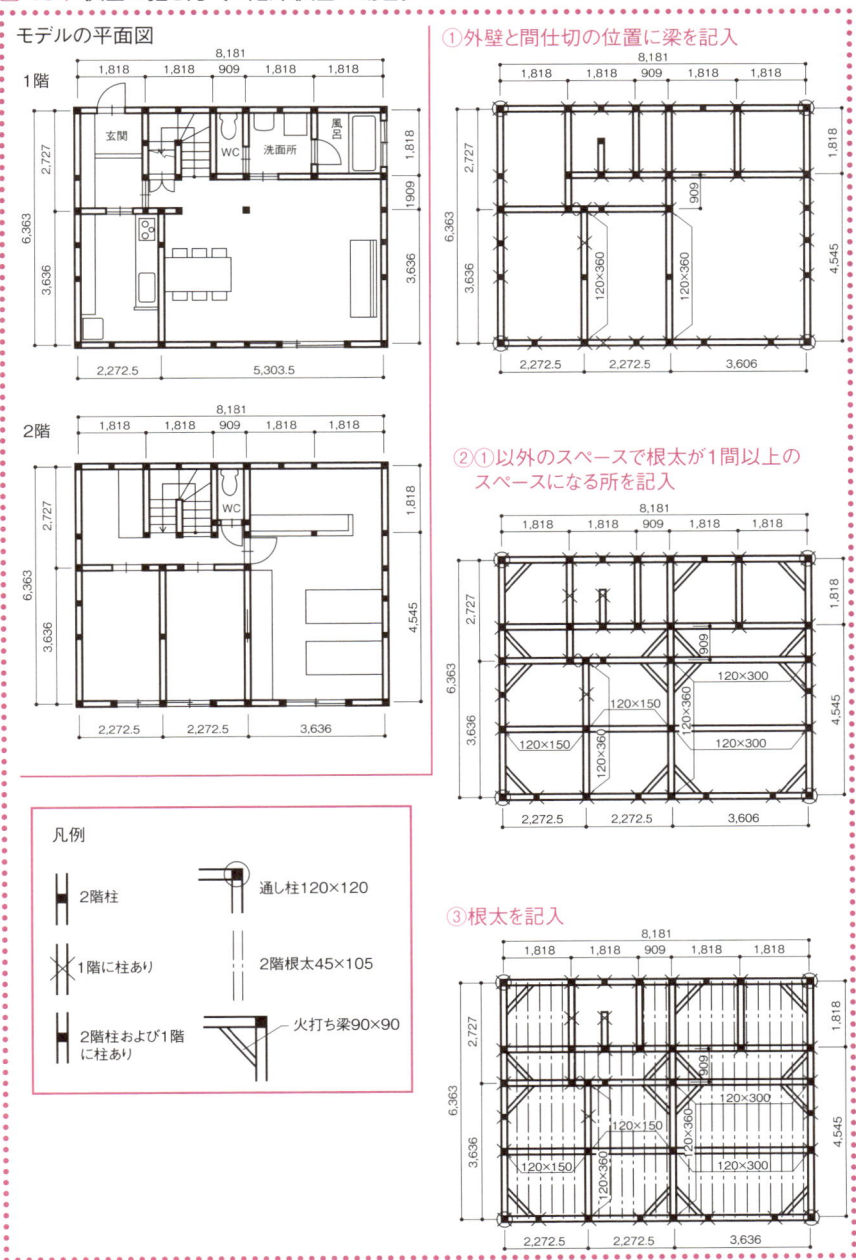

モデルの平面図

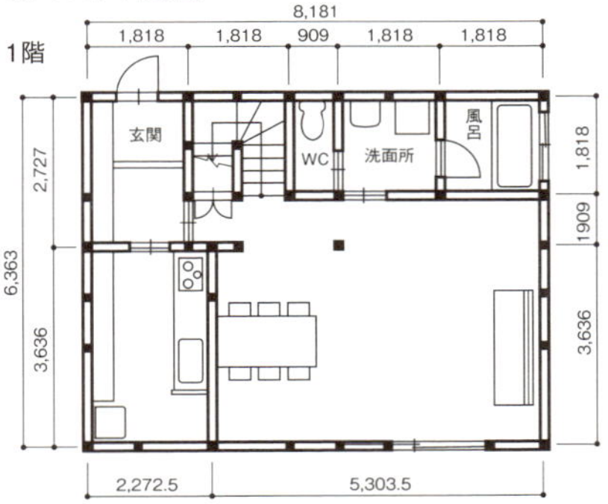

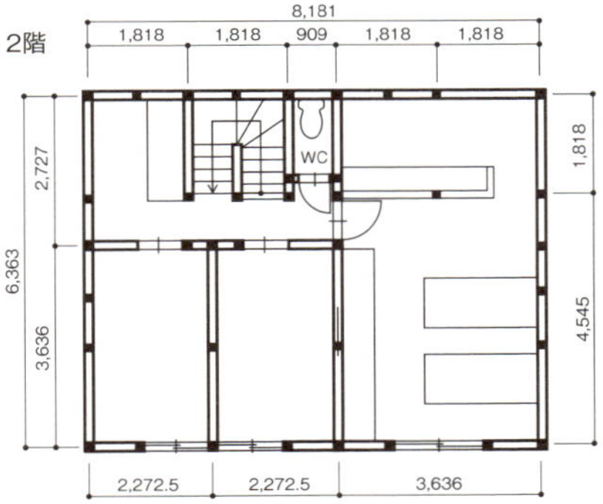

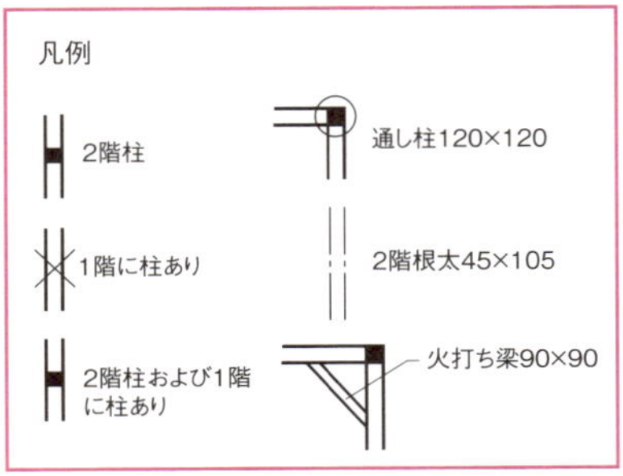

①外壁と間仕切の位置に梁を記入

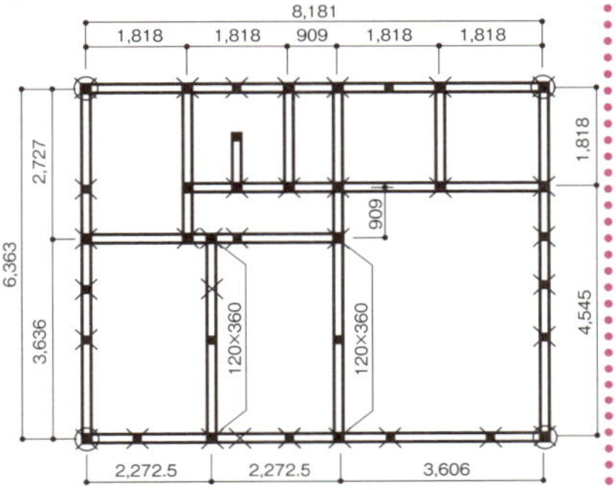

②①以外のスペースで根太が1間以上の
スペースになる所を記入

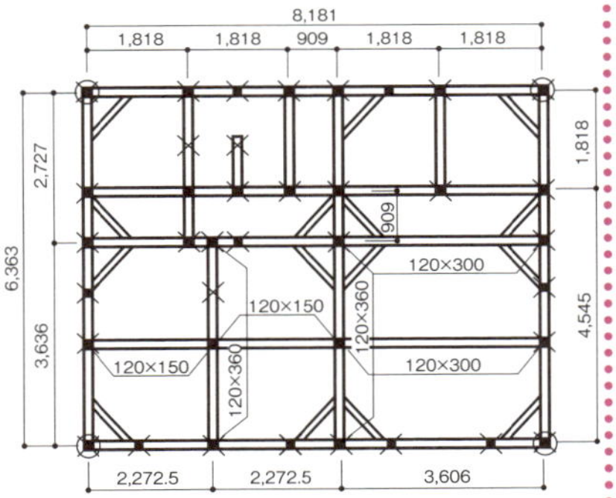

③根太を記入

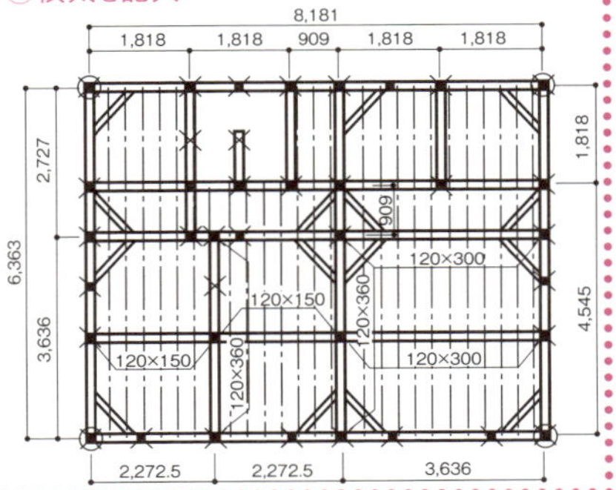

地震に強い 架構《かこう》設計の考え方

建築基準法の仕様規定

2階建て以下で延べ面積 500㎡以下などの木造住宅では構造計算を必要としませんが、建築基準法によって、構造の安全性を確認する仕様規定が設けられています。しかし、建築基準法で定められているのは、あくまで構造安全性の最低限の基準です。建築基準法よりも高い構造安全性を確認するためには、品確法《ひんかくほう》の住宅性能表示制度を利用することができます。

木造軸組《じくぐみ》住宅の水平構面は、屋根・床・火打ちの３種類で構成されます。この水平構面が強いと地震力による建物のねじれを防ぐことがで、地震力を分散することができます。建築基準法の仕様規定では、この水平構面が、荷重や外力を耐力壁《たいりょくへき》まで確実に伝達する強さをもつことを前提としていますが、具体的な基準はありません。住宅性能表示制度では、この水平構面の強さを「床倍率《ゆかばいりつ》」として確認することになっています。

鉛直荷重《えんちょくかじゅう》の伝達

木造軸組工法は、柱と梁《はり》で構成されるため、柱の配置と梁の架け方を検討していくことが架構設計の基本となります。

木造住宅には、建物そのものの重さや積載荷重など、上から下に力が流れる鉛直荷重と、地震や台風などによって横から力を受ける水平荷重が掛かります。

鉛直荷重を上から下にスムーズに伝達させるため、柱・梁・小屋束《こやづか》・母屋《もや》など軸組材への力の流れ方を把握する必要があります。

当然のことながら、鉛直荷重は上から下に流れ、下へいくほど荷重は大きくなります。荷重を一カ所に集中させず、なるべく均等に分散させることが鉛直荷重を上手に地盤へと伝達させるための設計のポイントです(図 46・47)。

構造部材は、梁に小梁を架けるなど、木材の欠込《かきこ》みが多い場合もあるので、余裕のある断面寸法を選びます。

架構設計では、1階の壁の上に2階の壁が載《の》るようにすると構造的に強くなります

図46 ▶鉛直荷重の力の流れ方

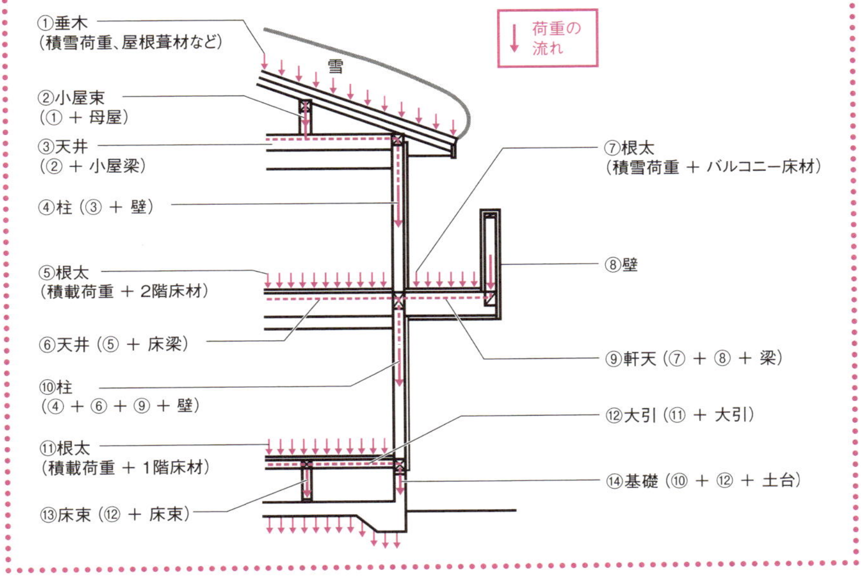

図47 ▶構造安全性を確かめる項目における建築基準法と品確法の違い

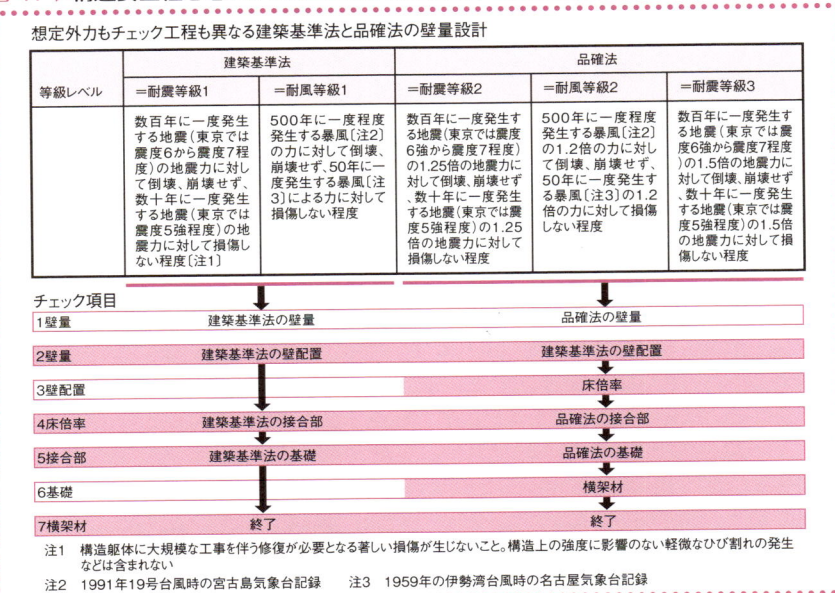

想定外力もチェック工程も異なる建築基準法と品確法の壁量設計

等級レベル	建築基準法		品確法		
	＝耐震等級1	＝耐風等級1	＝耐震等級2	＝耐風等級2	＝耐震等級3
	数百年に一度発生する地震(東京では震度6から震度7程度)の地震力に対して倒壊、崩壊せず、数十年に一度発生する地震(東京では震度5強程度)の地震力に対して損傷しない程度〔注1〕	500年に一度程度発生する暴風〔注2〕の力に対して倒壊、崩壊せず、50年に一度発生する暴風〔注3〕による力に対して損傷しない程度	数百年に一度発生する地震(東京では震度6強から震度7程度)の1.25倍の地震力に対して倒壊、崩壊せず、数十年に一度発生する地震(東京では震度5強程度)の1.25倍の地震力に対して損傷しない程度	500年に一度程度発生する暴風〔注2〕の1.2倍の力に対して倒壊、崩壊せず、50年に一度発生する暴風〔注3〕の1.2倍の力に対して損傷しない程度	数百年に一度発生する地震(東京では震度6強から震度7程度)の1.5倍の地震力に対して倒壊、崩壊せず、数十年に一度発生する地震(東京では震度5強程度)の1.5倍の地震力に対して損傷しない程度

チェック項目

	建築基準法	品確法
1壁量	建築基準法の壁量	品確法の壁量
2壁量	建築基準法の壁配置	建築基準法の壁配置
3壁配置		床倍率
4床倍率	建築基準法の接合部	品確法の接合部
5接合部	建築基準法の基礎	品確法の基礎
6基礎		横架材
7横架材	終了	終了

注1　構造躯体に大規模な工事を伴う修復が必要となる著しい損傷が生じないこと。構造上の強度に影響のない軽微なひび割れの発生などは含まれない

注2　1991年19号台風時の宮古島気象台記録　注3　1959年の伊勢湾台風時の名古屋気象台記録

防腐《ぼうふ》・防蟻《ぼうぎ》対策が重要な木造住宅の土台

土台の設計

柱の下部を拘束し、建物の重みを基礎に伝える役割を果たす土台は構造上重要な部材です。

土台は、基礎コンクリートの打設《だせつ》時に埋め込んだアンカーボルトで基礎と固定します。アンカーボルトは、基礎の上端から出して土台に通して締めることで、基礎に土台を緊結《きんけつ》させる金物です。

住宅金融支援機構の仕様書では、2.7m以下の間隔で設置することとなっています。土台の断面は柱と同じ寸法以上、かつ、105mm角以上とし、標準は 120mm角とします。土台と土台を継ぐ場合は、柱や床下換気口の位置と重ならないようにします（図 48）。

木材は、横に置くとつぶれやすいため、柱で土台が圧縮され、柱の位置が下るおそれがあります。そこで、柱の「ホゾ」を「長ホゾ」にします。ホゾとは、柱と土台を接合するため、柱の端部に施す加工です。

土台に差し込むホゾを基礎まで貫通させると、ホゾを通じて力が基礎へ通じ、土台がつぶれるのを防ぐことができます（図49・50）。

地震などが発生した場合に、柱と土台の接合部に引抜力《ひきぬきりょく》が作用して柱が抜けてしまうことがあります。そこで、建築基準法では、柱と土台または、柱と基礎を金物（ホールダウン金物など）で接合するように定めています。

土台の防腐・防蟻対策

土台は地面から近く湿気の影響を受けやすいため、防腐・防蟻対策が必要です。土台の材料は、腐りにくいヒノキやヒバなどが用いられます。枕木に使われていたクリも、土台の材料として最適です。

住宅金融支援機構の仕様書では、ヒノキやヒバなどは耐久性が高いため、防腐・防蟻剤を必ずしも塗る必要はないとしています。防腐・防蟻対策として、ヒバ油、月桃《げっとう》油《ゆ》などの自然素材を使う方法もあります。

土台は腐れやシロアリに強い
ヒノキやヒバ、クリ材を
使います

図48 ▶土台とアンカーボルトの設置のポイント

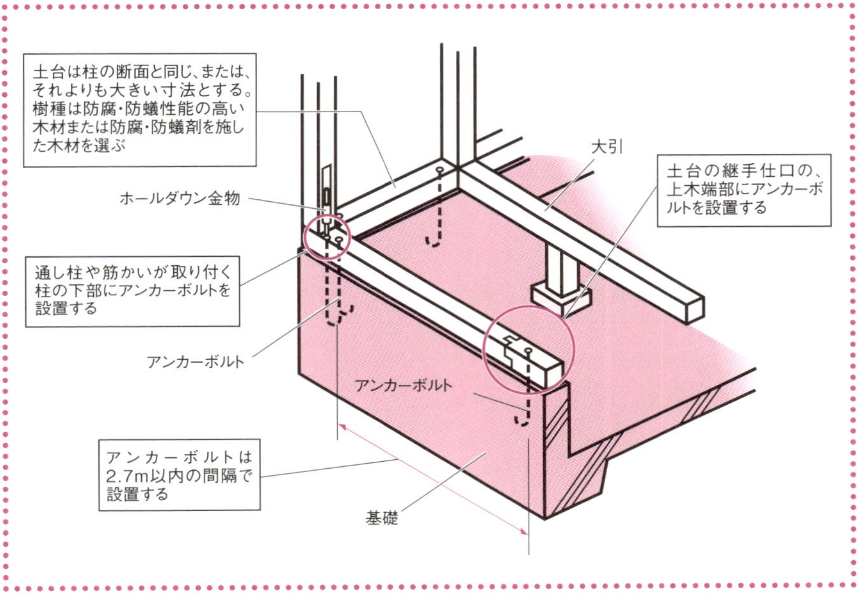

図49 ▶土台の継手仕口

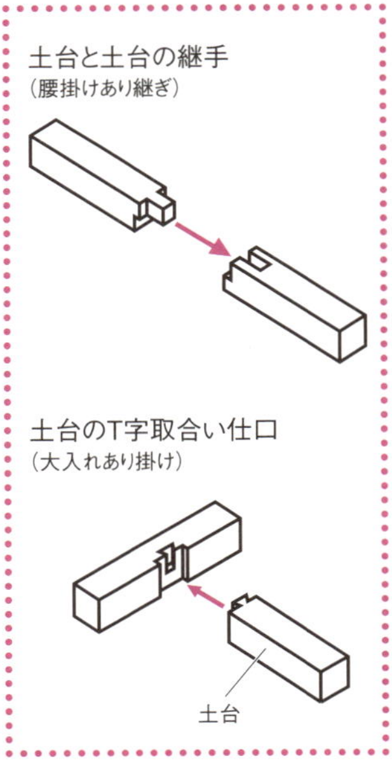

図50 ▶土台に設けるホゾ穴

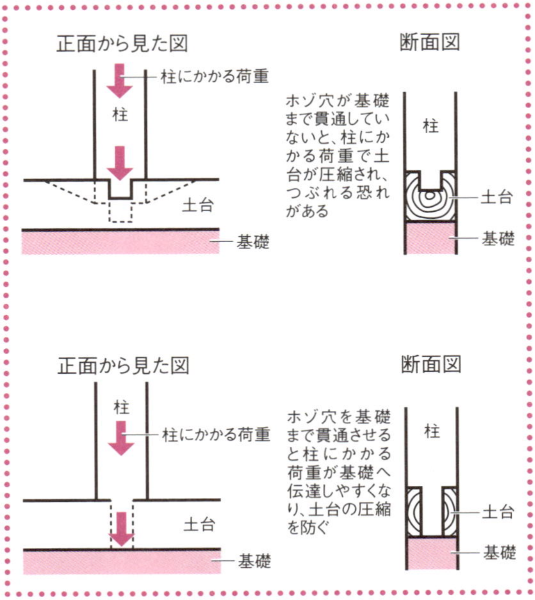

建物を支える通し柱と管柱

柱の寸法

柱は、梁《はり》、桁《けた》、胴差《どうさし》などを支えて鉛直《えんちょく》荷重《かじゅう》を土台や基礎に伝え、水平力にも抵抗する役割を担います。構造材の中で非常に重要な部材です。

木造住宅の骨組みとなる部材のなかで、始めに決めるのは柱の仕様です。製材にするか集成材《しゅうせいざい》にするか、そして樹種や断面寸法を決めていきます。断面寸法は、3寸5分(105mm)角か4寸(120mm)角が一般的に用いられます。

建築基準法では、2階以上の建物の場合、隅角《ぐうかく》部などに1階から2階まで通じる、通し柱を設置するように義務付けています(令43条5項)。通常の柱は桁《けた》などで中断されている管柱《くだばしら》を用います。管柱でも荷重の伝達など構造的な問題はありません。

隅角部の通し柱が受ける床の荷重は、建物の内部に立つ柱と比べて約1／4程度で、構造的な荷重の負担は大きいとはいえません。しかし、通し柱には2階床を支える胴差や梁などの横架材《おうかざい》を取り付けるための「ホゾ穴」を開けるため、断面欠損が大きくなり、強度が下がる可能性があります(図51)。

柱の受ける荷重に対して断面積が小さかったり、断面欠損が大きいと座屈《ざくつ》が生じやすくなります。特に中央部に大黒柱のような通し柱を設ける場合は、柱周囲の荷重を受けるとともに、四方から梁が刺さってくることがあるため、大きな断面とする必要があります。柱と横架材の接合は、仕《し》口《ぐち》とする場合と、金物でつなぐ場合があります(図52･53)。

材料の選び方

柱としてつくられる木材の長さは、流通上では3mが標準で、その上が4mです。階高を決めるとき、3mの柱で納まるような断面設計にすると経済的です。

国産のムク材を選ぶ場合は、ほとんどが丸太を四角く加工する心《しん》持《も》ち材《ざい》を使います。丸太は最も強度が高く、さらに、心持ち材は、心去《しんさ》り材《ざい》よりも強度が高くなります。

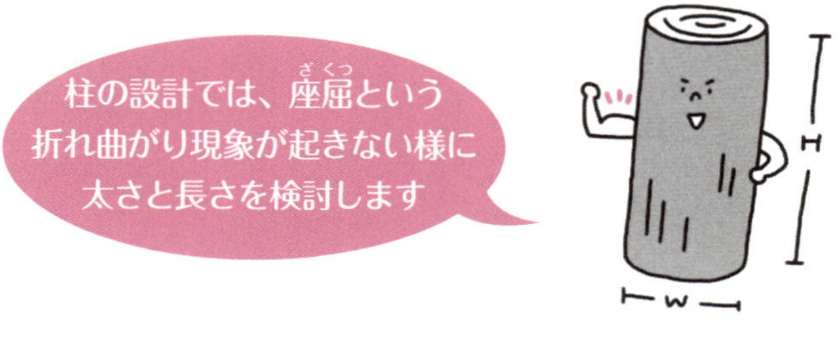
柱の設計では、座屈《ざくつ》という
折れ曲がり現象が起きない様に
太さと長さを検討します
H
W

図 51 ▶通し柱と管柱の違い

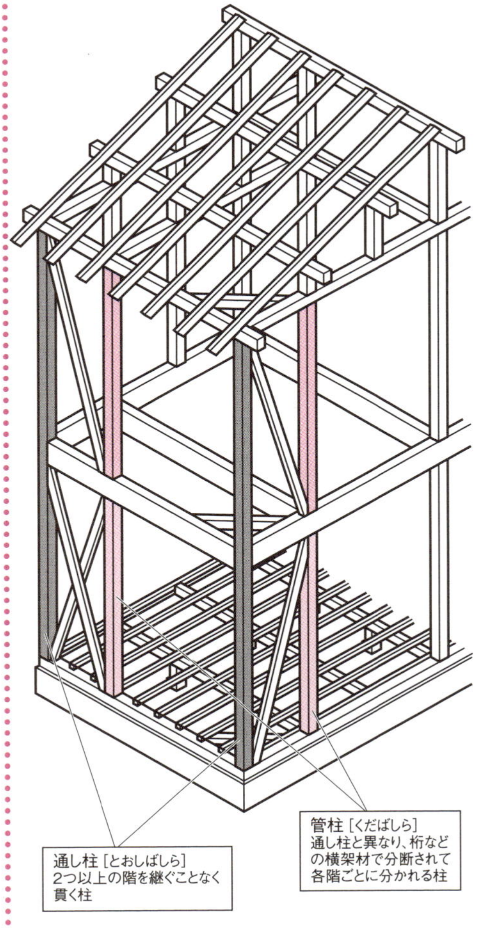

図 52 ▶柱にかかる力

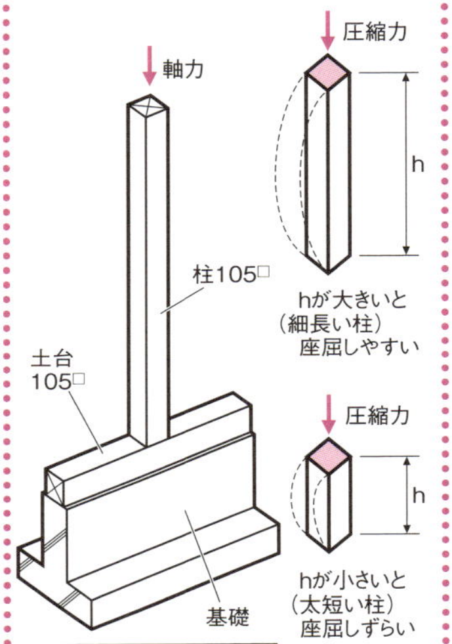

土台は柱の軸力を横圧縮力として処理する。
土台は柱と同寸以上の大きさにすること

図 53 ▶通し柱は断面欠損に注意

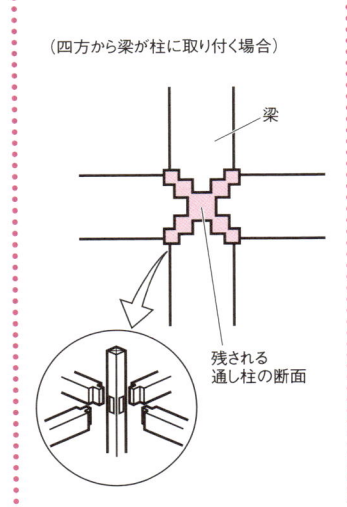

（四方から梁が柱に取り付く場合）

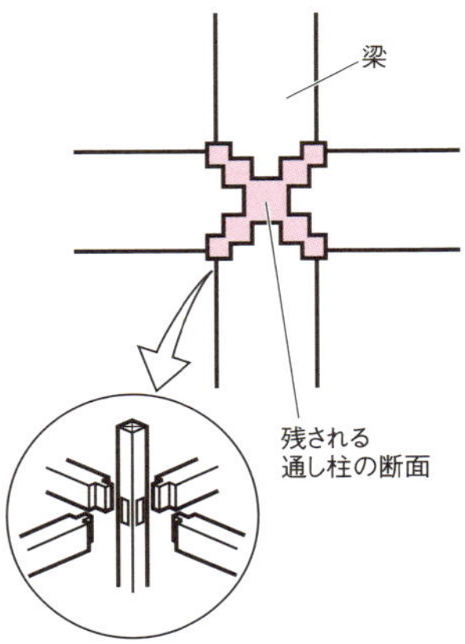

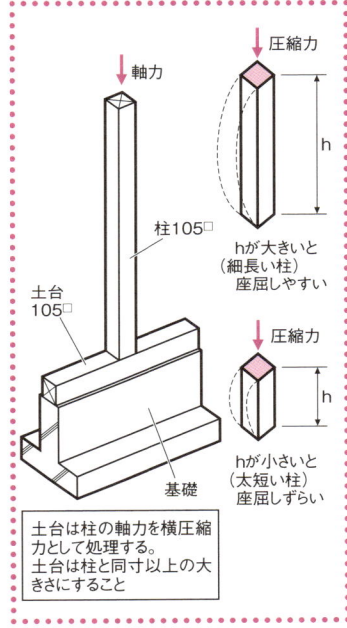

スパンで決まる梁《はり》の断面寸法

梁の仕様

木造住宅の架構《かこう》設計においては、梁をどのように架けるかが最も重要です。角材として使われているほとんどの梁の材料は、ベイマツが多く、角材の他に集成材《しゅうせいざい》としても使われます。ベイマツ以外では、国産のマツやスギも使われています。梁にふさわしい樹種は比較的大径木で粘り強いもので、古民家では、ケヤキなどの材が使われています。梁は、乾燥が不十分な材を使うとたわみが大きくなるので、注意が必要です(図 54)。

材料をプレカットで加工する場合、加工機の都合上、角材や集成材を使います。プレカットでも丸太を使うことができますが、その場合は、工場か大工の下小屋《したごや》で手刻《てきざ》みで加工するため、コストアップとなります。

丸太の両脇を垂直に切り落とした梁を太鼓梁《たいこばり》といいます。丸太の強度を生かしつつ、加工のしやすさを考慮した形状です。角材に比べ、梁せい(梁の高さ) を小さく抑えることができ、太鼓梁を使うと面白いデザインをつくることができます(図 55)。

梁の断面寸法

梁は、どのくらいのスパンに架けるかによって断面寸法を決めます。

梁材の長さは、3m、4mが標準で、幅は柱と同じサイズで3寸5分(105mm) か4寸(120mm) が標準です。梁せいの目安は、2間(3.6m) で1尺(300mm)、1.5間(2.7m) で8寸(240mm)、1間(1.8m) では、3寸5分(105mm) です。この3つのサイズをおおよその目安として、1寸(30mm) 刻みで断面を調整していきます。

2階の柱が載《の》ったり、荷重が集中する梁は断面を大きめにします。また、梁が架かる梁は仕口《しぐち》による材の欠込《かきこ》みが多くなるため、梁せいを大きくしたり、幅を広くするなどして対処します。梁せいが大きいほど大きな荷重に耐えることができ、たわみも小さくなります(図 56)。

架構設計のなかでは、
横架材の断面寸法を
決めることが一番重要です

図 54 ▶ 梁に作用する力

引張りと圧縮

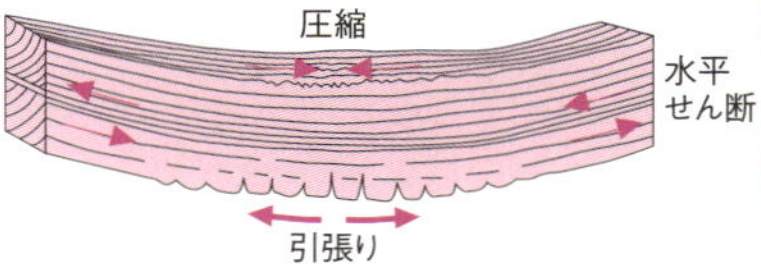

梁の中央部に水平せん断応力が生じる

たわみ

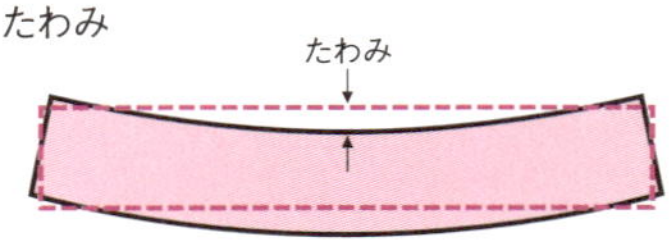

梁の中央部に最大のたわみが生じる

引張り側の欠損

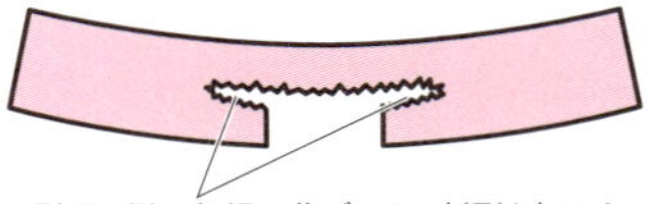

引張り側の欠損は曲げによる割裂を起こす

図 55 ▶ 梁材の種類

角材の梁

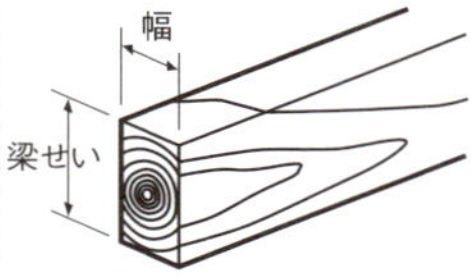

一般的な梁材はこのように角材に加工されたものを使う。樹種はベイマツやマツ、スギなどがほとんどで、昔はケヤキなども使われていた

太鼓梁

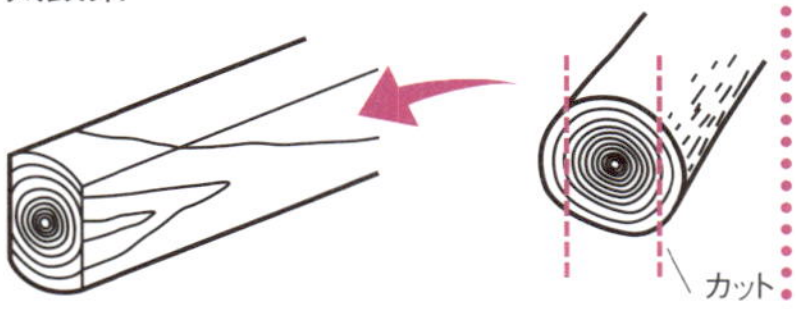

太鼓梁とは丸太の両面を製材し、断面が太鼓のようなかたちにした材をいう。丸太に近い形状のため、強度が出やすいといえる

図 56 ▶ 梁の架け方の注意点

①2階の柱が載る梁は断面を大きくする

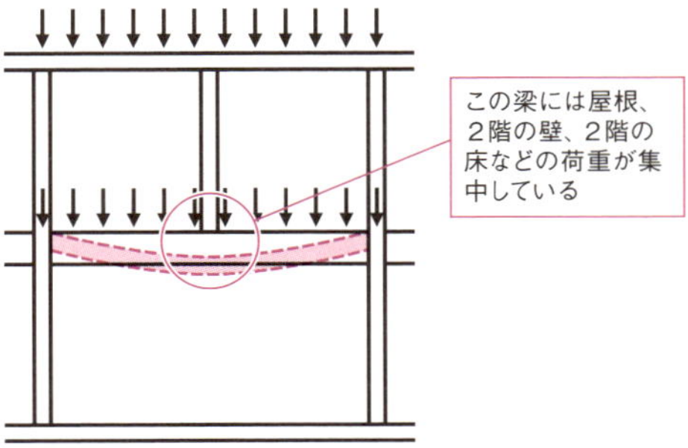

柱は上下階で一致した配置で入れることが望ましい。上のように一致しない場合は、梁の断面を大きくしたり、補強材を入れるなど対処が必要である

②梁に梁がかかる場合は仕口の断面欠損を考慮

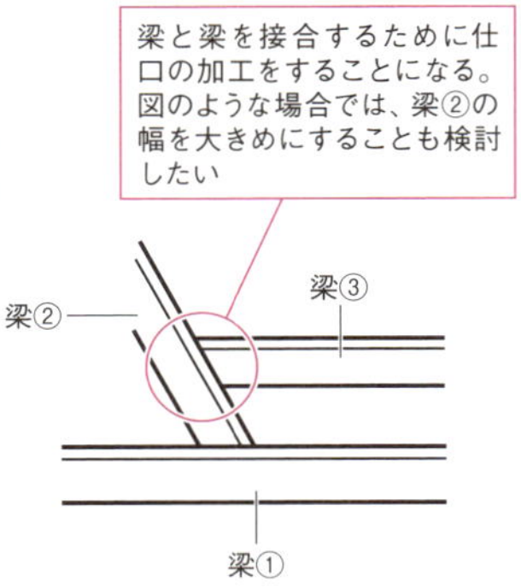

木造住宅の安全性を確認する壁量《へきりょう》計算

壁量計算とは

木造2階建て住宅の設計では、構造計算をしなくてもよいかわりに、次のように構造の安全性を確かめることが義務付けられています。

①建物に耐力壁《たいりょくへき》をバランスよく配置すること

②耐力壁が有効に作用するために床組《ゆかぐみ》や小屋組《こやぐみ》に火打《ひう》ちなどを入れて強い水平構面をつくること

③2階以上または延べ面積が 50㎡を超える場合は、地震力と風圧力に対して必要な長さの耐力壁を確保しなければならないこと

耐力壁とは、地震力や風圧力に対抗するために設ける壁のことで、構造用合板や筋《すじ》かい、石膏ボードなどを柱と梁《はり》または土台に留め付けたものです。耐力壁の量が、地震力や風圧力に耐える量だけ備わっているかどうかを計算で確認するのが壁量計算です(図 57)。

壁量計算の方法

まず、地震力に対抗するために最低限必要な壁の量を建物の階毎、平面の直交方向毎に確認します。屋根の材料が軽いか重いかなどによってそれぞれ床面積当たりの必要壁量が定められています。該当する数値を選んで床面積と乗じることで地震力に対する必要壁量を求めることができます(図 58)。

風圧力に対する必要壁量については、見《み》付《つ》け面積当たりの必要壁量が定められています。その数値に建物の見付け面積を乗じて風圧力に対する必要壁量を算出します。ただし、「特定行政庁が指定する強風区域」と「一般の区域」でその数値に違いがあるので注意が必要です(図 59)。

必要壁量を算出したら次に、建物に存在する耐力壁の量と比較します。存在壁量が地震力と風圧力に対する必要壁量の両方を上回っていれば、最低限の構造安全性が確認されたことになります。

建築基準法の必要壁量を
ギリギリで満たすのではなく、
余裕を持たせて設計しましょう

図57 ▶ 壁量計算の手順

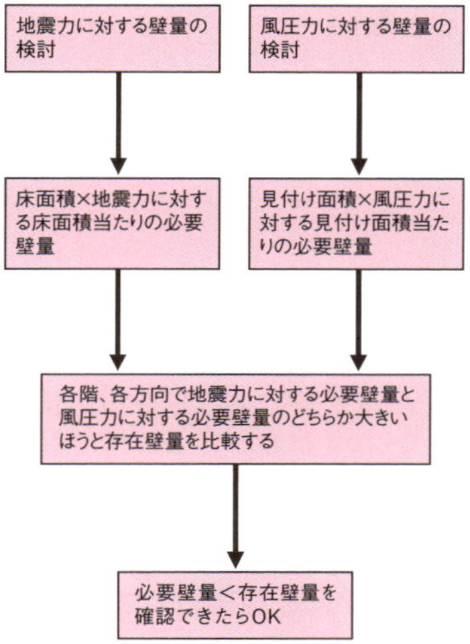

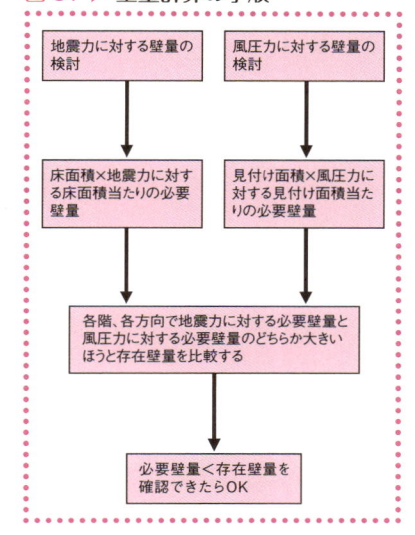

図58 ▶ 地震力に対する必要壁量の求め方

床面積当たりの必要壁量をチェックし、床面積と乗じる
（床面積当たりの必要壁量×床面積＝地震力に対する必要壁量）

建物の種類	必要壁量床面積当たりcm／m²）		
金属板、スレート葺きなどの軽い屋根	11	15 29	18 34 46
	例）木造2階建の1階部分の必要壁量は1m²当たり29cm必要		
土蔵造または瓦葺きなどの重い屋根	15	21 33	24 39 50

図59 ▶ 風圧力に対する必要壁量の求め方

見付け面積当たりの必要壁量をチェックし、見付け面積と乗じる
（見付け面積当たりの必要壁量×見付け面積＝風圧力に対する必要壁量）

	必要壁量（見付け面積当りcm／m²）
特定行政庁が指定する強風区域	50を超え75以下の範囲内で特定 特定行政庁が定めた数値
一般の区域	50

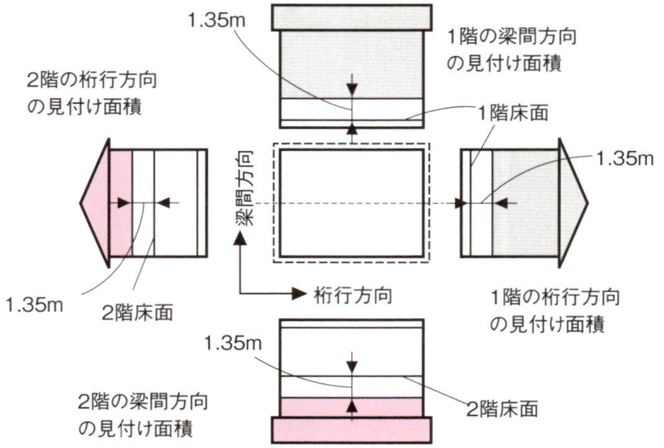

バランスが大切な耐力壁《たいりょくへき》の配置

壁倍率《かべばいりつ》

耐力壁が地震力や風圧力に対してどのくらい持ちこたえられるかを壁倍率で表します。壁倍率1は200kgf(1.96kN)の耐力をもつことが基準となっています。壁倍率は単独でも組み合わせでも使えます。筋《すじ》かいをたすき掛けに設置することで壁倍率を2倍にしたり、2種類以上の耐力壁を組み合わせて最大5倍までの倍率が認められます。倍率の高い耐力の壁ほど、水平力が加わった時に柱に大きな引抜力《ひきぬきりょく》が働きますから、それに応じて柱、土台および基礎の接合を強固にします(図60·61)。

構造用合板による耐力壁では、その部材だけでなく、構造用の釘を150mmピッチ以下で打つなど、きちんとした留め付け方があって初めて耐力壁として認められます。壁倍率2倍の壁1枚と壁倍率1倍の壁2枚ではどちらも同じ壁量《へきりょう》となります。

一般的な木造住宅では、南面は開口部が多く、北面は開口部が少ないため、南北で耐力壁量のバランスが悪いプランとなってしまうことがよくあります。耐力壁のバランスが悪いと、地震力や風圧力を受けた時に、建物がねじれるように動き、本来の耐力壁の性能を発揮できなくなります。そこで、建築基準法の改正により、耐力壁は、偏《かたよ》らずにバランスよく配置しなくてはならないと定められました。構造計算により、各階の偏《へん》心率《しんりつ》が0.3以下であるか、4分割法でバランスが良いことを確認します。

耐力壁の配置をチェックする4分割法

4分割法は、建物平面を梁間《はりま》方向·桁行《けたゆき》方向にそれぞれ4分割し、梁間方向·桁行方向ごとの外側の2つのゾーンで、存在壁量が必要壁量より多いことを確認する方法です。存在壁量を必要壁量で除した数値を壁量充足率《へきりょうじゅうそくりつ》といい、全て1を超えればOKとなります。壁量充足率が1以下となった場合は、壁量充足率の小さいほうを大きいほうで除した値(壁率比)が0.5以下となればOKです(図62)。

偏心とは、構造物の重心が剛心から離れていることをいい、その度合いを偏心率で表します

図60 ▶ さまざまな種類の耐力壁がある

耐力壁	壁倍率
石膏ボード（12㎜厚以上）	0.9
土塗り壁（両面塗り）	1
筋かい（30×90㎜以上）	1.5
ハードボード（5㎜厚）	2
筋かい（45×90㎜以上）	2
構造用合板（7.5㎜厚）	2.5
構造用パネル（7.5㎜厚）	2.5
筋かい（90×90㎜以上）	3
筋かい（45×90㎜以上）のたすき掛け	4
筋かい（90×90㎜以上）のたすき掛け	5

図61 ▶ 耐力壁は水平力に抵抗するもの

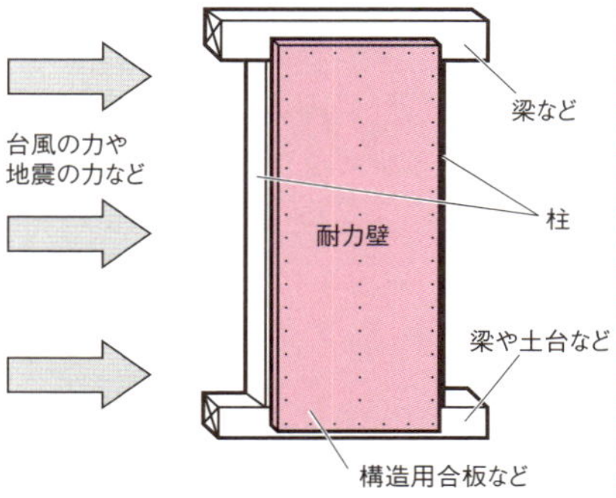

①耐力壁は、梁や土台と柱に留め付けられた面材や筋かいで構成される
②耐力壁が水平力に持ちこたえる強さは倍率で表されている（＝壁倍率）
③壁倍率1は200Kgf（1.96KN）の耐力をもつことを表し、単独でも組み合わせでも最大5倍まで

図62 ▶ 耐力壁がバランスよく配置されているかをチェックする─4分割法

壁の量を満たしていても釣り合いよく配置されていなければ偏心してしまう

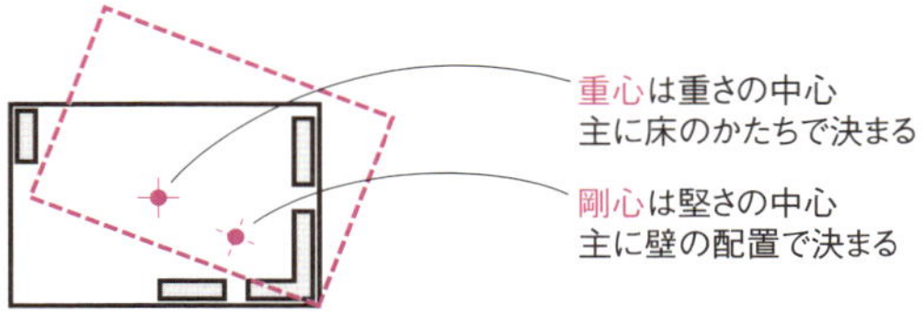

4分割法は偏心を簡易にチェックできる

梁間・桁行方向の
1／4則端部分の4カ所で

$$壁量充足率 = \frac{\text{存在壁量}}{\text{必要壁量}} > 1$$

であればOK

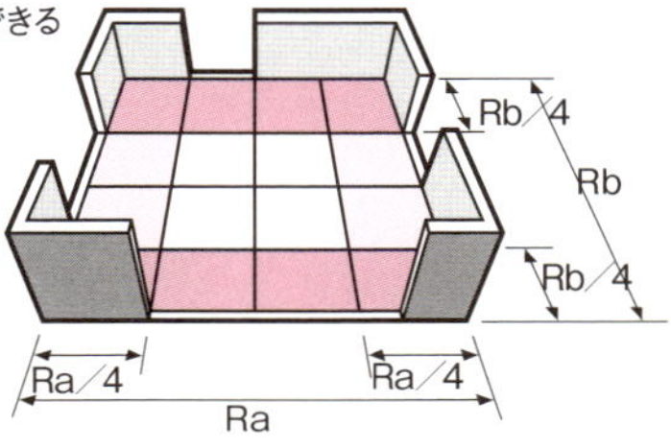

壁量充足率が1に満たないときは壁率比率≧0.5を確認する

2方向の1／4側端部分で

$$壁率比 = \frac{\text{壁量充足率の小さいほう}}{\text{壁量充足率の大きいほう}} \geqq 0.5$$

地震時の変形を防ぐために強める水平構面

床組《ゆかぐみ》には、1階の床を支える束立て床組と2階床を根太《ねだ》だけで支える根太床、2mを越えるスパンで、床梁《ゆかばり》と根太とで構成する梁床《はりゆか》があります。2階床組は床を支えるだけでなく、1階の天井を吊る役割も担います(図63)。

剛床

地震や台風などの水平力は、耐力壁《たいりょくへき》だけで持ちこたえることはできません。耐力壁は､水平構面である床面を固めることで、その強さが発揮されます。

木造住宅は他の構造と比べて水平構面の剛性《ごうせい》が低いため、床組の隅角《ぐうかく》部に火《ひ》打《う》ち材を入れて全体がゆがまないようにします。また、最近では、上端の高さを揃えた床下地に、構造用合板を釘打ちする剛床が用いられます。剛床にすると、地震や台風などの水平力を受けたとき、水平のねじれ変形を抑えるため、多少、耐力壁のバランスが悪くても外力を分散することができます(図64)。

剛床の納まり

通常、梁および根太の上端を水平に揃え、12mm厚か 24mm厚または 28mm厚の構造用合板を構造用の釘もしくはビスで固定し、この合板の上に仕上げの床材を張ります(図65)。

2階の梁天端《はりてんば》を揃え、厚板を張ることも水平構面を強める方法として効果的です。

品確法《ひんかくほう》の住宅性能表示制度では、壁倍《かべばい》率《りつ》と同様に、水平構面の強さを表す床倍《ゆかばい》率《りつ》という指標が定められています。

床倍率は、壁のように壁量《へきりょう》(=長さ×壁倍率）を用いず、床材の材料や留め方などの仕様から決められます。構造用合板や火打ち梁などの使用材料と釘のサイズや打込むピッチなどの仕様によって床倍率が異なります。

どのようなつくりの床が強いのかを確認しておくことが大切です。

地震時、床組である水平構面は耐力壁と一体になって建物の変形を防ぎます

図63 ▶ 束立ての床の構成

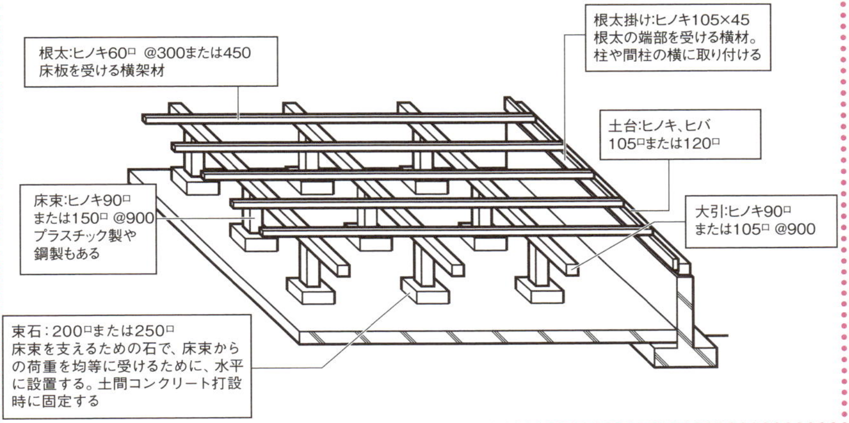

図64 ▶ 水平構面が強いとどうなるか

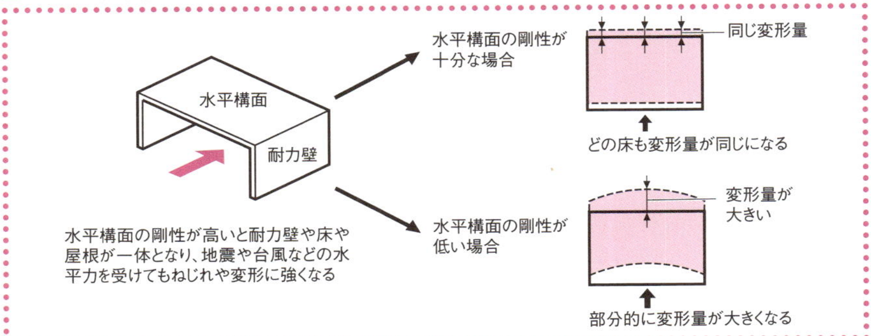

図65 ▶ 剛床の仕様（一例）

厚物合板4周
鉄丸釘（N75）打ち仕様

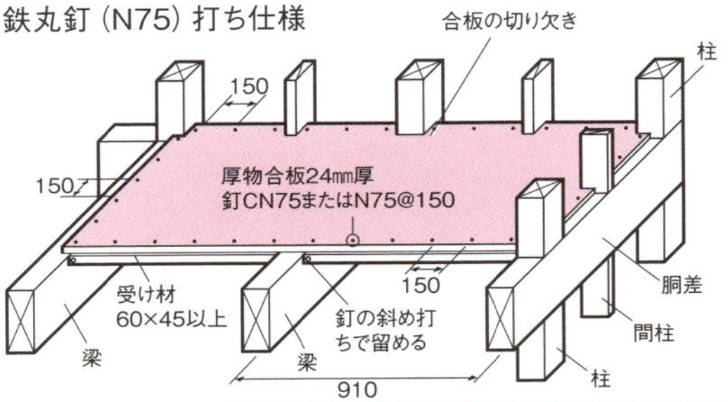

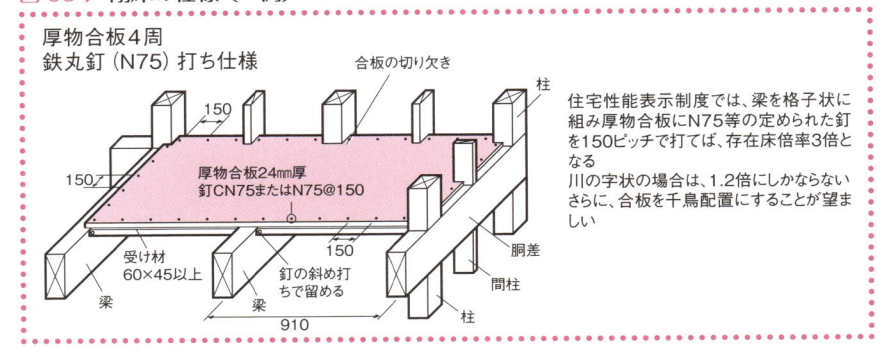

住宅性能表示制度では、梁を格子状に組み厚物合板にN75等の定められた釘を150ピッチで打てば、存在床倍率3倍となる
川の字状の場合は、1.2倍にしかならない
さらに、合板を千鳥配置にすることが望ましい

継《つぎ》手《て》と仕《し》口《ぐち》は木造住宅の特徴

継手と仕口

木材の架構《かこう》では、接合部が構造強度を決める上で非常に重要です。木材を部材方向に接合するのが継手で、部材を直角に接合するのが仕口です。

継手と仕口は、せん断で力を伝達し、木材の組み方によって、かなりの強度を確保することができます。梁《はり》だけでなく、柱も継ぐことができ、足元が腐った柱の腐った部分を取り除き、新しい木材を継ぎ足して強度を確保するということも可能です。

木造の継手と仕口は、伝統的な技術としてさまざまな種類があります。柱と梁の仕口では、柱にホゾをつくり、梁にホゾ穴をつくってはめ込みます。蟻《あり》を切って抜けにくくしたり、込《こ》み栓《せん》を入れるなど、さまざまな工夫が施されています(図66・67)。

木材同士を組み合わせるときは、木材のくせを見極めることが大切です。木材のねじれる方向が逆になるように組むことで、組み上がってから後にねじれてしっかり締まるなど、木の性質を考慮します。

プレカット

これまでの家づくりでは、木造住宅の柱、梁などの構造部材は、手刻《てきざ》みといって、大工が手で木材に墨付《すみつ》けをして切断・加工していました。最近では、プレカットといって工場でコンピューターと機械によって構造部材を加工することが多くなっています。

意匠図《いしょうず》をプレカット工場に渡し、それをもとに、伏図《ふせず》を作成してもらいます。図面のチェックを何度か繰り返して内容が確定した段階で、加工に入ります。工場では、プレカット用のＣＡＤと加工の機械が連動しており、30坪分の柱・梁であれば、1日で加工ができます。

現在では、プレカットの比率は9割程度と高くなっており、手刻みができる大工が少なくなっています。木造住宅の技術を残す意味で、懸念すべきことです。

手間の掛かる継手や仕口の
加工が、プレカットで短時間に
できるようになりました

図66 ▶ 主な継手仕口の形状

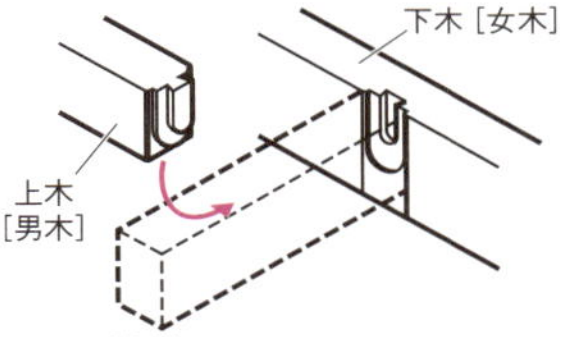

大入蟻仕口
［おおいれありしぐち］
主に梁と梁、母屋と母屋、土台と土台の仕口など

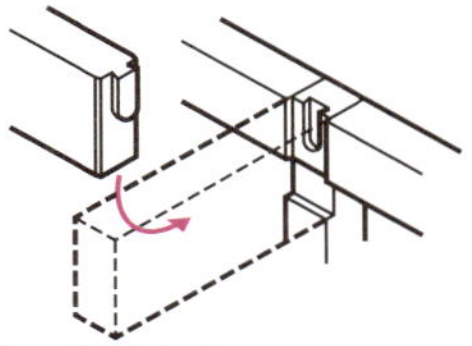

蟻仕口柱持たせ
［ありしぐちはしらもたせ］
梁と梁＋下柱、母屋と母屋＋小屋束の仕口など

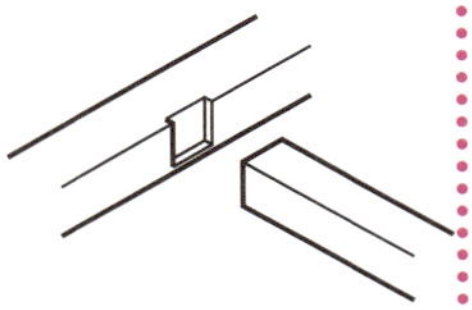

大入仕口
［おおいれしぐち］
根太大引の仕口など

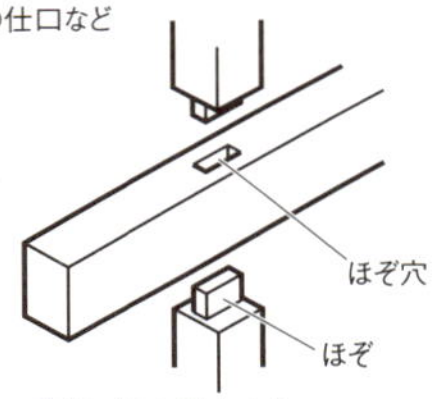

ほぞ差［ほぞさし］
柱と土台や梁、小屋束と梁や母屋の仕口など

胴差仕口［どうざししぐち］
胴差と通し柱の仕口

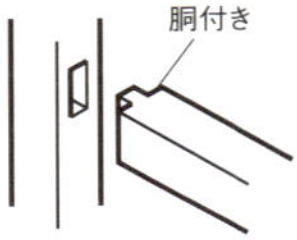

桁差［けたざし］
母屋下がり部の桁と柱、母屋と小屋束の仕口など

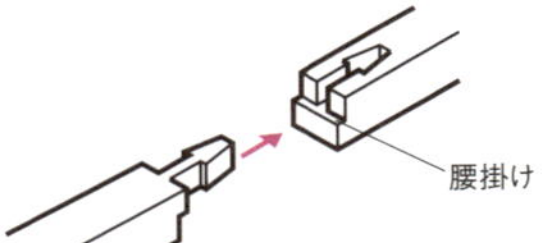

鎌継手［かまつぎて］
梁、母屋、土台の継手など。伝統的には、腰掛鎌継手［こしかけかまつぎて］と呼ぶ形状である。プレカットでは腰掛が付いたものを鎌継手と呼ぶのが常識化し、図面にも使用されている

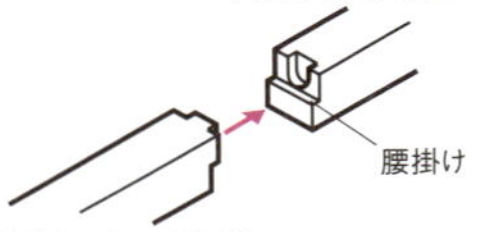

蟻継手［ありつぎて］
母屋、土台の継手など。伝統的には、腰掛蟻継手［こしかけありつぎて］と呼ぶ形状である。プレカットでは腰掛が付いたものを蟻継手と呼ぶ

図67 ▶ 継手位置の注意点（梁の場合）

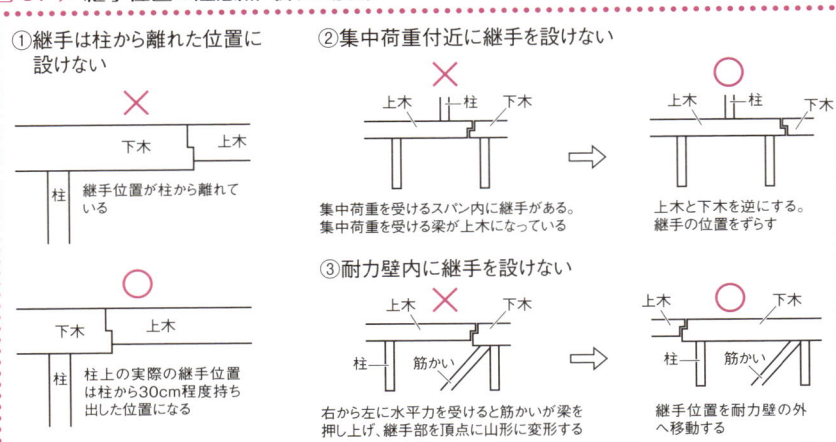

①継手は柱から離れた位置に設けない

○ 柱上の実際の継手位置は柱から30cm程度持ち出した位置になる

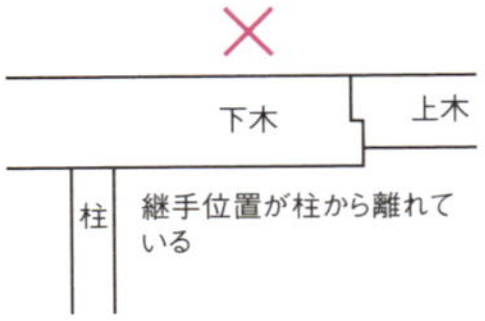

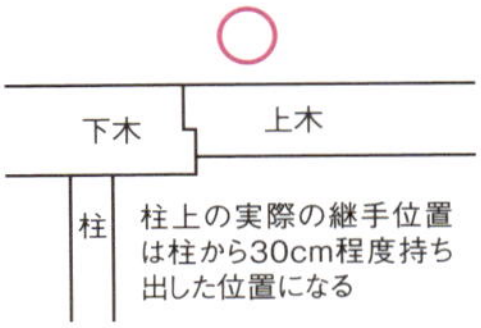

②集中荷重付近に継手を設けない

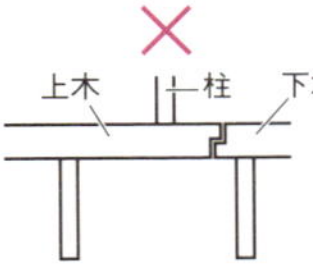

集中荷重を受けるスパン内に継手がある。
集中荷重を受ける梁が上木になっている

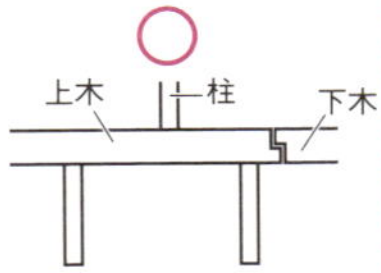

上木と下木を逆にする。
継手の位置をずらす

③耐力壁内に継手を設けない

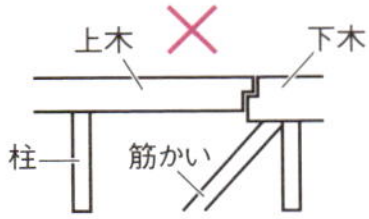

右から左に水平力を受けると筋かいが梁を押し上げ、継手部を頂点に山形に変形する

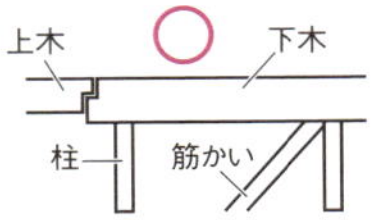

継手位置を耐力壁の外へ移動する

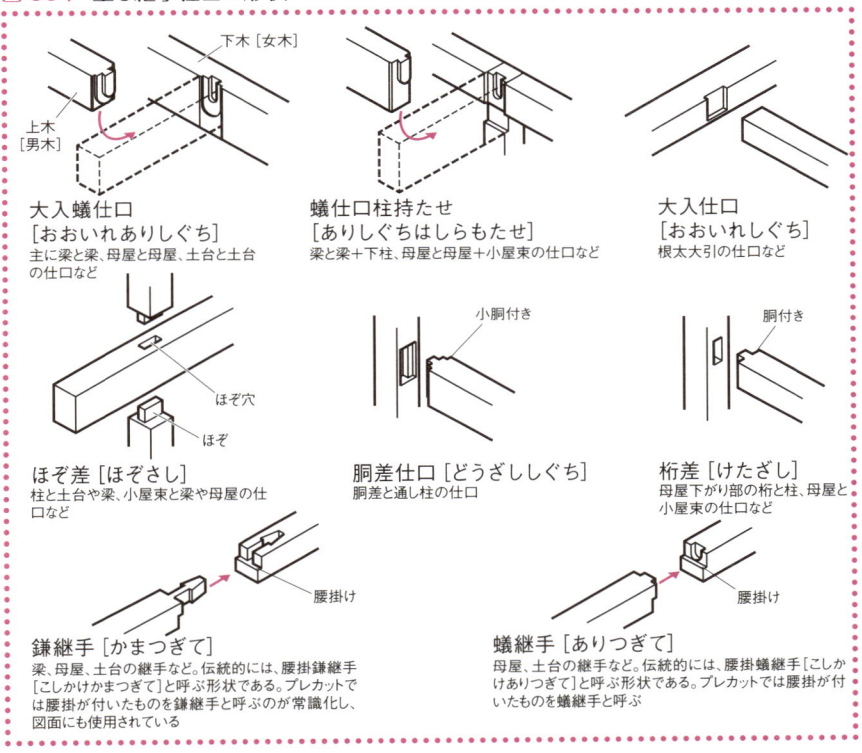

継手《つぎて》と仕口《しぐち》を補強する接合金物

接合金物の使用箇所

現在の木造住宅は、継手と仕口による接合を金物で補強することが一般的です。建築基準法では接合部における金物の取付け基準を定めています。

接合金物は、主に木材の引抜きを防ぐために使用します。(財) 日本住宅・木材技術センターで品質や性能を認定されたZマーク表示金物か、または同等の金物を使います。使用部位としては、まず基礎と土台があり、これはアンカーボルトで固定します。柱の引抜きを防ぐためには、基礎と柱をホールダウン金物で固定し、1階と2階の柱も同様にホールダウン金物でつなぎます。そして大きな力のかかる柱と梁《はり》の接合部は、羽子板《はごいた》ボルトなどで固定します。合板の耐力壁《たいりょくへき》や筋《すじ》かいも引抜力《ひきぬきりょく》に対応した金物で固定します。

また、風に煽《あお》られて軒《のき》が浮き上がるのを防ぐために、ひねり金物などで垂木《たるき》を固定します(図 68・69)。

N値計算で検討する金物の種類

耐力壁の柱頭・柱脚に取り付ける接合金物を選ぶ方法は3つあります。1つは構造計算を行うこと。2つ目は建築基準法の告示(平 12建告 1460号) の表から選択する方法。そして3つ目は、N値計算によって選択する方法です。

N値計算とは、水平力が作用したときに柱頭・柱脚に働く引抜力を、簡易的に計算する方法です。N値は、接合部の許容引張り耐力を 1.96kN× 2.7mで除した値で表されます。(2.7mは標準の壁高さです)

図 70のように、柱の両側に取り付く耐力壁の壁倍率《かべばいりつ》の差をN値計算に用います。筋かいの場合は、柱頭に取り付く時と柱脚に取り付く時とでは、前者のほうが筋かいとしての耐力が高いため、補正値で加減します。接合部の金物は、柱の上下に入れる必要があり、2階の柱より1階の柱の引抜力が大きい場合は、2階の柱脚も1階の柱と同等の金物を使います。

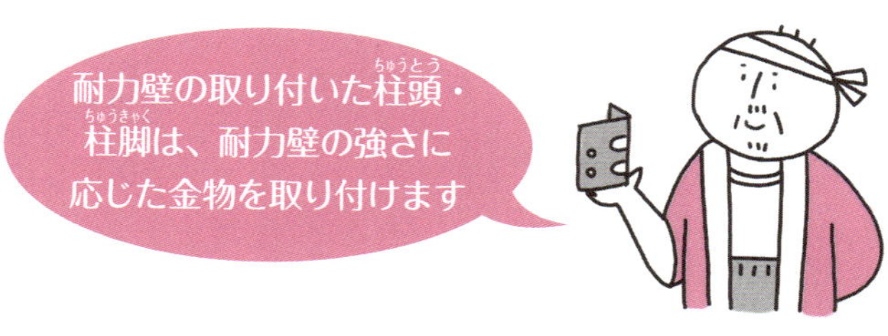
耐力壁の取り付いた柱頭《ちゅうとう》・
柱脚《ちゅうきゃく》は、耐力壁の強さに
応じた金物を取り付けます

図 68 ▶ 木造住宅の継手仕口を補強する金物

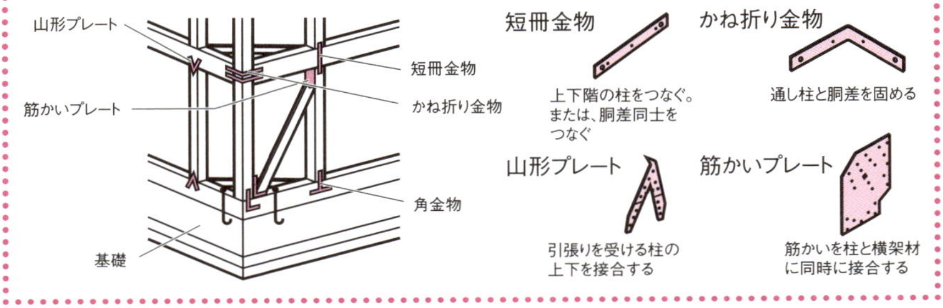

図 69 ▶ 耐力壁の柱頭柱脚に水平力が加わると以下のような現象が起こる

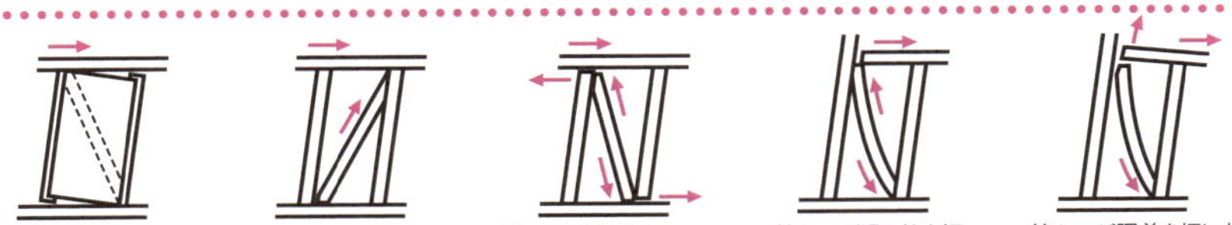

耐力壁が回転することで
柱脚・柱頭が引き抜ける
筋かいが外れる
筋かいが柱を押して
柱が横にずれる
筋かいが通し柱を押
して胴差が外れる
筋かいが胴差を押し上げ
胴差が上向きに外れる

図 70 ▶ N 値計算の算定式と補正値

N値計算による接合金物を選択するための算定式

平屋の柱、または2階建ての2階の柱のとき

N≧A1×B1－L

N
接合部倍率その柱に生じる引抜き力を倍率で表したもの）の数値

A1
当該柱の両側における軸組の壁倍率の差。ただし筋かいの場合、補正表1～3の補正値を加える

B1
出隅の場合0.8、その他の場合0.5

L
出隅の場合0.4、その他の場合0.6

2階建ての1階の柱のとき

N≧A1×B1＋A2×B2－L

N、A1、B1
上に同じ

A2
当該柱の上の2階柱両側の軸組の壁倍率の差。ただし筋かいの場合、補正表1～3の補正値を加える

B2
出隅の場合0.8、その他の場合0.5

L
出隅の場合1.0、その他の場合1.6

補正表1 筋かいが片側のみ取り付く場合

筋かいの種類 ＼ 筋かいの取り付く位置	柱頭部	柱脚部	柱頭・柱脚部
15×90㎜、直径9㎜の鉄筋	0	0	0
30×90㎜	0.5	－0.5	
45×90㎜	0.5	－0.5	
90×90㎜	2	－2	

補正表2 筋かいが両側から取り付く場合①

他方が片筋かい ＼ 一方が片筋かい	15×90㎜、直径9㎜の鉄筋	30×90㎜	45×90㎜	90×90㎜	
15×90㎜、直径9㎜の鉄筋	0	0.5	0.5	2	0
30×90㎜	0.5	1	1	2.5	
45×90㎜	0.5	1	1	2.5	
90×90㎜	2	2.5	2.5	4	

補正表3 筋かいが両側から取り付く場合②

他方がたすき掛け片筋かい ＼ 一方が片筋かい	15×90㎜、直径9㎜の鉄筋	30×90㎜	45×90㎜	90×90㎜	
15×90㎜、直径9㎜の鉄筋×2	0	0.5	0.5	2	0
30×90㎜×2	0	0.5	0.5	2	
45×90㎜×2	0	0.5	0.5	2	
90×90㎜×2	0	0.5	0.5	2	

屋根を支える小屋組《こやぐみ》の構造

和小屋《わごや》

屋根を支える骨組みを小屋組といいます。木造住宅では、小屋梁《こやばり》などに小屋束《こやづか》を立てて組んでいく伝統的な和小屋でつくられることがほとんどです。和小屋は、小屋梁を外周壁と間仕切《まじきり》の上に架け、その上に小屋束を立てて、母屋《もや》や棟木《むなぎ》を支え、そして、垂木《たるき》を受けます。母屋を約900mmピッチにするか、垂木を大きめにした場合は約 1,800mmピッチで入れていきます。また、小屋組が倒れるのを防ぐために、小屋筋かい(振れ止め) を小屋束に斜めに取り付けます(図 71)。

金属板などの軽い屋根材で葺《ふ》く場合と瓦などの重い屋根材で葺く場合とで、垂木の断面寸法を変えますが、軽い屋根葺き材で母屋 900mmピッチの場合 45mm角以上、1,800mmピッチの場合 75mm角程度となります。

地震に抵抗するために、小屋組にも梁《はり》間《ま》・桁行《けたゆき》各方向に耐力壁《たいりょくへき》を入れます(図 72)。隅角《ぐうかく》部には火《ひ》打《う》ち梁《ばり》を入れて、水平剛性を確保します。以前、小屋梁は丸太を多く使っていましたが、最近はプレカットで加工するため、角材を使います。梁と軒桁との取合いにはいくつかの種類があります(図 73)。

登り梁と垂木構造

登り梁と垂木構造は、梁などの水平部材を省略した形式の小屋組です(図 74・75)。通常、梁は水平に入れますが、高さの違う梁を結んだり、勾配《こうばい》天井にするために、斜めに登り梁を架けるのが登り梁構造です。登り梁は梁の一部が高くなり、構造上不安定になる場合があるため、登り梁以外の部分で、水平部材を入れることがあります。

垂木構造は、垂木のせいを大きくして、中間に母屋や梁を入れない小屋組です。木材の使用量はやや増えますが、架構《かこう》がシンプルなため、構造がすっきりとして見えます。垂木は、強風によるあおりを防止するために敷桁にひねり金物で留め付けます。

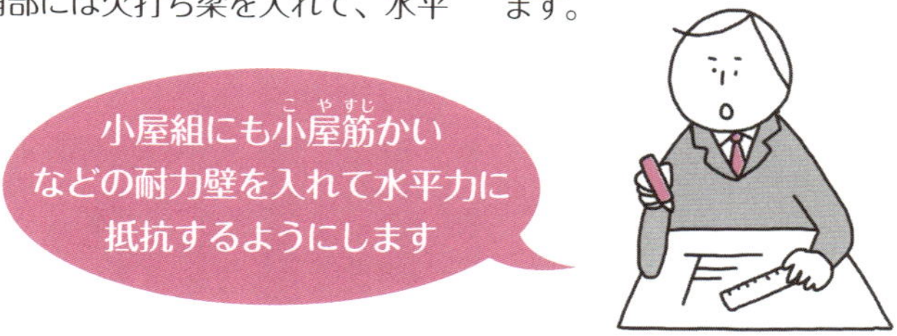
小屋組にも小屋筋《こやすじ》かい
などの耐力壁を入れて水平力に
抵抗するようにします

図 71 ▶ 小屋組（和小屋）

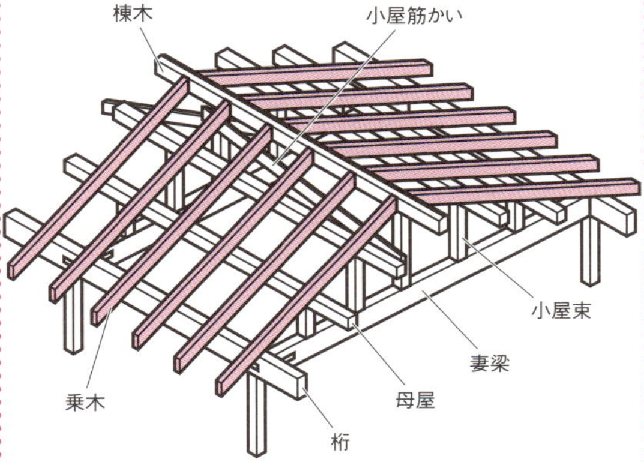

梁に小屋束を立てて組んでいく組み方

図 72 ▶ 地震に強い小屋組

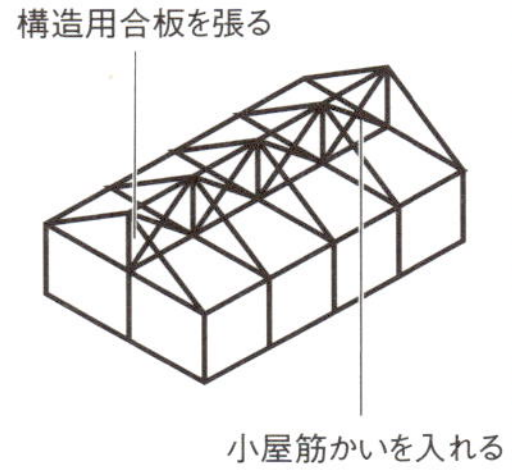

水平せん断力に抵抗する力を強めるために、小屋組にも耐力壁を入れる

図 73 ▶ 梁と軒桁の取合いの種類

梁と軒桁の取合い部の納まり

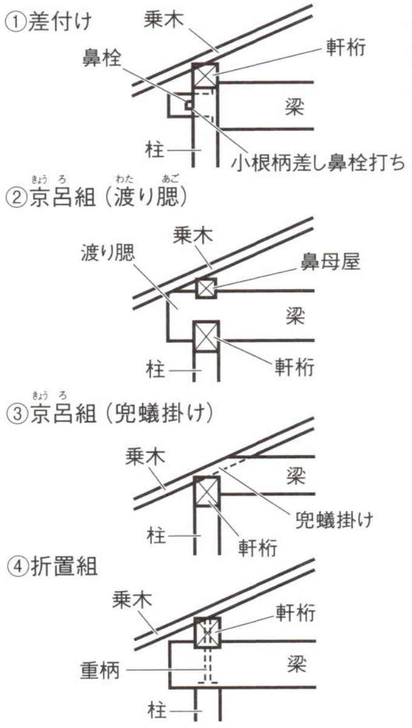

図 74 ▶ 垂木構造

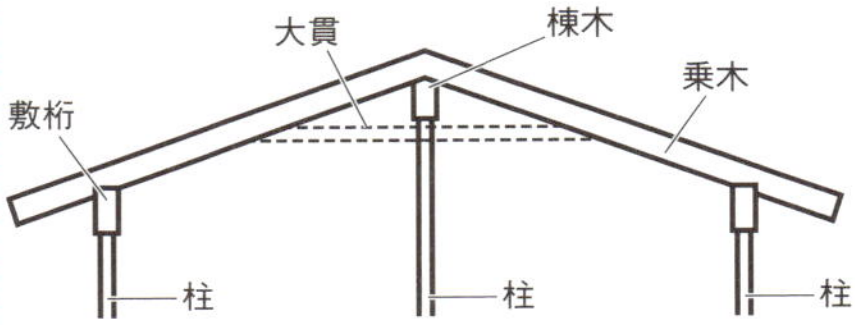

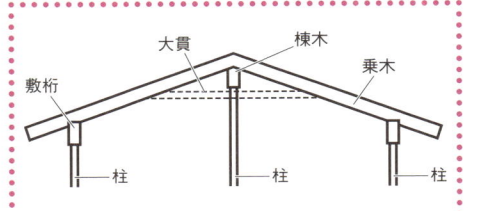

垂木のせいを大きくして中間に母屋や梁を入れない小屋組のこと

図 75 ▶ 登り梁構造

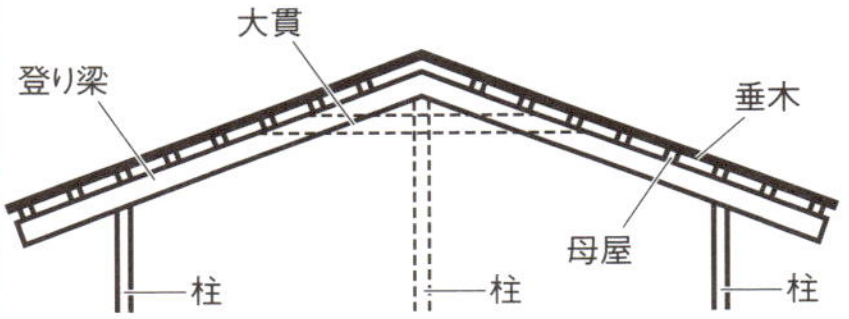

勾配天井にするため、斜めに登り梁を架ける構造のこと

コラム

住宅性能表示制度は、住宅の通知表

住宅性能表示制度

住宅性能表示制度とは、「地震に対する強さ」「火災時の安全性」など住宅の１０分野の性能項目について、等級で表示する制度です。これまで分かりにくかった性能の違いが、一目で分かるようになりました。

住宅の通知表

自動車や家電製品などでは、統一された基準で性能値が表示されているので、比較検討するのが簡単です。しかし、住宅の場合は、「地震に強い」「耐久性に優れる」と言っても、これまでは、評価の基準が統一されておらず、どちらが優れているのか、良く分かりませんでした。そこで、住宅の性能の基準を設定するとともに、住宅の性能を契約前に比較できるように「住宅性能表示制度」が 2000年に創設されました。

建築確認申請などとは異なり、希望者が利用する仕組みです。評価は、国土交通大臣の指定した住宅性能評価機関が設計段階での評価を行い、さらに設計評価書通りに工事がされているか、建設工事中と完成時にチェックが行われます。設計時の性能を評価する「設計評価書」と建設時の性能を評価する「建設評価書」の二つがあり、「建設評価書」まで取得した建物が「性能表示制度」の等級認定を受けたことになります。このような仕組みを持つため、「住宅性能表示制度」は、「住宅の通知表」といわれています。

評価項目は、①構造の安定、②火災時の安全、③劣化の軽減、④維持管理への配慮、⑤温熱環境、⑥空気環境(シックハウス対策)、⑦ 光・視環境、⑧音環境、⑨高齢者等への配慮、⑩防犯対策、の 10項目で、それぞれが、さらに細目に分かれています。防犯対策は 2005年に追加されました。時代のニーズによって今後も性能項目は追加されていくと思われます。

第4章

木造住宅を守る
屋根と外壁

風雨や火災から住宅を守る外装

屋根や外壁などで構成される住宅の外装は、風雨や日照、火災などから建て主の生活を守るための大切な要素です。

雨仕舞《あまじまい》を考える

雨仕舞とは、建物に浸水防止の処置を施すことをいいます。雨水を浸入させない高い密閉性を持つ仕組みと、万一、雨水が浸入した際には速やかに雨水が外部に流れ出す仕組みとから構成されます。

屋根は、屋根材の下にルーフィングを張り、防水性を確保します。ルーフィングとは、屋根材の下に張る防水シートのことで、1次防水は屋根材で確保し、2次防水はルーフィングで確保します。屋根材の隙間から雨水が浸入してもルーフィングで雨漏りを防ぐようになっています。同時に、屋根に勾配《こうばい》をつけることで浸入した雨水を軒先《のきさき》から抜くようになっています。

シーリングは経年劣化によって切れる可能性があるため、屋根や外壁は、シーリングに頼った納まりにしないことが大切です。

外壁面の開口部廻りも雨水が浸入しやすい箇所です。下地の施工段階でサッシ周囲と防水紙の取り合いに防水テープを張って、開口部廻りからの雨水の浸入を防ぐ処置を行います。

防火性・耐久性を高める

市街地では防火地域、準防火地域、法22条地域が定められ、それぞれ都市計画で防火に関する規制が設けられています。防火地域では 100㎡までの戸建住宅であれば準耐火構造以上にしなければならず、準防火地域内では、延焼のおそれのある部分を防火構造にしなければなりません。

外壁に耐候性《たいこうせい》の高い材料を選び、さらに軒を深くして対処すると、耐久性に優れた建物になります。ガルバリウム鋼板は耐候性も高く長持ちする素材です。左官仕上げの漆喰壁《しっくいかべ》も耐候性が高い材料です。物理的に壊れなければ、塗り替える必要がなく、メンテナンスフリーの外壁仕上げといえます(図 76)。

木造住宅の場合、
防水層だけに頼る平らな陸屋根《りくやね》は
避けたほうが安全です

図76 ▶ 外装に求められる機能上のポイント

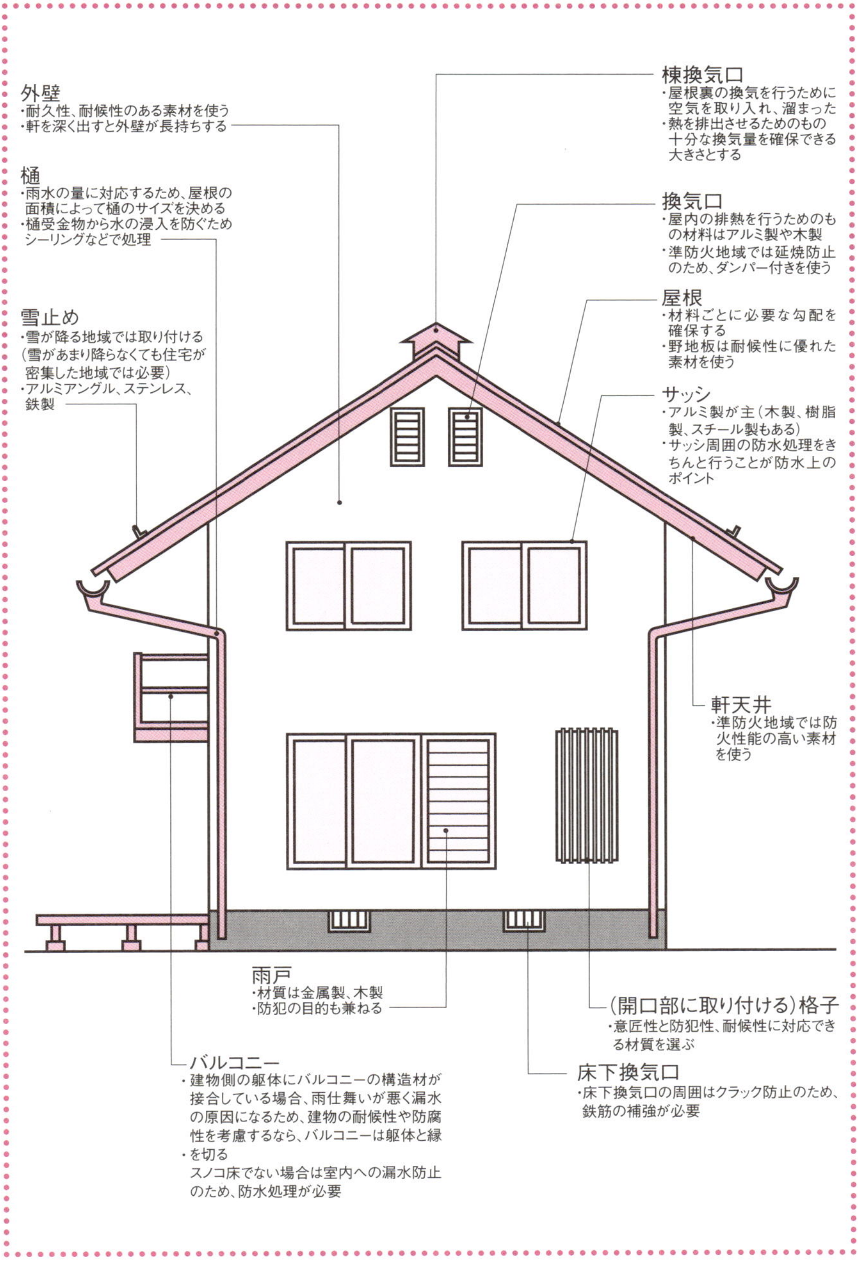
外壁
・耐久性、耐候性のある素材を使う
・軒を深く出すと外壁が長持ちする
樋
・雨水の量に対応するため、屋根の面積によって樋のサイズを決める
・樋受金物から水の浸入を防ぐためシーリングなどで処理
雪止め
・雪が降る地域では取り付ける(雪があまり降らなくても住宅が密集した地域では必要)
・アルミアングル、ステンレス、鉄製
棟換気口
・屋根裏の換気を行うために空気を取り入れ、溜まった
・熱を排出させるためのもの十分な換気量を確保できる大きさとする
換気口
・屋内の排熱を行うためのもの材料はアルミ製や木製
・準防火地域では延焼防止のため、ダンパー付きを使う
屋根
・材料ごとに必要な勾配を確保する
・野地板は耐候性に優れた素材を使う
サッシ
・アルミ製が主(木製、樹脂製、スチール製もある)
・サッシ周囲の防水処理をきちんと行うことが防水上のポイント
軒天井
・準防火地域では防火性能の高い素材を使う
雨戸
・材質は金属製、木製
・防犯の目的も兼ねる
(開口部に取り付ける)格子
・意匠性と防犯性、耐候性に対応できる材質を選ぶ
床下換気口
・床下換気口の周囲はクラック防止のため、鉄筋の補強が必要
バルコニー
・建物側の躯体にバルコニーの構造材が接合している場合、雨仕舞いが悪く漏水の原因になるため、建物の耐候性や防腐性を考慮するなら、バルコニーは躯体と縁を切る
・スノコ床でない場合は室内への漏水防止のため、防水処理が必要

防火規定で防ぐ火災時の延焼

火災時に 3m離れた隣家が受ける温度は 840℃にも達するといわれています。木材の着火温度は 260℃ですから、消火活動が行われるまでの間、屋根や外壁、軒裏《のきうら》で炎と高熱から住宅を守なければなりません。

防火地域と準防火地域

建築基準法の防火規定がもっとも厳しいのは、市街地の中心部などに指定されている防火地域で、次に厳しいのは木造住宅などが密集している準防火地域です。防火地域では、以前は木造住宅を建築することができませんでしたが、現在は、一定の防火性能を満たした準耐火構造の木造住宅なら建設可能となっています。

準防火地域内の木造建築物は、外壁および軒裏で「延焼のおそれのある部分」を防火構造としなければなりません。延焼のおそれのある部分とは、敷地内の2以上の建築物の相互の外壁間の中心線や隣地境界線および道路中心線の各線から、1階部分で3ｍ以内、2階以上の部分で5ｍ以内の部分を指します。火災の場合に延焼を受ける危険性があるため、その範囲内の外壁や開口部は防火上の措置が必要となります。延焼のおそれのある部分のサッシには網入りガラスなどを入れます。隣地が火災のとき、外部からの炎でガラスが割れても網によって崩れ落ちず、炎が室内に入り込まないようになっています。

法 22条区域

防火地域、準防火地域以外に、木造建築物が多い市街地での屋根などの防火性能を規定した法 22条区域があります。法22条区域内の木造建築物は、外壁で延焼のおそれのある部分を準防火性能をもつ構造としなければなりません(図 77)。

なお、防火地域、準防火地域、法 22条区域では、延焼防止のため、屋根に不燃材料を用いることが定められており、瓦やスレートなどの不燃材料を葺《ふ》きます(図78)。

周囲の火災による延焼を抑制するために、外壁または軒裏を防火構造とします

図 77 ▶防火地域・準防火地域・法 22 条区域で建てられる木造

防火地域で建てられる木造

・階数2以下、または延べ面積100m²以下の準耐火建築物

準防火地域で建てられる木造（法62条、令136条の2）

・階数が3以下で延べ床面積が1,500m²以下の準耐火建築物
・平屋や2階建てで、外壁及び軒裏で延焼のおそれがある部分が防火構造で、延べ床面積が500m²以下の建築物

法22条地域で建てられる木造（法22条）

・屋根を不燃化し、外壁で延焼のおそれのある部分は延焼を防ぐ構造とした建築物

図 78 ▶準耐火構造の仕様例

屋根の不燃化

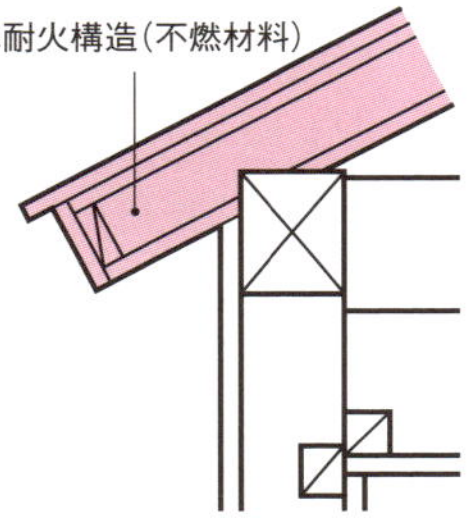

1時間準耐の外壁

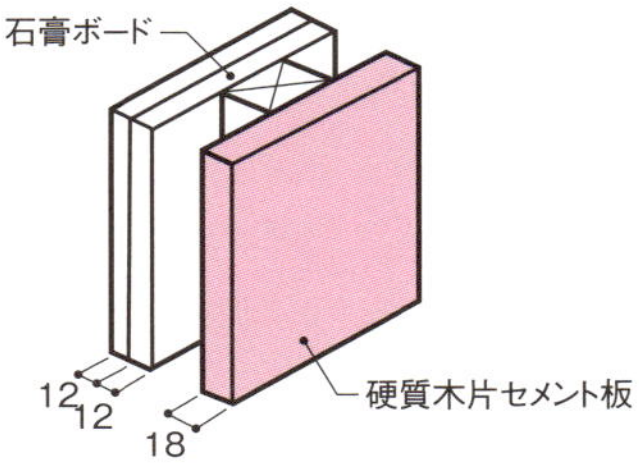

屋外側:厚さ18mm以上の硬質木片セメント板
屋内側:厚さ12mm以上の石膏ボード2重張り

45分準耐の外壁

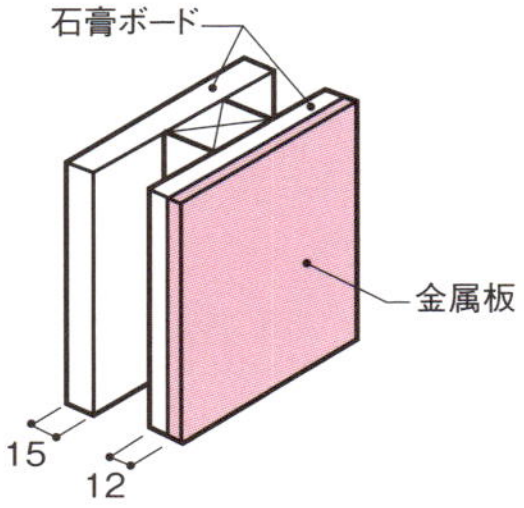

屋外側:厚さ12mm以上の石膏ボードに金属板を張る
屋内側:厚さ15mm以上の石膏ボード

通常の火災が終了するまで（1時間、45分）、建物の倒壊や延焼を防ぐため、
各部位の耐火性能基準が定められている

屋根形状に特徴がある日本建築

屋根の建築

雨の多い日本では、図79のように、さまざまなかたちの屋根がつくられてきました。特に、軒《のき》を深く出すことが特徴であり「日本建築は屋根の建築である」とも言われています。

深い軒は、壁や建物本体を雨から守り、夏の室内への強い日差しを遮《さえぎ》る効果があります。また、伝統的な木造建築は、屋根に工夫をこらし、入母屋《いりもや》などの複雑な屋根形状としたり、シンプルな切妻《きりづま》でも反りや起《むく》りなど細かな調整がなされ、建築の美しさを演出しています。古民家に見られるような大きな茅葺《かやぶき》屋根も大変魅力的です。

屋根形状の種類と勾配《こうばい》

現在の木造住宅で用いられる屋根形状は切妻や寄棟《よせむね》がほとんどです。寄棟は軒が水平に揃《そろ》うため、北側斜線にも対応しやすく、都市部で多く採用されています。北側斜線とは、建築基準法に定められた高さ制限の 1つです。第 1･2種低層住居専用地域と第 1種･2種中高層住居専用地域では、建築物の高さを北側隣地(道路)境界線上の一定の高さを起点とする斜線の範囲内に収めなくてはなりません。

片流れ屋根は、最も単純な屋根形状ですが、簡単な換気口を付けることで屋根内部や室内に溜まった熱を排出することができ、容易にロフトをつくることができるという特徴もあります。

屋根は、屋根に降りかかる雨水を処理するために、適切な屋根勾配をとる必要があります。屋根勾配は水平距離1尺(303mm)に対して高さが何寸の勾配になるかを示します(図80)。

屋根材の種類によってとるべき屋根勾配が異なります。金属板の瓦棒葺《かわらぼうぶ》きで1寸以上、化粧スレートや金属板の平葺きで3寸以上ですが、瓦屋根では4寸勾配以上が必要となります。必要勾配が違うのは雨水の浸入を防ぐ能力が異なるためです。

屋根が大きくなると集まる
雨水の量が増えるため、勾配を
大きくとる必要があります

図79 ▶屋根形状の主な種類とその特徴

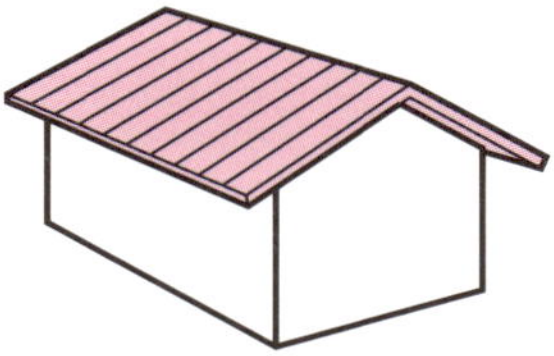

切妻（きりづま）
中心の棟から両側に屋根が流れるシンプルな形状の屋根。現代の木造住宅に多く用いられる

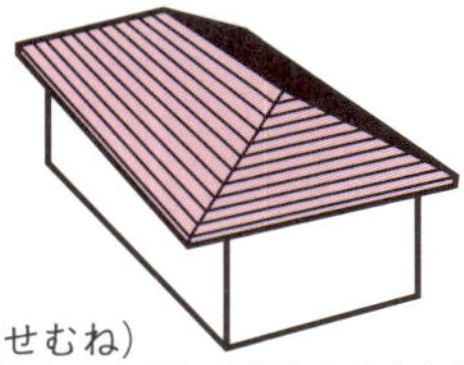

寄棟（よせむね）
軒先が水平で、それぞれの軒先から中央に向かって屋根が登っていく。外壁が納まりやすく、北側斜線にも対応しやすいため、ハウスメーカーや建売住宅でも多く採用されている

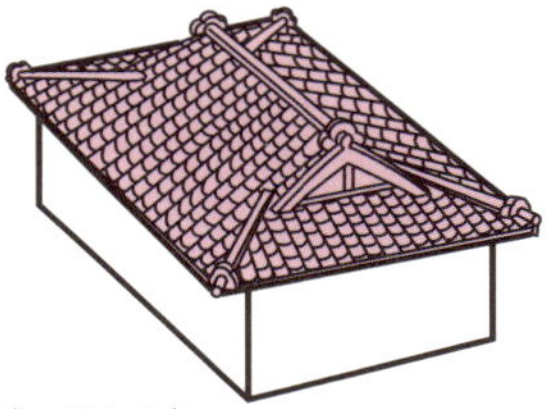

入母屋（いりもや）
軒先が水平に回る寄棟の上部が切妻になっている形の屋根。伝統的な日本建築で用いられていることが多い。破風板などに意匠的な工夫を凝らす

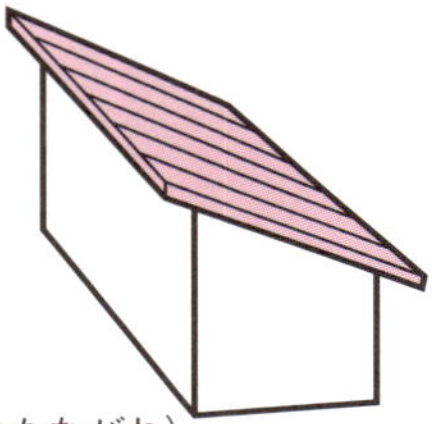

片流れ（かたながれ）
一方が高く、一方が低く、一方向に屋根が流れる。もっともシンプルな形状の屋根といえる。一方が高くなるため、建築基準法の集団規定の斜線制限などとの調整が難しいこともある。上方への換気ルートをつくりやすい

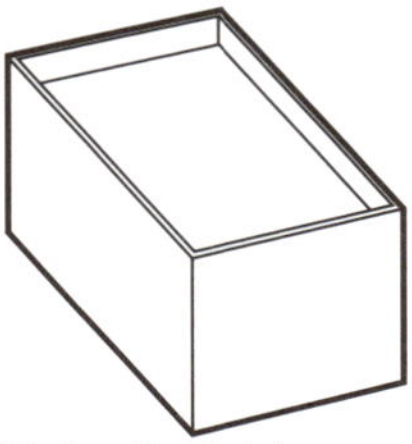

陸屋根（りくやね・ろくやね）
ほぼフラットな屋根。水が流れにくいため雨漏りしやすく、防水をしっかりと行う必要がある。木造ではあまり用いられることがない

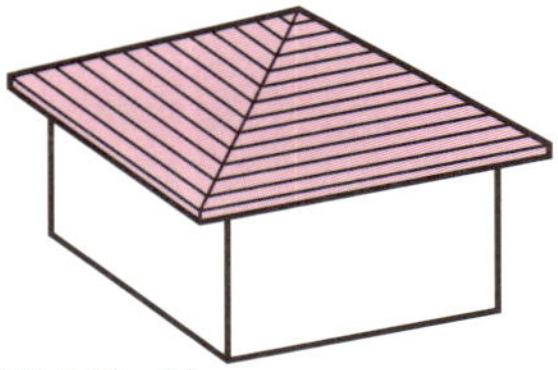

方形（ほうぎょう）
平面が正方形（または八角形）の建物に採用され、屋根が中心の一点に集まる。寄棟と同様な納まり

図80 ▶複雑な屋根形状が雨漏りのしやすさに影響する

屋根の形状が複雑だと漏水ポイントが増えることにつながる

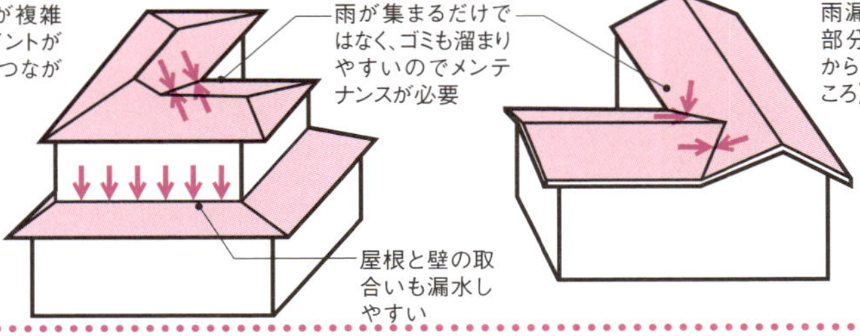

雨漏りしやすい谷部分（2つの屋根から雨が集まるところ）をもつ屋根

屋根材として優秀な日本の瓦

屋根材として優秀な瓦

屋根材は、火災でも燃えにくい素材を使用し、耐久性、重さ、コストおよびデザインで選択します。

耐久性が高いのは、瓦、銅板、ステンレス鋼板です。ガルバリウム鋼板も 10年以上の耐久性をメーカーが保証しています。

瓦は、日本だけでなく欧米でも使われている伝統的な屋根材です。1枚割れても、簡単に取り替えることができます。瓦の下には、隙間ができて、暑い時期には、熱気が抜けて屋根の下の部屋の温度を下げてくれます。日本瓦だけでも、本瓦、一文字瓦、平瓦などの種類があります(図 81)。最近の木造住宅で多く使われているのは化粧スレートです。

屋根形状と防水

雨の多い日本では、雨漏り対策を万全にする必要があります。建物が完成した後に雨漏りした場合、雨漏り個所を特定することが難しいケースが多く、補修にかなりの手間がかかってしまいます。

さらに、雨漏りは、瑕疵担保履行法《かしたんぽりこうほう》でも重要事項となっており、引き渡し後 10年以内に雨漏りが発生した場合、施工《せこう》者が無償で補修しなければなりません。

屋根の防水

屋根下地の野地板《のじいた》の上には、下葺き材としてアスファルトルーフィングや透湿防水シートが使われます。下葺《したぶ》き材は下から張って行き、100mm以上の十分な重《かさ》ね代《しろ》をとり、下葺き材だけでも防水できるようにしておきます(図 82)。

屋根が壁とぶつかる部分も雨漏りしやすいため、水切の板金を 100mm程度立ち上げて壁との取り合い部分にシーリングを打つ必要があります。併せて、屋根の下葺き材を立ち上げ、壁の透湿防水シートと防水テープでつなぎ、連続した防水層とします。

屋根の複雑な形状は雨漏りが
起きやすいので、なるべく
シンプルな形状にします

図 81 ▶屋根の主な材料とその特徴

屋根材			勾配
瓦		粘土で形をつくり、耐候性を高めるために釉薬をかけて焼いた釉薬瓦と、釉薬をかけないいぶし瓦がある。意匠的には洋瓦と日本瓦、その他さまざまな形状がある。昔ながらの瓦屋根は「葺き土」を使って納めるが、重くなるため、葺き土を使わずに引掛け桟瓦を使用する施工方法	4寸勾配以上
化粧スレート		スレートとはセメントと繊維を固めた板。以前は繊維としてアスベストが使用されていたが、現在はノンアスベストとなっている。軽く、安価なため、多くの住宅で採用されている。表面の塗装で耐候性を保っているため、定期的に塗り替える必要がある。そのため、15年ほどで塗り替えが必要となってくる	3寸勾配以上
金属系	銅板	古くから屋根に使われてきた素材で、耐久性が高いだけではなく、加工性も高いため、細かい細工が可能。ただし、高価であるため、主に社寺、数奇屋建築などに使われる	平葺き…3寸勾配以上 瓦棒葺き…1寸勾配以上（屋根の長さが短かければ、0.5寸勾配も可能）
	ステンレス鋼板	ステンレス鋼板そのものを使うこともあるが、多くはステンレス鋼板に塗装した製品を使用する。やや高価であるが、耐久性が高く、表面の塗装の塗り替えが必要な場合でも、ステンレス鋼板そのものは半永久的に使用できる	
	ガルバリウム鋼板	亜鉛とアルミの合金を鉄板にメッキしたもの。鉄板に比べ、はるかに耐候性・耐久性が高く、メーカー保証で10年、実際にはそれ以上長持ちする。比較的安価なため、使用も増えている	

図 82 ▶材料ごとの屋根の納まり

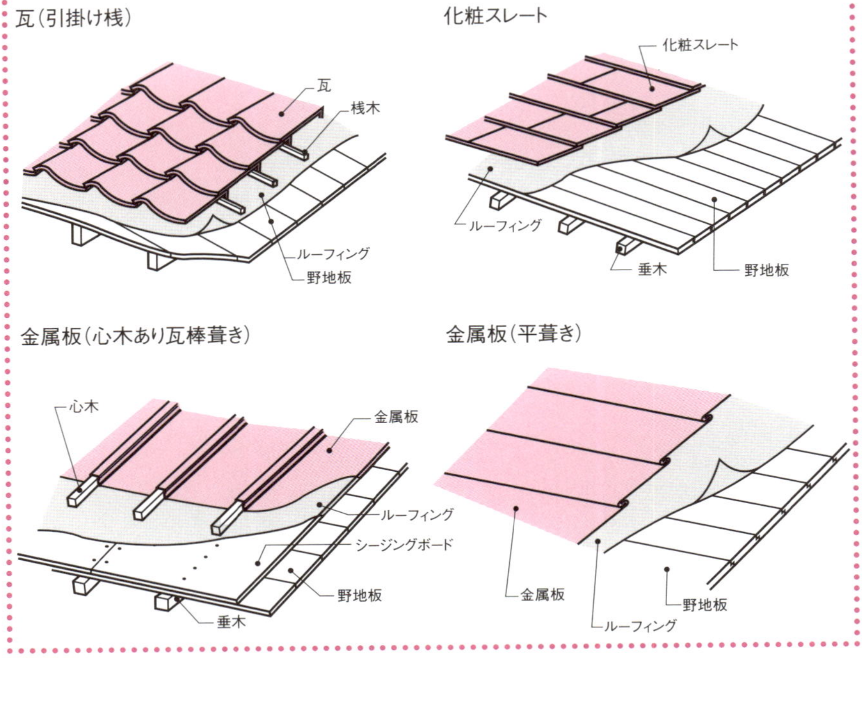

外観とメンテナンス性に大きく影響する軒《のき》と樋《とい》のデザイン

軒のデザインと納まり

軒は、一般的に、軒先に破風板《はふいた》や鼻隠《はなかく》しを取り付けて納めます。破風板や鼻隠しは、防水性や耐久性を考えて、木の板にガルバリウム鋼板を巻き付けたり、セメント系の既製品のボードを取り付けて仕上げます。モルタルを塗って仕上げる場合もあります(図 83・84)。

軒裏《のきうら》は火災時に延焼しやすいため、密集地では、防火性能が高い材料を使って仕上げ、軒裏の換気口も火災時に温度が上がると閉じる防火ダンパー付のタイプのものを使います。

軒先《のきさき》の厚さは、屋根材と垂木《たるき》、さらに母屋《もや》も軒天井《のきてんじょう》の中に隠すと 250mm以上とかなり厚くなります。軒先をすっきりさせたい場合は、母屋を見せてしまうことで軒先を薄く見せることができます。

樋の種類と納まり

屋根の雨水を受ける軒樋は水勾配《みずこうばい》をとり、軒先にほぼ水平に取り付け、その水を、あんこうと呼ばれる集水器でいったん受け、竪樋《たてどい》で下に流します。

軒先に取り付ける横樋の形は、半丸と角樋の2種類で幅は 105mmと 120mmが一般的です。角樋のほうが半丸より断面積が大きいため、より多くの雨水を受けることができますが、半丸のほうが薄く見えるため、デザイン上の理由で半丸が多く使われています。

大雨の時には、樋の容量を超える雨量が集まり、樋から水があふれてしまうことがあるので、樋のサイズは、屋根面積によって決めます。樋の外側に化粧の板を取り付けて樋を隠したり、屋根に埋め込んでしまうこともあります。

樋の材質は、塩ビ製がほとんどですが、強度を増すために鉄板を芯に入れた塩ビ製もあります。

さびにくいガルバリウム鋼板やステンレス、銅板なども屋根材と合わせて使われています(図 85)。

樋のサイズは屋根面積によって決め、大雨時の雨量を処理できるようにします

図 83 ▶軒先のつくり

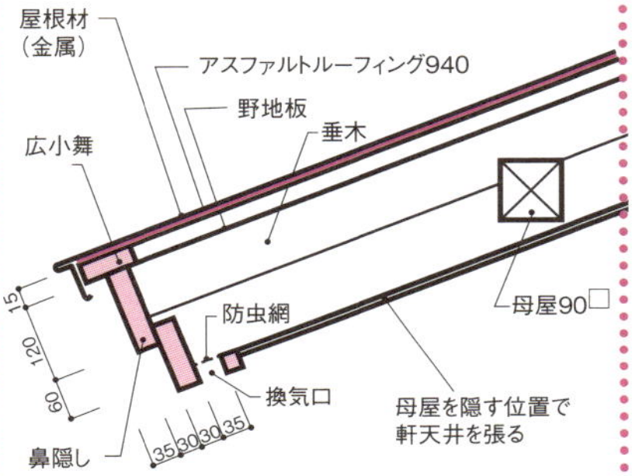

鼻隠しを2段にして軒先をシャープに見せることができる

図 84 ▶けらばのつくり

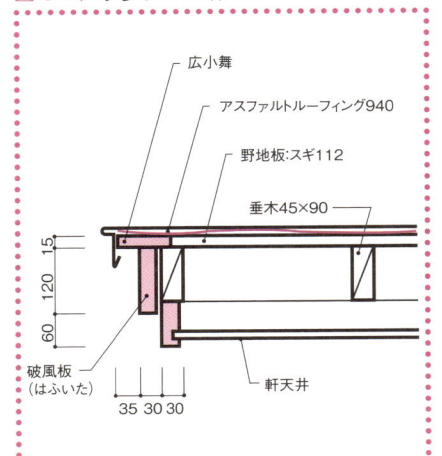

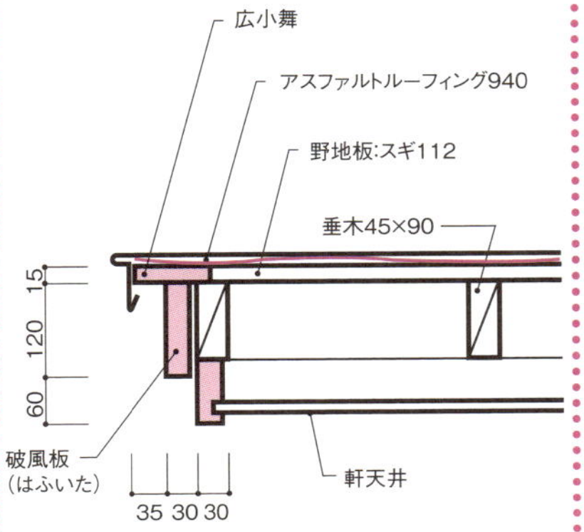

軒先と直角方向のけらばも破風板を2段にしてシャープに見せることができる

図 85 ▶雨樋の取り付け例

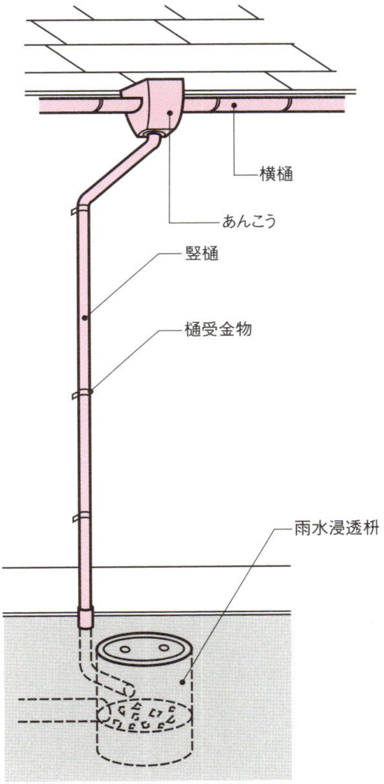

横樋で受けた雨水をあんこうでまとめ、竪樋につなげる。さらに、地中の雨水浸透桝に流す。オーバーフローした水は、下水へ流す

建物の耐久性を高める外壁通気構法

外壁の役割

外壁には、防水・防火・断熱の性能が求められます。さらに、外部の自然環境に対しての耐久性・耐候性《たいこうせい》も備えなければなりません。しかし、外壁材1枚ではこれらの問題に対処しきれないため、下地を含めて壁全体で性能を確保します。

基本的には、柱や間柱《まばしら》の外側に構造用合板を張ることで、構造強度を確保するとともに、外壁材を取り付けるための下地とします。そして、その外側に防水シートあるいは透湿防水シートを張ります。これは、外壁材の裏側に入った雨水を躯体《くたい》まで浸入させないようにするためです。透湿防水シートや防水シートは、雨水が内側に入らないように下から上へ重ねて張ります。重《かさ》ね代《しろ》は100mm程度確保し、特に縦の継目には防水テープを張ります。また出隅《ですみ》部分は 300mm以上の重ね代を確保して防水テープを張ります(図 86)。

透湿防水シートは、雨水は通さず水蒸気のみを通すシートで、壁より内側で発生した水蒸気を外側に放出することができます。

外壁通気構法

サイディングなどで外壁を仕上げる場合は、外壁下地を通気構法とします。通気構法は、構造用合板や間柱、柱の上に透湿防水シートを張り、その上に取り付ける胴縁《どうぶち》で通気層を確保し、土台水切部から軒裏《のきうら》、小屋裏《こやうら》に通気ができるようにした構法です。これにより、室内で発生した水蒸気を通気層によって排出し、外壁の亀《き》裂《れつ》などから浸入した雨水を排出する効果もあります。通気構法にすることで、軸組《じくぐみ》の木材を湿気から守り住宅の耐久性を高めることができます。通気層は約18mm程度とし、開口部廻りの縦胴縁は、通気を遮断しないように隙間を設けます(図 87)。横胴縁の場合は、空気の通り道を確保するために、胴縁と胴縁の間に隙間をあけて取り付けます。

通気層の確保は
木造の軸組である木材の乾燥を
保つためにも有効です

図 86 ▶通気構法の外壁下地のつくり方

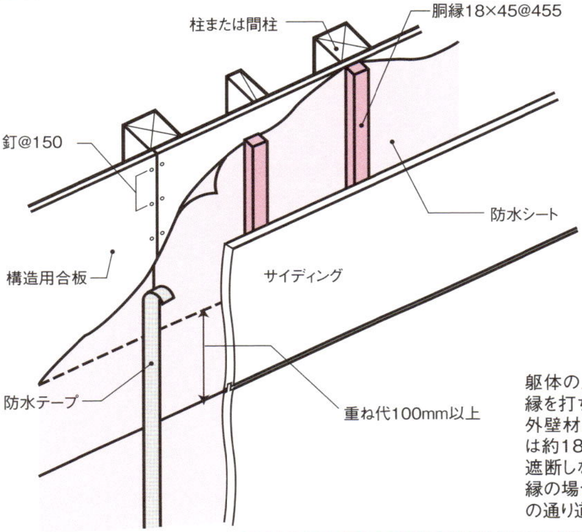

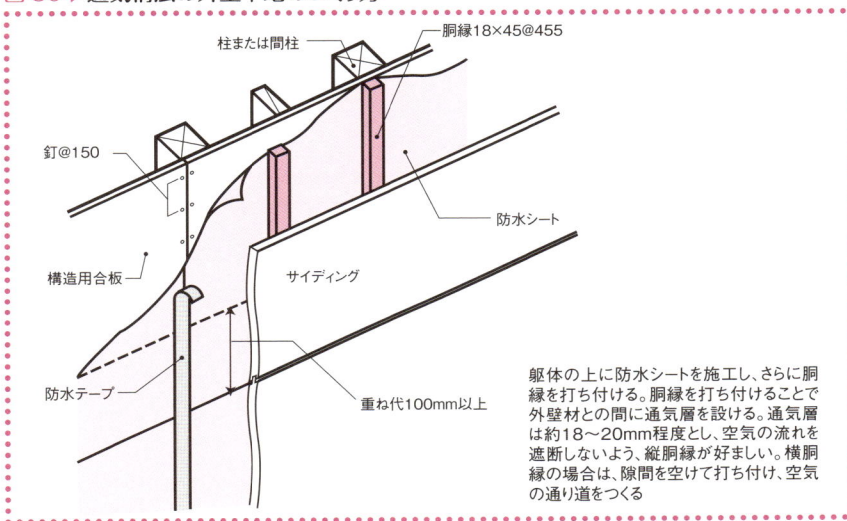

躯体の上に防水シートを施工し、さらに胴縁を打ち付ける。胴縁を打ち付けることで外壁材との間に通気層を設ける。通気層は約18～20mm程度とし、空気の流れを遮断しないよう、縦胴縁が好ましい。横胴縁の場合は、隙間を空けて打ち付け、空気の通り道をつくる

図 87 ▶開口廻りの胴縁施工

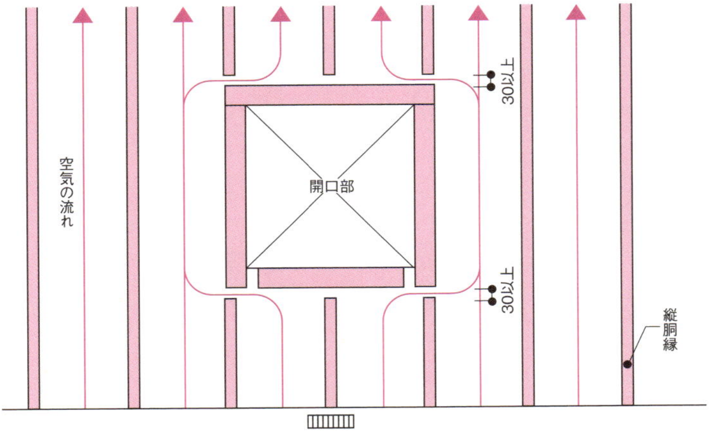

開口部廻りは胴縁を開口部枠に突きつけず、空気が流れるように30mm以上は隙間を設けること

日本の住宅を変えたサイディング

サイディング

現在新築されている木造住宅の多くは、外壁をサイディングで仕上げています。サイディングとは、パネル化された外壁材で、主に窯業系や金属系の素材が使われています。サイディングのなかでも、もっとも使われている窯業《ようぎょう》系サイディングはセメント質と繊維質原料を板状に成形したものです。

サイディングは耐火性が高く、乾式工法であるため工期も短く、コストも抑えられます。従来のモルタル仕上げがサイディング仕上げに変わったのはこのような理由からです。サイディングは、表面がプレーンなものから、木目調、石調、タイル調などの模様がついているものまでさまざまなデザインが用意されています。最近では、汚れを雨水で洗い流す機能を持つサイディングも登場しています。

サイディング同士の接続は、本実《ほんざね》加工でつないでいますが、ジョイント部分をシーリングで処理する必要があります。シーリングは、劣化しやすく耐久性に劣るため、ある程度の年数が経過したら打ち直す必要があります(図 88)。

ALC板

木造でも施工例のあるＡＬＣ板とは、気泡の入った軽量コンクリート板です。厚さは、サッシ寸法に合わせて 37mmのものが一般的で、寒冷地で使うのは 50mmです。ＡＬＣ板も表面がプレーンなものから、レンガ調などさまざまな模様のものがつくられています。ＡＬＣ板は無塗装の板を施工した後に現場で、表面の仕上げをするケースが多いようです。ＡＬＣ板もジョイント部分はシーリング処理とします(図 89)。

ＡＬＣ板は遮音性を備え、断熱性能も持つため、壁に 75mm程度のグラスウールを取り付けるだけでも必要な断熱性を確保できます。耐火性能に優れるため、保険会社によっては、火災保険料金を半額程度に下げることができます。

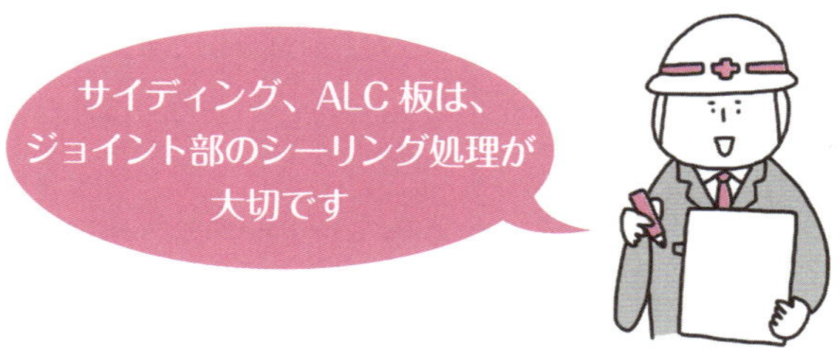
サイディング、ALC 板は、
ジョイント部のシーリング処理が
大切です

図 88 ▶サンディングの外壁（横張り）

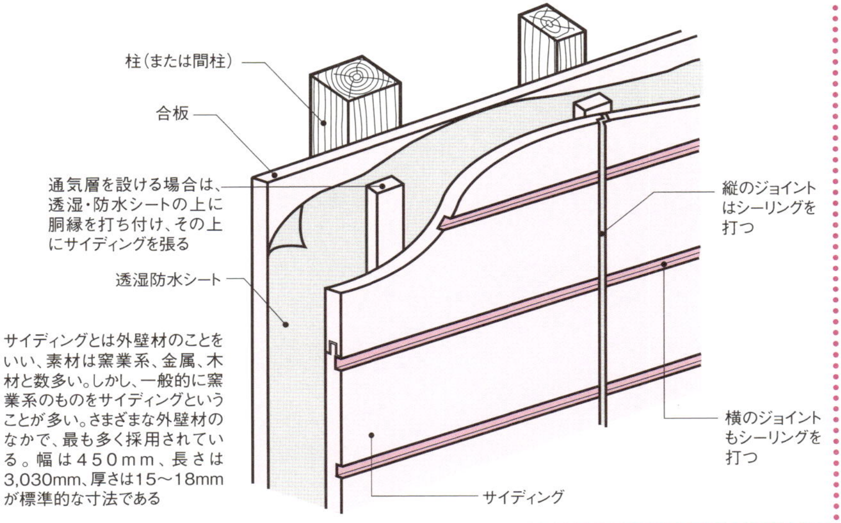

サイディングとは外壁材のことをいい、素材は窯業系、金属、木材と数多い。しかし、一般的に窯業系のものをサイディングということが多い。さまざまな外壁材のなかで、最も多く採用されている。幅は450mm、長さは3,030mm、厚さは15～18mmが標準的な寸法である

図 89 ▶ ALC 板の外壁（横張り）

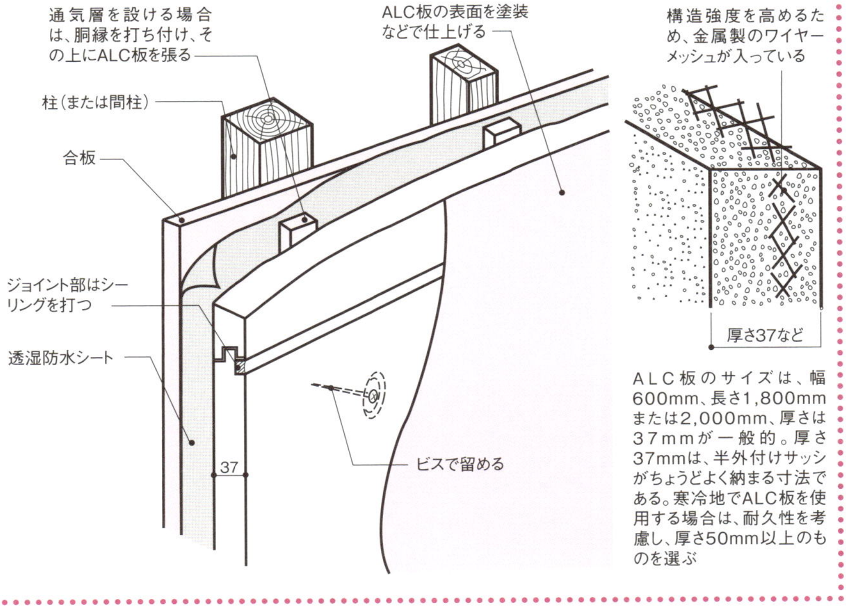

ALC板のサイズは、幅600mm、長さ1,800mmまたは2,000mm、厚さは37mmが一般的。厚さ37mmは、半外付けサッシがちょうどよく納まる寸法である。寒冷地でALC板を使用する場合は、耐久性を考慮し、厚さ50mm以上のものを選ぶ

伝統的な木《もく》板《いた》張《ば》り外壁と メンテナンス性が高い金属外壁

伝統的な木張り外壁

日本では、以前は木板張りの外壁が多くありましたが、最近では、防火性やコストの面で少なくなっています。

木板の張り方には、板を横にして下から上に重ね張る下《した》見《み》板《いた》張《ば》りと、縦に細長い材を横方向につなげて張る羽《は》目《め》板《いた》張《ば》りがあります(図 90・91)。

羽目板張りで縦に張る場合は、横に張る場合に比べて防水性が悪くなるため、下地でしっかり防水性を確保しておきます。板と板の継目に幅の狭い板を上から打ち付ける目《め》板《いた》打《うち》ち張《ば》り(大和《やまと》張《ば》り) とすることもあります(図 92)。

押《お》し縁《ぶち》下見板張りは、7 mm程度の薄い板を横に端を重ねて張り上げていき、板の外側を押し縁で押さえます。押し縁の裏を板の重ねと合わせてギザギザに加工する本格的な方法もあります。

使用する木材は、国産材ではスギやヒノキで、輸入材ではウエスタンレッドシダーやラワンなどを使用します。スギをバーナーで焼いて「焼き杉」にして、耐久性を高める手法もあります。

メンテナンス性が高い金属外壁

現在では、防水性とメンテナンス性の高い金属板を外壁に張る住宅が増えてきています。ガルバリウム鋼板やアルミ板などを素材とする金属製サイディングで納める場合もあります(図 93・94)。

外壁材として金属を選定する注意点として、建て主が金属の冷たいイメージを好むかどうかも検討しなくてはなりません。さらに、夏の西日など、日射で外壁材が高温になることへの対応も求められます。断熱材をはさみ込んだサンドイッチパネルや、パネルに断熱材が吹き付けられているものもありますが、金属外壁の内側には通気層を必ず設け、金属板裏側の熱気を排気する配慮が欠かせません。

木板張りの外壁にする場合、
耐水性の高いスギの赤身や
ヒノキなどを使います

図 90 ▶下目板張り

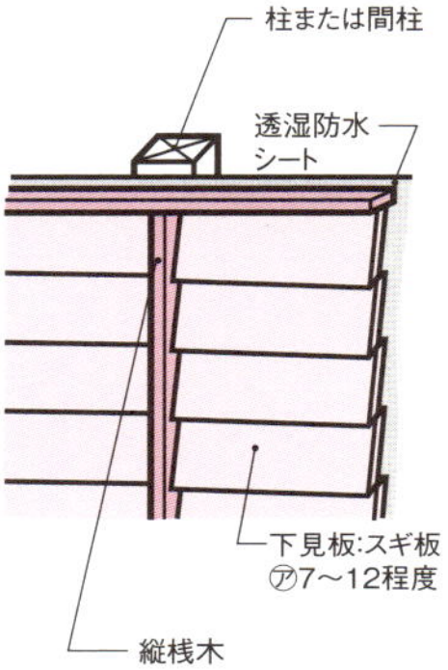

木板の横張りで、互いの板が重なり合うように下から張る方法。

図 91 ▶縦羽目板張り

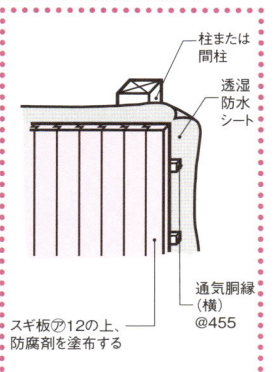

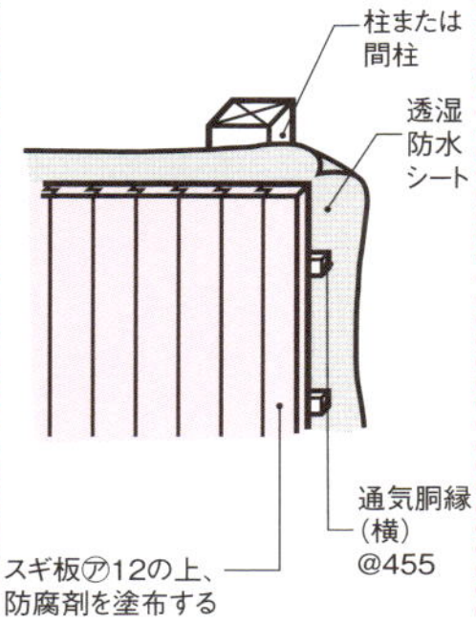

木板の縦張りの場合は、透湿防水シートの上に横胴縁を打ち付け、その上に木板を張り付ける。

図 92 ▶目板打ち張り

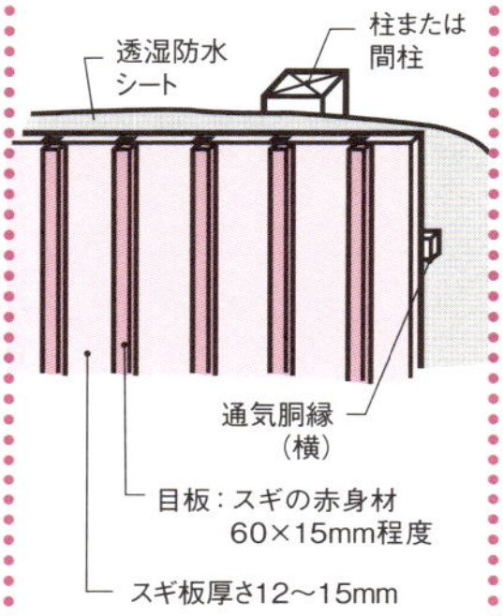

縦張りの継目の上に細長い板(目板)を打ち付ける張り方。

図 93 ▶ガルバリウム鋼板ハゼ葺き

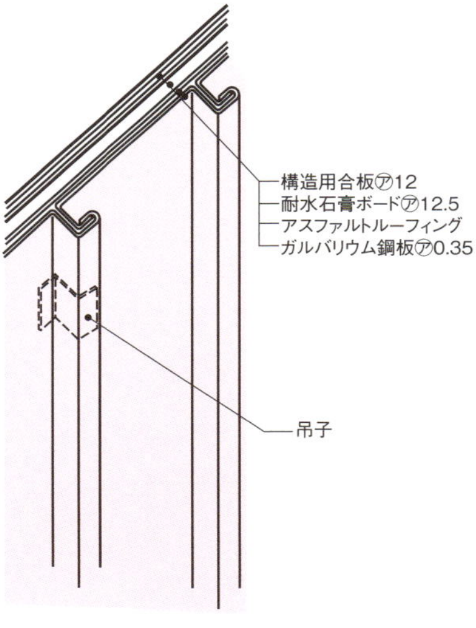

ハゼ葺きが外壁に陰影を与え、メリハリのある仕上げとなる。ハゼ部分には吊子を入れて固定する

図 94 ▶ガルバリウム鋼板平葺き

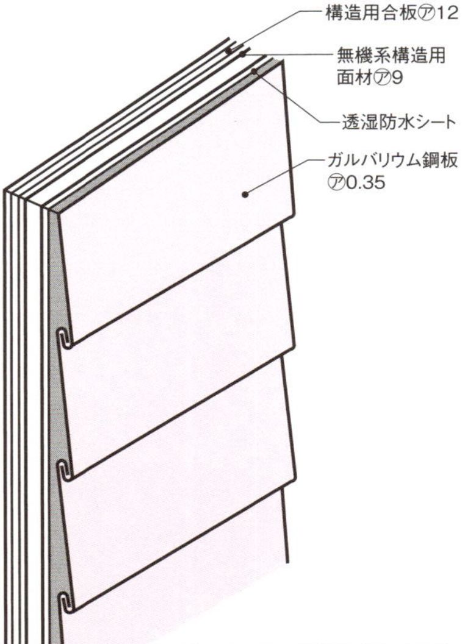

ガルバリウム鋼板を横に平葺きにすることもできる

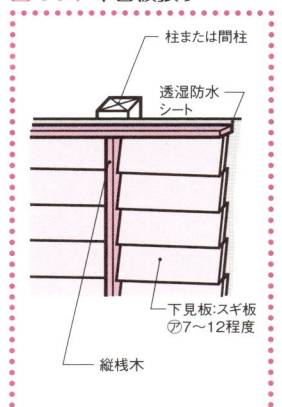

湿式で仕上げるモルタルやタイルの外壁

モルタル外壁の下地

モルタル仕上げやタイルの仕上げは、湿式工法に分類されます。

湿式工法は文字通り水を使った施工となるため、手間がかかるうえ、施工に熟練を要します。また、乾燥によるひび割れが生じやすいため、使われることが少なくなっていました。

しかし最近では、工業製品であるサイディングの均一的な表情の壁とは別の質感があるということで、モルタル外壁が見直されています。

伝統的な木造住宅の土塗り外壁は、軸《じく》組《ぐみ》の上に竹でつくられた小舞《こまい》をとり付け、その上に土を塗っていました。

現代では、モルタル仕上げの下地は、木摺《きずり》とよばれる小幅板《こはばいた》をある程度の間隔をあけて横張りし、その上にラス網やメタルラスを取り付け、下塗り、中塗り、上塗りと分けてモルタルを塗ります。ラス網よりも強度を増すために 450mm間隔にワイヤー状のリブを入れたリブラスを使うこともあります。ラス網とは、モルタルを塗る場合に打ち付ける金属性の網状の部材です。ラス網を張ることで網の穴の部分にモルタルが引っかかり、流れ落ちずに固定することができます。最近では、直接モルタルを塗ることができる、モルタル塗り用の耐力面材《たいりょくめんざい》も多く使われています(図 95)。

モルタル外壁とタイル外壁

モルタル下地の上には、薄塗りのアクリルリシンや樹脂系の塗料を吹き付けて仕上げます。モルタルの収縮に対応した弾《だん》性塗料《せいとりょう》を選ぶこともあります。

コテで塗る厚塗り仕上げのなかには、セメント系以外に樹脂系や土系の仕上材もあります。軒《のき》が出ていて雨がかかりにくい建物であれば白い漆喰《しっくい》も使えます。

タイル仕上げは、モルタルや接着剤で張り付ける湿式工法と、金具でタイルを引っ掛けて取り付ける乾式工法があります(図 96)。

モルタル外壁は、下地を
正しく施工し、モルタルも数回に
分けて塗ることが大切です

図 95 ▶左官の外壁

吹付けの外壁

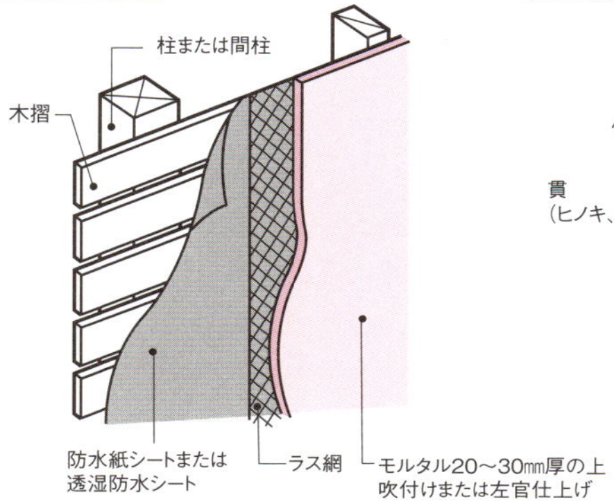

木摺の上に防水シートまたは透湿防水シートを張り、ラス網を張ってモルタルを2度塗りし、その上に吹付け塗装や左官で仕上げる

土壁の外壁

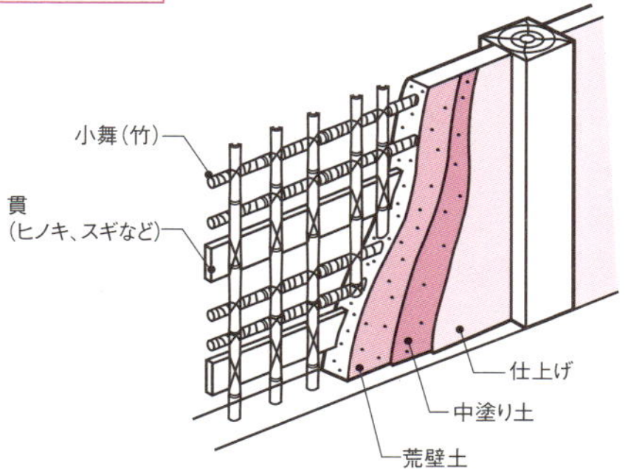

伝統的な方法で小舞を組み、割れにくくするために土に藁スサなどを混ぜて塗り重ねていく

図 96 ▶タイルの外壁

乾式工法

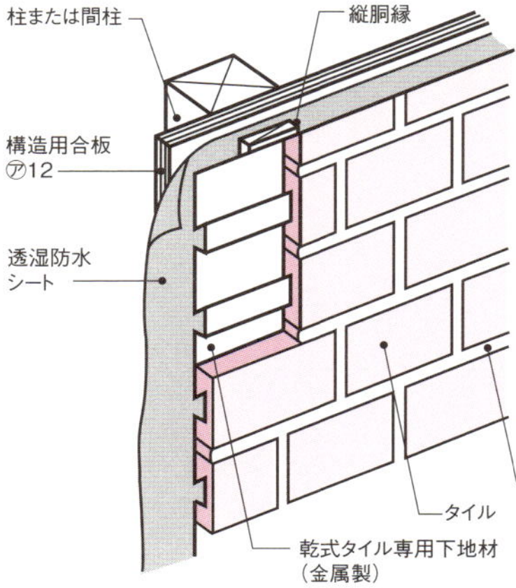

乾式工法ではタイルを金属製の下地材に取り付ける。タイルの落下も防げる

湿式工法

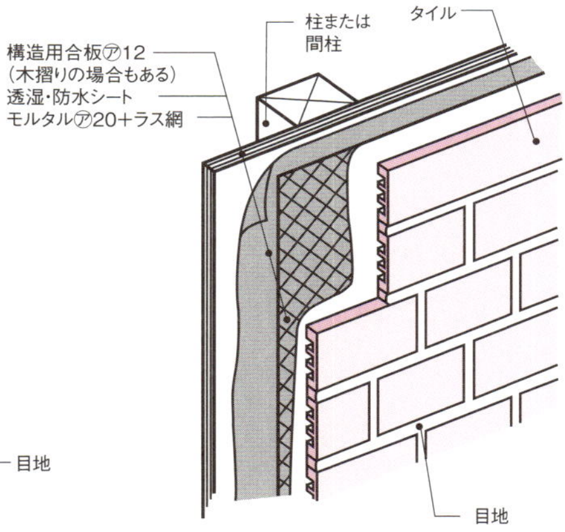

モルタル下地に接着し、目地を埋める

開口部とバルコニーの防水対策

開口部の防水対策

開口部のサッシと外壁の隙間は雨水が浸入しやすい部分です。

そのため、サッシと透湿防水シートの継目に防水テープを張って隙間を防ぎ、雨漏りを防ぎます。サッシを取り付けて防水シートを張り、サッシのつばと防水シートの間に防水テープを張り付けます。

防水テープは開口部の下から順に張り、上の防水テープが一番上に重なるようにします。下の防水テープを上に重ねてしまうと、下の防水テープが上から流れてくる水を受け止めやすくなってしまうからです(図 97)。

サッシ下部の水切りは、両端を折り曲げて外壁側に水が回らないようにします(図98)。

バルコニーの防水対策

２階または３階に設置するバルコニーは、常に風雨にさらされるうえ、床が平らなため雨水が溜まるおそれがあります。そのため、防水面で十分な配慮が必要です。

アルミ製の既製品のバルコニーを取り付けると、防水の点や耐久性の点での問題は少なくなります。しかし、外観上、バルコニーは重要なポイントとなるので、建物と一体に見えるように工夫するのが一般的です。

バルコニーの出が１m以上になる場合は、原則として柱が必要になります。バルコニーの床は、合板を２重に張った上に、ＦＲＰ防水やシート防水を施します(図99)。ＦＲＰとは、Fiber Reinforced Plastic(繊維強化プラスチック) の略で、ポリエステル樹脂にガラス繊維を混ぜて成形する防水工法です。防水のためサッシ下の立ち上がりは、120mm以上確保します。

バルコニーの下に屋根をつくり、その上にバルコニーを載《の》せて納めると防水上の問題を解決することができます。また、木製のバルコニーが腐食した場合に、取り替えることも容易です(図 100)。

開口部廻りは透湿防水
シートと防水テープでしっかり
防水対策をとります

図97 ▶開口部廻りに防水テープを張る

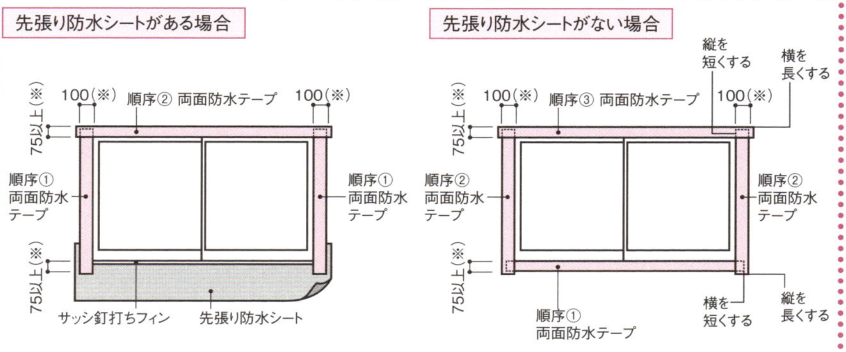

(※)防水テープの幅は参考値を示す

図98 ▶開口部下端の水切を雨水が入らない形状にする

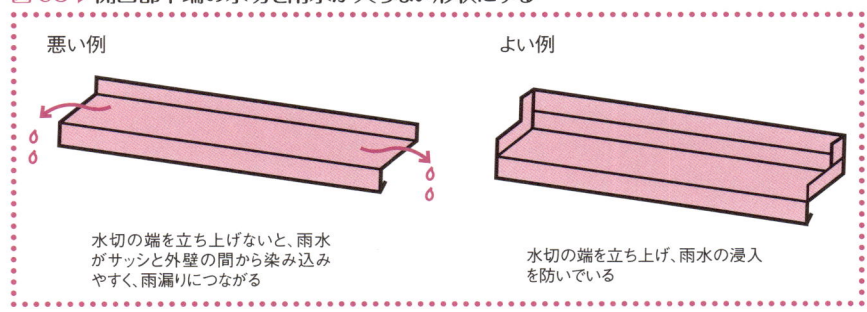

悪い例

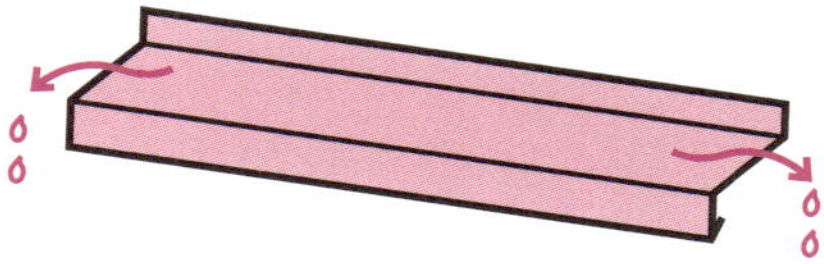

水切の端を立ち上げないと、雨水がサッシと外壁の間から染み込みやすく、雨漏りにつながる

よい例

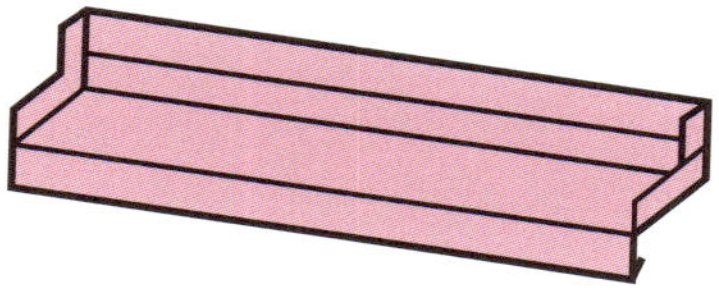

水切の端を立ち上げ、雨水の浸入を防いでいる

図99 ▶防水バルコニー

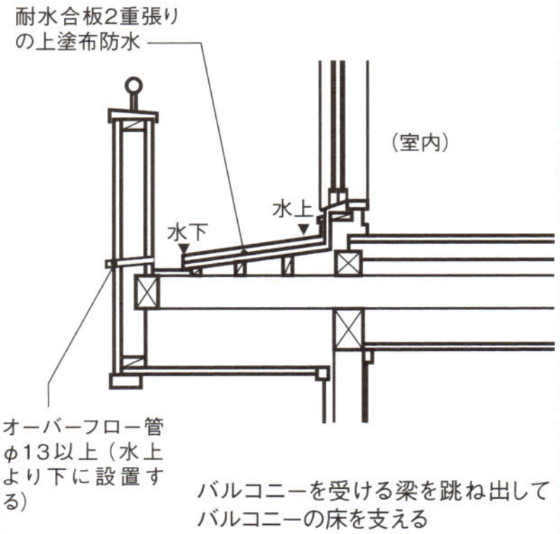

バルコニーを受ける梁を跳ね出してバルコニーの床を支える

図100 ▶防水なしのバルコニー

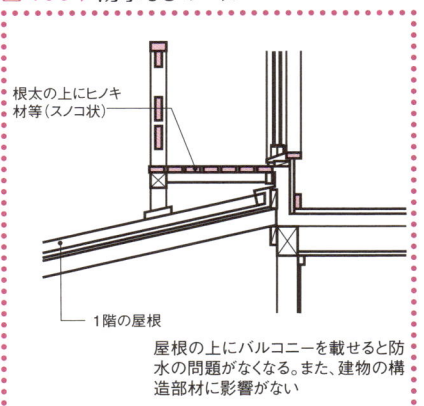

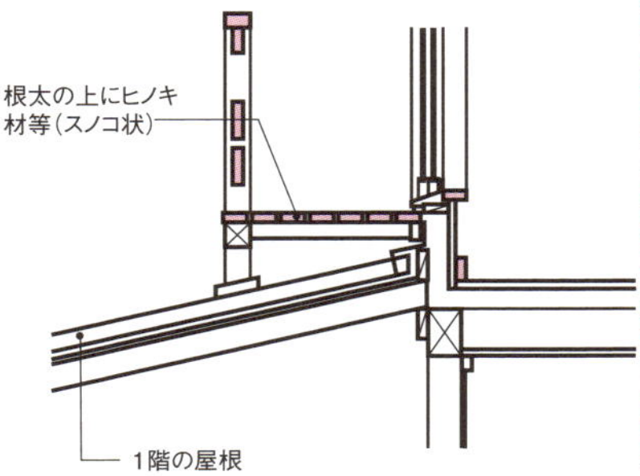

屋根の上にバルコニーを載せると防水の問題がなくなる。また、建物の構造部材に影響がない

目的に応じて選べる多彩な開口部

窓の種類

窓には、アルミサッシの引違い窓が多く使われています。その他、片引きや、引き込み、はめ殺しと引戸を組み合わせた窓、内倒し窓、外倒し窓、滑りながら突き出すすべり出し窓、外開き窓、上げ下げ窓、ルーバー窓などがあり、非常に多様です。内倒し窓は、ハイサイドライトにも使われます。ルーバー窓は、開口部の全面積が開くため、小さくても通風量を多く確保できます。しかし、気密性が低いことと、ガラスが外されやすいため、防犯上の対策が必要です。

掃出《はきだ》し窓は、窓が床面の位置まであって出入りができる窓のことです。もともとは、掃除の際に箒《ほうき》などでホコリを掃き出せるところからこのように名付けられました。

窓には、防犯と遮光《しゃこう》などの目的で雨戸やシャッターを設置します。ただし、寒冷地では冬場に凍結してしまうので、雨戸を付けないのが一般的です。

ドアの種類

開口部の中でも、人の出入りする開口部を戸・ドアといいます。戸には、開き戸と引戸があります。玄関ドアは、防水の処理がしやすいため、外開き戸が多く使われています（図 101）。

トップライト

建築基準法では、住宅の居室に一定以上の採光量を確保するために、床面積の1／7以上の有効採光面積を確保することが義務付けられています。屋根面に取り付けたトップライトからの採光量は、通常の窓に比べ3倍あるため、小さい窓でも、採光を確保することができます。

夏の直射日光が入ると、室内がかなり暑くなってしまうため、直射日光を考慮して、日陰になりやすい場所に設置したり、ブラインドを設置したりします。開閉式にして夏期には開けて熱気を抜くなど、さまざまな工夫を検討します（図 102・103）。

開口部の種類は多様で
あるため、それぞれの目的に
あった形式のものを選びます

図101 ▶戸と窓の開閉形式の種類

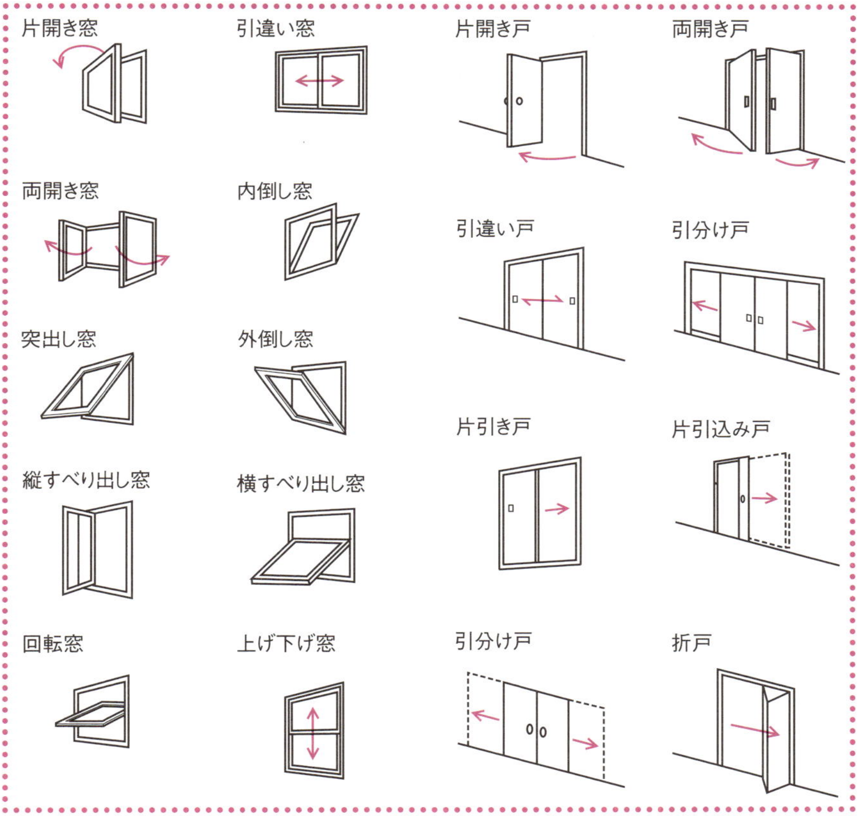

図102 ▶トップライトの納まり

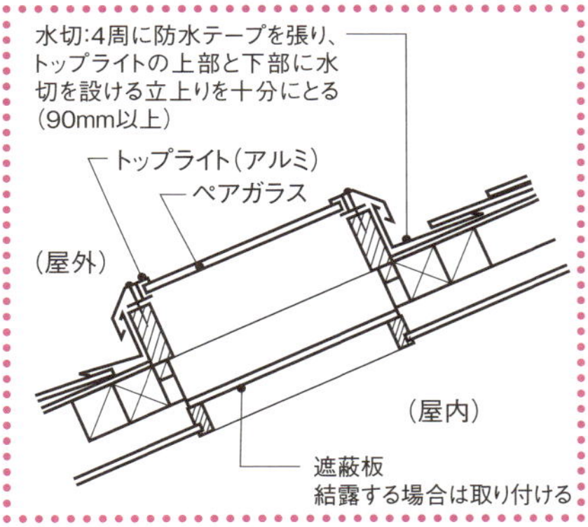

図103 ▶トップライトの取り付け位置

屋根頂部にトップライトを取り付けると光をたくさん採り入れられる

開口部の断熱と結露《けつろ》対策

サッシの素材

一般的には、サッシの素材として、アルミが多く使われています。雨水にさらされても長持ちするうえ、コストもそれほどかからないというメリットがあります。また、アルミサッシのなかでも、断熱性能や気密性能、防音性能でいくつかのグレードがあります。アルミサッシにペアガラス(複層ガラス) を入れることで、ガラスの断熱性能が向上します。アルミ枠の結露を解決するために、アルミの枠の外と中との間に樹脂を挟み込んで、熱が伝わりにくくした断熱サッシもつくられています。外側に耐候性の高いアルミ、内側に断熱性の高い木を組み合わせたサッシもあります。

アルミ以外の素材としては、樹脂サッシや木製サッシがあります。樹脂サッシは結露しにくいため、寒冷地では非常に多く使われています。

木製サッシのコストは、アルミサッシの3倍ほどになりますが、デザイン性に優れていること、結露対策に適していることなどから、使われることが多くなってきています。海外では木製サッシは一般的に使われています。木造住宅用のサッシは壁の厚みのなかでの取り付ける位置によって外付け、半外付け、内付けなどの種類があります(図 104･105･106)。

サッシ断熱と結露対策

最近の木造住宅では、省エネのためにペアガラスを使うこともありますが、ペアガラスよりも2重サッシ(図 107) のほうが高い断熱性能を持っています。寒冷地では、さらに断熱性能の高いペアガラスの2重サッシや樹脂サッシが使われることも多くあります。また、ガラス自体の断熱性能･遮熱《しゃねつ》性能を高めた Low-Eガラスの採用も増えています。Low-Eガラスとは、板ガラス表面に金属膜を蒸着《じょうちゃく》させたもので、紫外線などを遮断する機能があるため、断熱性能、遮熱性能が高くなります。Low-Eガラスを使ったペアガラスもあります。

サッシは外付け、内付け、
半外付けと取り付け方の
違うものがあります

図104▶外付けサッシ

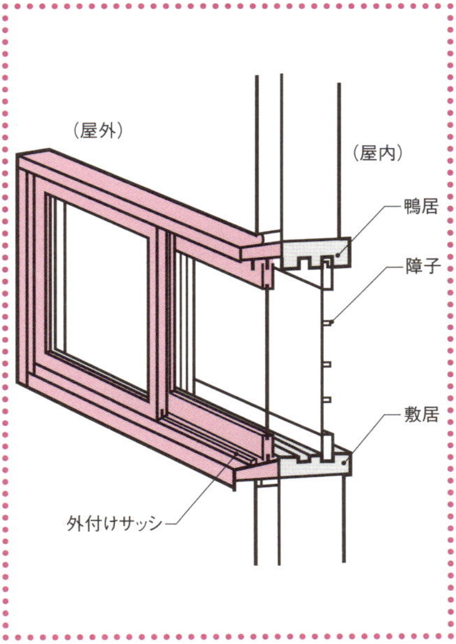

図105▶半外付けサッシ

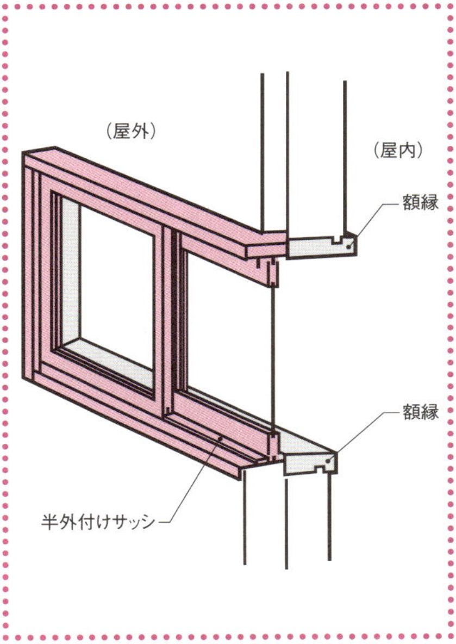

図106▶内付けサッシ

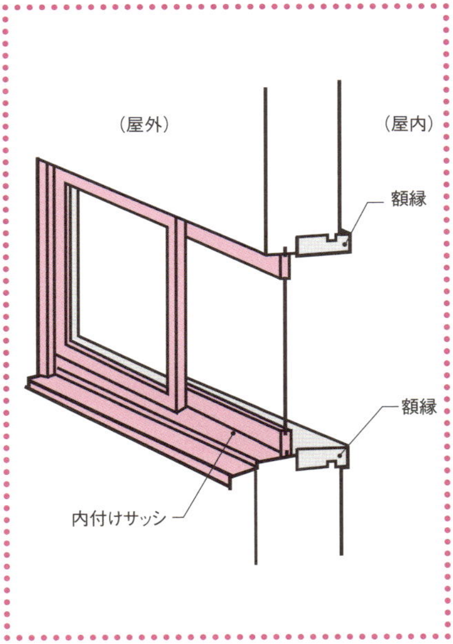

図107▶2重サッシ

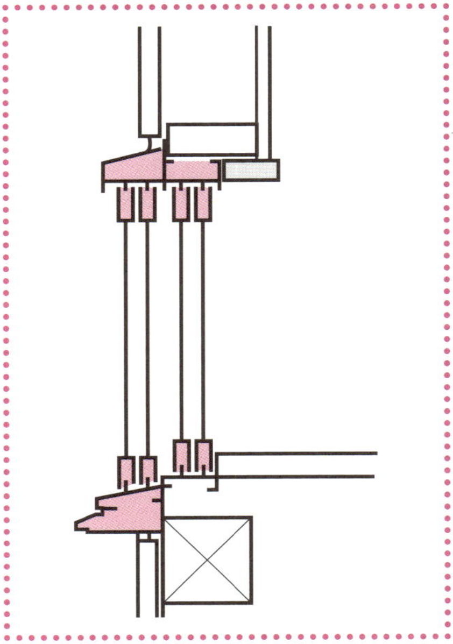

断熱材の普及で向上した木造住宅の省エネ性能

木造住宅の断熱化

日本の住宅は、気密性がなく、断熱材もほとんど使われていませんでした。最近では、断熱を行うことで寒い冬でも快適に過ごせるようになっています。断熱材にはさまざまな種類があり、グラスウールやロックウールが一般的です。断熱材は、気泡や繊維で空気の対流が起こらないように空気を小さく閉じ込めて断熱性能を確保しています(図 108)。

表面温度が低い部材にあたたかい空気が触れると結露《けつろ》を起こします。そのため断熱をして表面温度を低くならないようにし、結露を防ぎます(図 109)。

充填《じゅうてん》断熱と外張り断熱

木造住宅では、軸組《じくぐみ》の中に断熱材を入れる充填断熱と、構造体の外側にボード状の断熱材を張る外張り断熱があります。

現在、日本の木造住宅では、断熱材を外壁の間に入れる充填断熱が最も多く採用されています。充填断熱のメリットは断熱材を入れやすくコストも安い点です。デメリットは、施工が悪いと断熱材の間に隙間ができやすく、壁体内結露《へきたいないけつろ》が発生するおそれがある点です。充填断熱に使う断熱材は、グラスウールが一般的で、その他にロックウールなどが使われます。古新聞を原料とするセルロースファイバーを壁内に吹き込んだり、吹き付けたりする方法もあります(図 110)。

外張り断熱は、柱の外面より外にポリスチレンフォームやポリエチレンフォームなどボード状に成形された断熱材を取り付けるのが一般的です。外張り断熱では、構造の柱や梁《はり》より外側で断熱するので、壁内の内部結露を防ぐことができ、構造《こうぞう》躯体《くたい》の保護につながります。ただし、断熱材を設置するために外壁の下地をつくる必要があり、コストが高くなりがちです。また、外壁が断熱材分だけ厚くなってしまうため、その厚み分を考慮した設計が必要になります(図 111)。

通気構法で壁体内の
水蒸気を壁の外に排出する
ことが大切です

図108 ▶断熱の役割

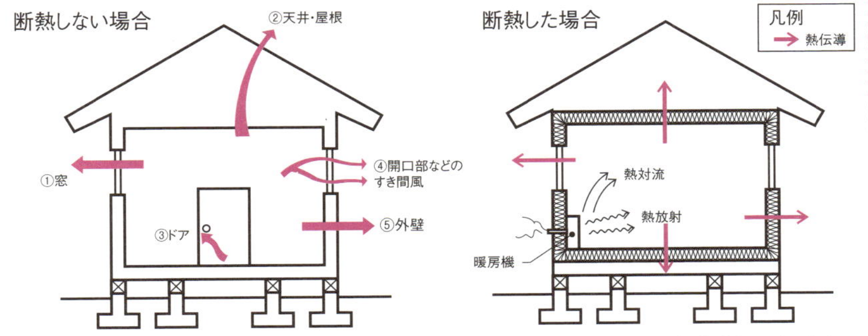

無断熱住宅の場合、図の①〜⑤から熱が外部へ逃げていく

断熱することで熱移動を抑制することになる

図109 ▶結露のメカニズム

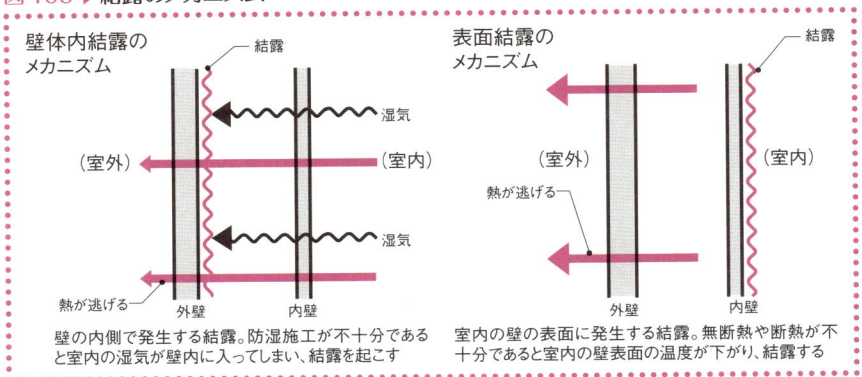

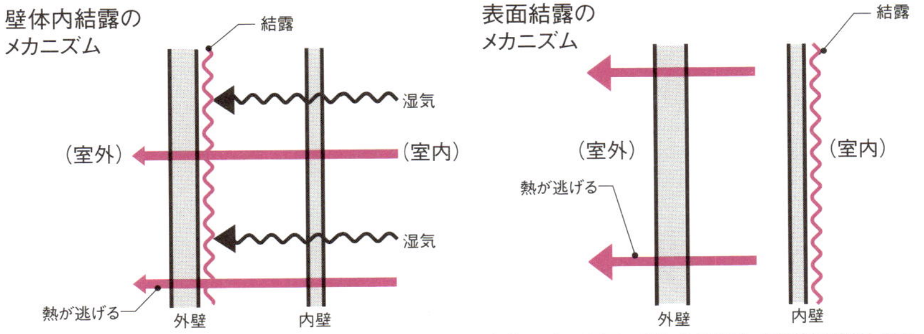

壁の内側で発生する結露。防湿施工が不十分であると室内の湿気が壁内に入ってしまい、結露を起こす

室内の壁の表面に発生する結露。無断熱や断熱が不十分であると室内の壁表面の温度が下がり、結露する

図110 ▶充填断熱

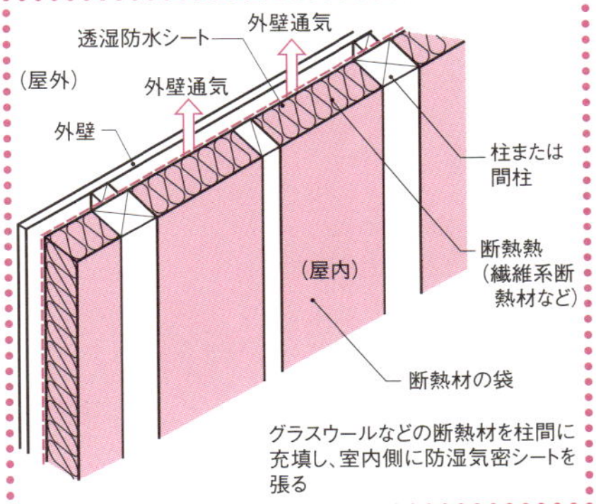

グラスウールなどの断熱材を柱間に充填し、室内側に防湿気密シートを張る

図111 ▶外張り断熱

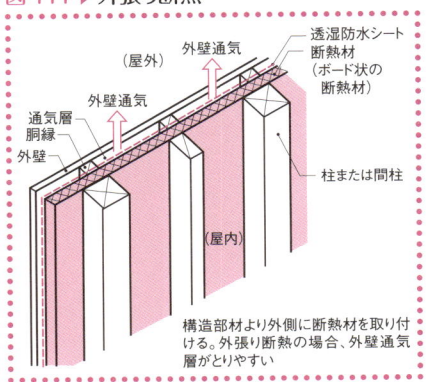

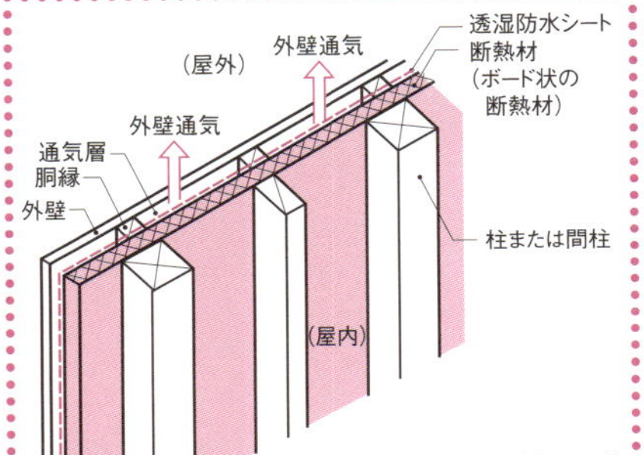

構造部材より外側に断熱材を取り付ける。外張り断熱の場合、外壁通気層がとりやすい

換気への配慮が大切な高気密・高断熱住宅

高気密・高断熱住宅とは何か

これまでの日本の木造住宅は隙間風が入り、気密性が非常に悪いつくりでした。そのため、冬にいくら室内を暖めてもその熱はすぐ外に逃げてしまっていました。昔と異なり快適性が求められる現在の木造住宅は、断熱と同時に気密性の向上が求められています。省エネの点でも、これらの向上は必要です(図 112)。

高気密・高断熱にすることで、夏は小さなエアコン1台で、冬は暖房機1台で家全体を冷暖房できるほどになります。

高気密・高断熱住宅では、気密については相当隙間面積が5 cm^2／㎡以下、断熱については次世代省エネルギー基準を満たすことが目安となります。

高気密・高断熱化の方法

充填《じゅうてん》断熱の場合、柱間などに断熱材を入れ、気密性を確保するために、外壁の下地には合板などを張り、パッキンなどを用いて気密性を高めます。

合板を張らない場合は、壁内側にポリエチレンフィルムを施工し、その隙間を気密テープでしっかりと留めることで気密性を高めます(図 113)。

外張り断熱の場合、外壁下地にボード状の断熱材を取付、断熱材の継ぎ目を気密テープで目張りします。

建物を高気密化することで空気の出入りする隙間が少なくなるため、計画換気による 24時間換気が必要となります。開放型のストーブは排気や水蒸気を室内に放出するため使用することはできません。

高気密・高断熱住宅の場合、夏に部屋の中が暑くなると、なかなか温度が下がりにくくなります。このため、窓の配置などや軒《のき》の出などで日射をコントロールし、建物の上部に暖められた空気を常時開放できる窓を設けるなどの設計上の配慮が必要になります。

木造住宅は気密性・
断熱性を高めると同時に
換気への配慮も必要です

図 112 ▶高気密・高断熱住宅のイメージ

建物を高気密化することで空気の出入りする隙間が少なくなるため、
計画換気による24時間換気が必要

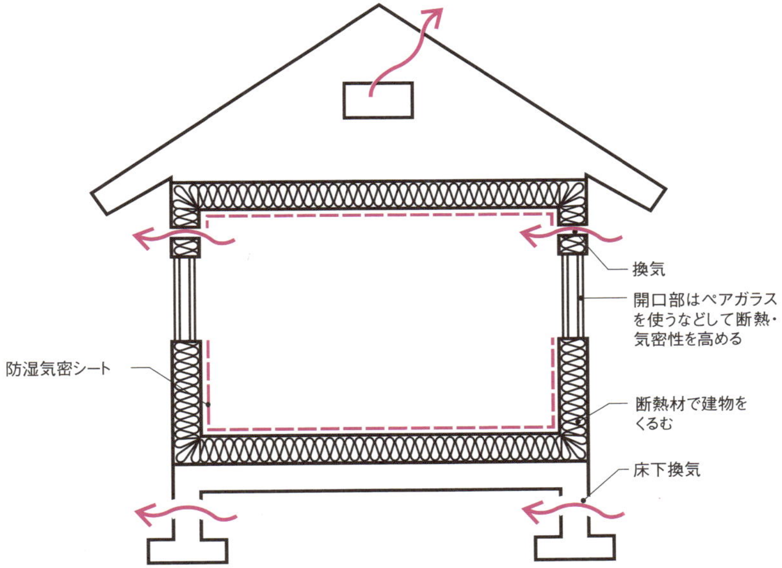

図 113 ▶気密性が求められる理由

①気密性が低い場合

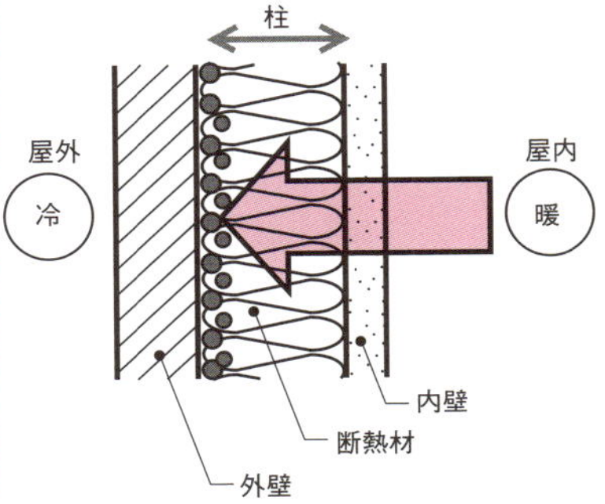

気密性が低いと室内の暖かい空気が屋外に逃げてしまい断熱性能が低下する。また、壁の中に室内の水蒸気が入り込み、壁体内結露が発生しやすくなる

②気密性が高い場合

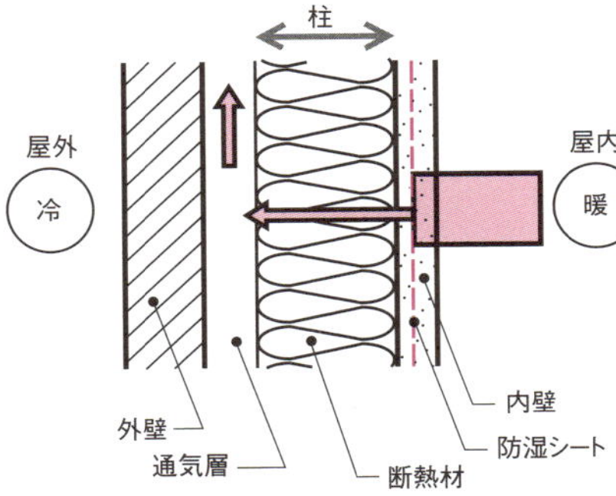

防湿気密シートなどの施工により住宅の気密性を高めると、断熱性能が向上する。また、室内の水蒸気が壁内に侵入するのを防ぐ。そのため、壁体内結露が発生しにくくなる

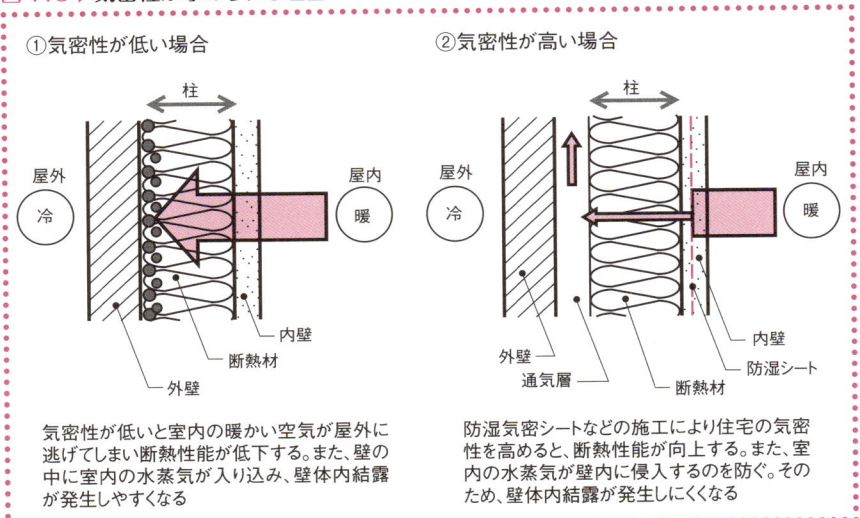

施工がしやすい充填《じゅうてん》断熱工法

充填断熱の施工方法

充填断熱は木造住宅で最も多く採用されている断熱方式です。外張り断熱と比べてコストが安いことも特徴です(図 114)。

充填断熱の断熱材は、袋入りのグラスウールが多く使われています。グラスウールとほぼ同じ性能をもつロックウールを使うこともあります。ロックウールも袋入りのものが一般的です(図 115)。

ウール状の断熱材は、水蒸気を吸い込む性質があります。水蒸気を吸い込むと吐きだしにくく、断熱性能も低下します。また、その湿気が木材を腐らせる原因になるので、ウール状の断熱材には湿気を近づけない事が大切です。

そのため、袋入りのグラスウールやロックウールは、袋の片側が防湿シートとなっています。防湿シートの面を水蒸気の発生する室内側に向けて取付けることで、湿気の吸収を防ぎます。断熱材を柱間に隙間なく充填し、柱・間柱《まばしら》の表面と面一《つらいち》にします。くれぐれも、隙間をあけて設置しないように注意が必要です。空間があいてしまうと、そこで、結露《けつろ》が発生するおそれがあるためです(図 116)。

また、断熱材を取り付けた後、さらに防湿気密シートを室内側に取り付け、壁の中に湿気が入り込むのを防ぐこともあります。高気密を確保するためには、ピンホールほどの隙間もないようにテープで継ぎ目を目張りするなど十分な配慮が必要です。

通気止め

冬季には、暖められた空気が上昇して排出されることにより、床下から水蒸気を含んだ冷たい空気が上昇して壁体内に入り込む空気の流れが生じます。これを防ぐため、通気止めとして、間仕切壁《まじきりかべ》の土台上の隙間を断熱材でふさぎます。

また、外壁や間仕切壁と天井との取合い部で、壁の内部の空間が天井裏に対して開放されている場合は、この取合い部にも通気止めを入れます。

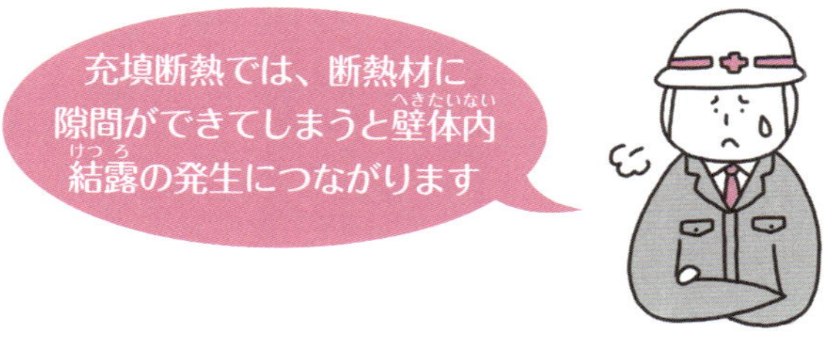
充填断熱では、断熱材に
隙間ができてしまうと壁体内《へきたいない》
結露《けつろ》の発生につながります

図 114 ▶充填断熱工法

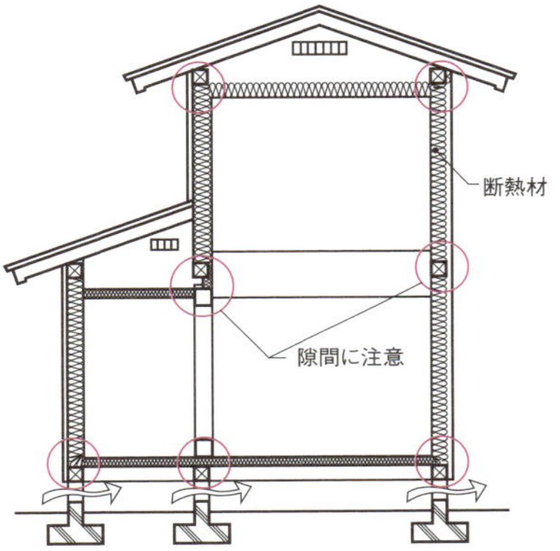

図 115 ▶充填断熱工法の断熱材

グラスウール

ガラスを繊維状にしたもの。燃えにくく、シロアリがつきにくい。コストも低く、充填断熱の代表的な材料といえる。吸音性や耐火性などにも優れる。ただし、結露対策として防湿施工が必要

ロックウール

玄武岩などを繊維状にしたもの。性能やコスト、施工性は、グラスウールとほぼ同じ

セルロースファイバー

新聞古紙を原料とした断熱材で壁の中に吹き込む。吸放湿性があるため条件によっては防湿施工しなくてもよいとされている

羊毛(ウール)

羊毛を原料とした断熱材で断熱性能が高い。調湿性能に優れるため、条件によっては、防湿施工しなくてもよいとされている

図 116 ▶充填断熱工法の施工ポイント

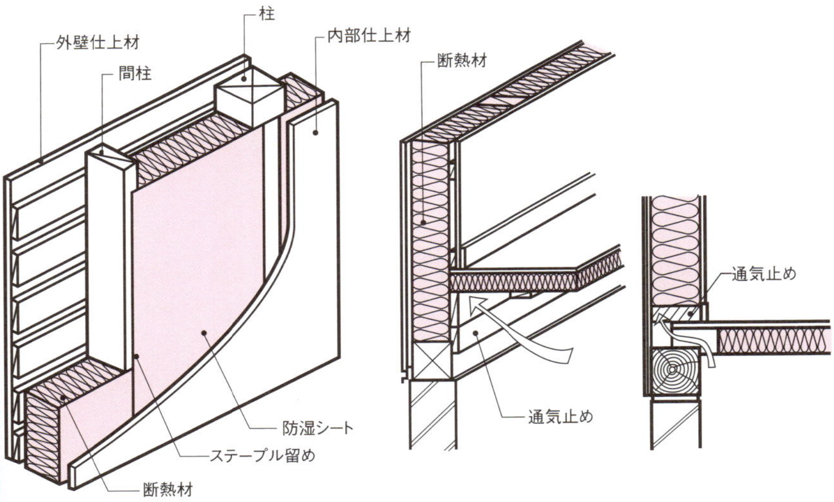

防湿層は室内側に設ける。室内側に隙間をつくらないように注意する。防湿は、防湿気密シートを張る。または、断熱材の袋に耳が付いているものは、耳部分を柱や間柱にステープルで留める。
施工中に防湿層が破れた場合、アルミテープなどで補修する

壁と床の取り合い部では、図のように断熱材を土台まで下げ、通気止めとなる部材を打ち付けることで、床下の湿気や冷たい空気が流入するような隙間を遮断することが大事

壁体内結露《へきたいないけつろ》を防ぐ外張り断熱工法

外張り断熱の納まり

柱や梁《はり》などの構造躯体《こうぞうくたい》よりも外側に断熱材を張り、構造を含めて家全体を断熱材で包む木造住宅の外張り断熱が注目されています。

屋根裏や床下も含めて、断熱材より内側を熱的には室内と考えます。

外張り断熱は、断熱材を切れ目なく入れることができるため、断熱性能を確保しやすいのと、壁体内結露を防ぐことで構造躯体の劣化を防止することができるのが大きなメリットです(図117·118)。

外張り断熱の施工は、まず柱や梁の外側にボード状の断熱材を取り付け、その外側に胴縁《どうぶち》で20mm程度の通気層を設け、外壁の下地をつくって仕上げを施します。断熱材は専用のビスで留め付け、断熱材の継ぎ目は気密テープで隙間をなく塞《ふさ》ぎます。

断熱材が一体になったサイディングやガルバリウム鋼板を使えば、外壁で熱を遮断してくれるので、より一層、外張り断熱が効果的になります。

充填《じゅうてん》断熱でも外壁に断熱性のあるＡＬＣを張ると、外張り断熱に近い効果が得られます。また、壁体内結露も抑えることができます。

基礎断熱・屋根の外張り断熱

基礎部分に外張り断熱を施し、基礎断熱とする手法があります。基礎立上りの外側に断熱材を張ってモルタルやボードで仕上げます(図119)。

シロアリ対策や外側の断熱材保護の仕上げのコストを抑える目的で、基礎立上りの内側に断熱材を施工する方法もあります。基礎断熱にすると、床下空間を熱的には屋内と同じ環境にすることができます。

コスト面で、外壁に外張り断熱ができなくても、屋根だけに外張り断熱を行えば、小屋裏《こやうら》の温度上昇を抑えることができ、夏の日射対策に大きな効果があります。

外張り断熱の場合、外壁を
支える胴縁は断熱材を介して柱、
間柱に留め付けます

図 117 ▶外張り断熱工法

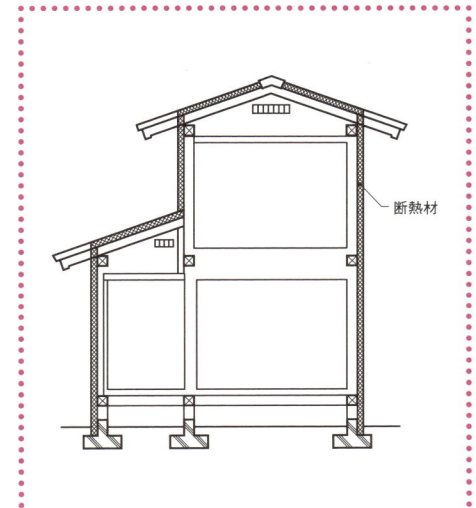

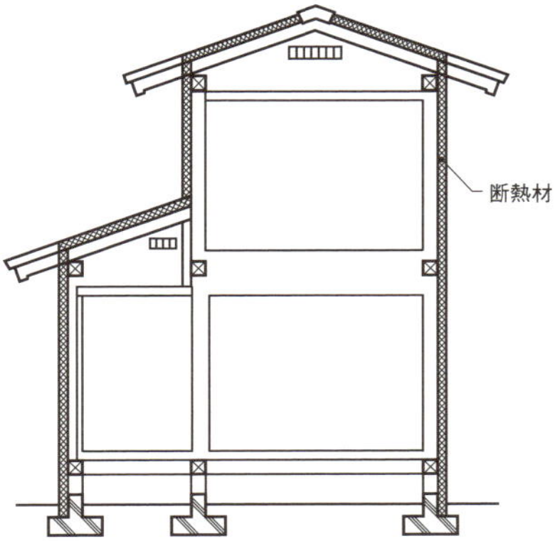

図 118 ▶外張り断熱工法の断熱材

押出し法ポリスチレンフォーム

ポリスチレンに発泡剤と難燃剤などを溶融混合し、押出し機で成形したもの

ビーズ法ポリスチレンフォーム

原料は押出し法ポリスチレンフォームと同じだが、断熱性能は若干劣る。耐水性があり、軽い

ウレタンフォーム

ポリウレタン樹脂が原料。押出し法よりも断熱性能が高い

ポリエチレンフォーム

ポリエチレン樹脂に発泡剤を混合。柔軟性が高く、充填断熱にも使用される

フェノールフォーム

フェノール樹脂を発泡させた断熱材。断熱性能が高い。また、防火性に優れている

図 119 ▶外張り断熱工法の施工ポイント

外壁

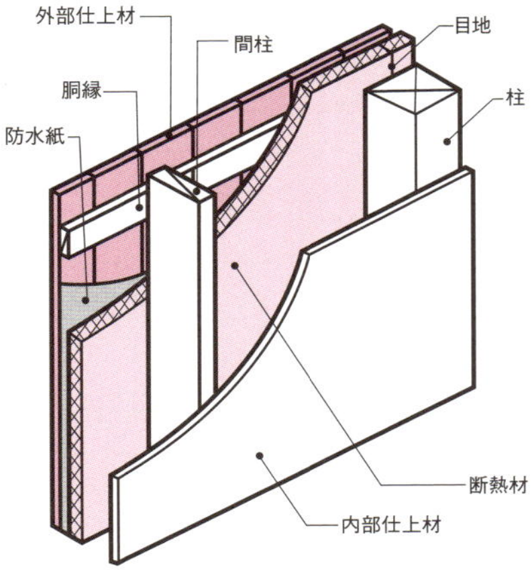

断熱材は柱・間柱に専用のビスで固定する。断熱材と断熱材の目地は柱や間柱の位置に設け、目地部分からの熱の損失を防ぐ

基礎

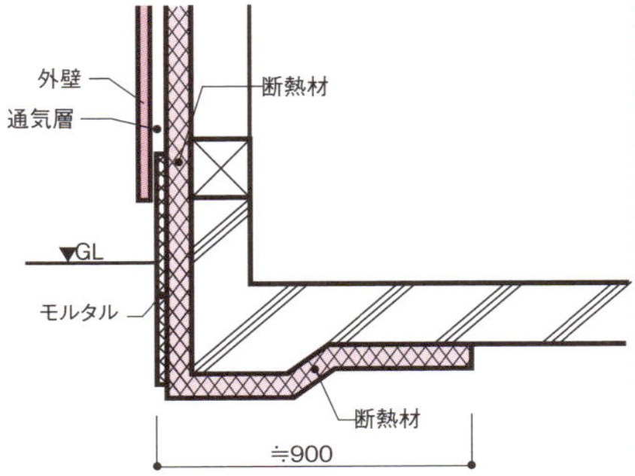

充填断熱の場合は床下断熱とするが、外張り断熱の場合は基礎部分にも断熱する。熱橋がなくなり、断熱性能が高くなる

夏の日射対策に有効な 棟《むね》換《かん》気《き》と屋根断熱

棟換気

木造住宅の2階は、屋根に直射日光を受けるため、夏はとても暑くなります。2階の天井の上に断熱材を入れた場合は、小屋裏《こやうら》が高温の空間になります。この小屋裏の熱が外へ排出されにくいため、夜になっても室温が下がらないのです(図120)。この小屋裏の熱を排するためには、棟換気が効果的です。棟換気は、屋根の最も高い位置である棟に換気口を設ける換気方法です。暖められた空気は上昇する性質であることを生かし、軒先《のきさき》から新鮮な空気を取り入れ、棟で排気・排熱します(図 121)。

通常の棟換気口は、雨仕舞《あまじまい》の不安から、開口部が小さいものが多く、設置個所も少なすぎることが多いのですが、小屋裏の熱気対策のためには、なるべく大き目の換気口を数多く設置する必要があります。片流れ屋根には、大き目の換気口をつくりやすく、軒先の全長に渡って設置できます。切妻《きりづま》の屋根でも、片側の屋根を少し伸ばすことで、片流れと同じ納まりの換気口をつくることができます(図 122)。

空気は暖められることで上昇するので、上への空気の流れが確保できるようなつくりにすることがポイントです。日本の屋根は、棟換気口を設置することでかなりの省エネ効果が得られるはずです。

屋根断熱

屋根からの排熱のためには、屋根のすぐ下に通気層を設け、その下に断熱材を入れて熱気がすぐに排出できるようなつくりとします。これを屋根断熱といいます(図123)。夏の暑さ対策として屋根断熱とするのは、極めて効果的です。断熱材を屋根のすぐ下に入れることで、小屋裏をつくる必要がなくなり、天井面を張る必要もなくなります。天井を高くして、船底天井にしたり、ロフトをつくって収納スペースとして活用することも可能になり、空間を有効利用することにもつながります。

夏の日射対策には、
大き目の棟換気口と
屋根断熱が効果的です

図 120 ▶屋根裏に熱が溜まる

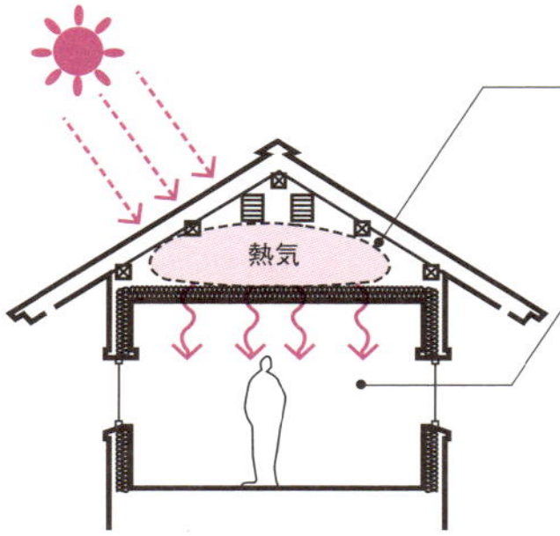

一般的には図のように天井裏に沿って断熱材を敷く、充填断熱方式が多いが、この方法だと小屋裏に熱気がこもりやすい
小屋裏に溜まった熱気は、その下の居室を暖めてしまう

日本は高温多湿な気候であるため、屋根裏の換気を行わないと熱気が屋根裏に溜まり、夏場の室内の温度を上げて、屋根裏の構造部材を傷めてしまう。そこで、屋根裏の換気が必要になってくる

図 121 ▶屋根の断熱と排熱をする方法

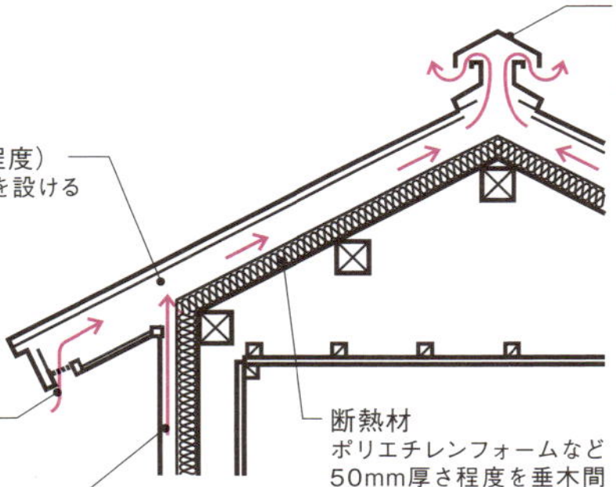

屋根の最も高い位置に取り付け、小屋裏にこもった熱を排出する

屋根のすぐ下に通気層を設けることで排熱しやすくなる

ポリエチレンフォームなど50mm厚さ程度を垂木間に納める。この方式は外張り断熱

軒裏の通気口から取り入れた空気は、日射で暖められて上昇し、屋根通気層を通って棟換気口から排出される。また、ここでは、屋根のすぐ下に断熱材を張ることで、屋根からの熱を遮断し、小屋裏に熱を溜めないようにしている

図 122 ▶片流れ屋根の場合

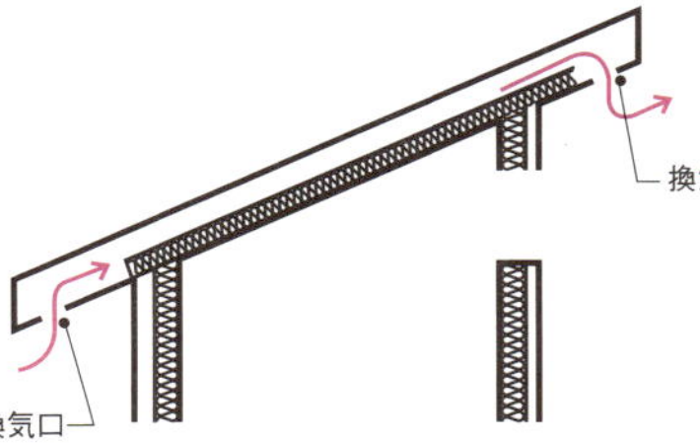

片流れ屋根は形状がシンプルなため、屋根断熱や排熱がしやすいといえる。換気口を軒先の長さ全体に取り付けることができるため、十分な換気口をとることができる

図 123 ▶屋根の通気層

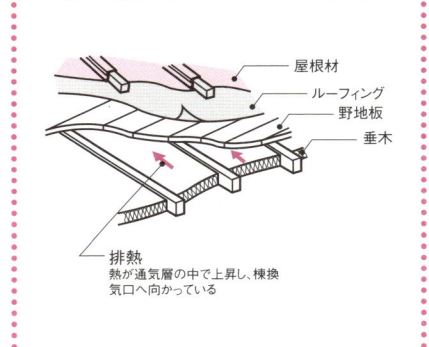

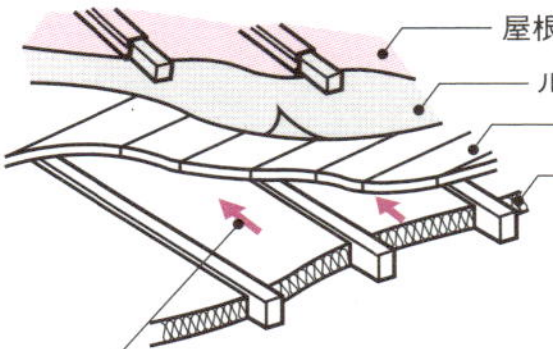

熱が通気層の中で上昇し、棟換気口へ向かっている

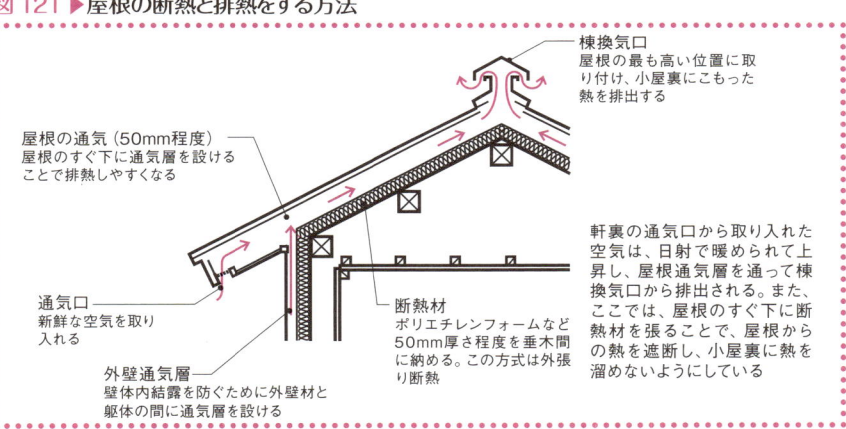

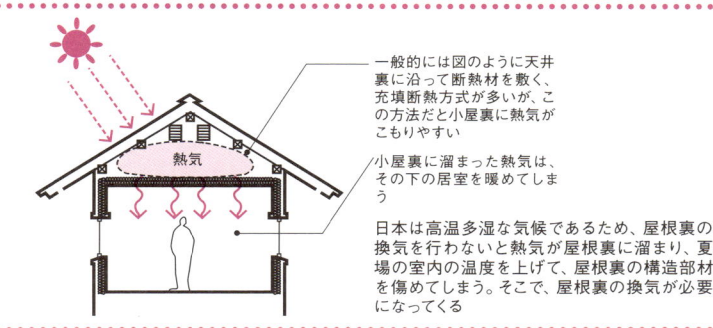

コラム

誰でもできる！　自然素材の仕上げ

自然素材を手軽に使う工夫

自然素材を住宅に使用することは、建て主の健康面によいだけではなく、その質感が建て主の心を癒《いや》します。自然素材で仕上げるとコストがかかるうえ、扱いが難しいという理由で、使うことをためらう人が多いのですが、建物の完成時よりも、時間が経つほどに味わいを増す点が自然素材のすばらしい点です。意外と手軽に使える自然素材も多くあります。

①簡易漆喰《しっくい》仕上げ

漆喰は、石膏ボード下地に薄塗りとします。漆喰は石灰クリームなど製品化された既調合品を使用すると、現場で調合する漆喰仕上げに比べてかなり安くできます。これは簡易的な漆喰ですが、質感は本格的です。漆喰は時間が経っても変色しないため、部分的な汚れはあっても塗り替えをしなくて済みます。イニシャルコストは安いとはいえませんが、メンテナンス費用がかからない素材です。

②節《ふし》ありの国産スギ

国産のスギで節のある一等材は柱材 1本で 3千円程度であり、輸入材より安い費用で入手できます。このように、節があれば木材は、かなり安く使えます。節は木の枝を落としたものであり、強度的にはまったく問題がありません。枯れ枝が節になった死節《しにぶし》でない限り、節があったほうが粘りがあって、かえって強度は高いといえます。床板に、節のある厚いスギ板などの比較的安価な板を使うと、足触りのよい床仕上げとすることができます。

③セルフビルド

床板には、自然塗料と呼ばれるオイルや蜜蝋《みつろう》ワックスを塗ります。これらの材料はイニシャルコストはかかりますが、建て主のセルフビルドも可能で、コストダウンを図ることができます。セルフビルドは、素材を直接扱うことで特性の理解につながるので、メンテナンスの練習を兼ねて作業してみるのも良いでしょう。

その他に、セルフビルドできる自然素材の仕上げとして、壁を和紙張りとすることもお勧めです。破れたらその部分だけ張り重ねるなど、建て主も容易にメンテナンスができます。

第5章

自然素材に回帰する住宅の内装

シックハウス症候群を防ぐ内装設計のポイント

シックハウス症候群

住宅建築を合理化し工期を短縮するために、新しい建材が次々に開発されてきました。その中には、揮発性《きはつせい》有機化合物を使った製品も多くありました。

そのような建材の普及に伴い、新築の住居などで建材や家具に使われた接着剤や塗料などに含まれる有機溶剤から発散される揮発性有機化合物(VOC)が原因となって、倦怠感《けんたいかん》・めまいなどの「シックハウス症候群」の症状があらわれる人が出てきました。住宅の気密性が向上して、発生した揮発性有機化合物が屋外に出て行きにくくなったことも大きな原因です。

そこで、建築基準法で、揮発性有機化合物を発散する建材に対する使用制限が定められました。ホルムアルデヒドなどの揮発性有機化合物などの放散量が、国の定めた基準以下である建材には、フォースターと言って、「F★★★★」というマークが付けられています。内装材にはできるだけ最高レベルの建材を使います(図 124)。

アレルギーや有害化学物質に反応しやすい人の中にとっては、たとえF★★★★であっても安全であるとはいえません。そのような場合は、竣工《しゅんこう》から入居まで、しばらく期間を置くことが効果的です。また、なるべく自然素材を使うことも良いでしょう。自然素材は、規制の対象外となっています。

自然素材を生かした内装計画

自然素材はコストアップになることと、ムクの木の収縮などがクレームになるという理由で、必ずしも多く使われてはいません。しかし、節《ふし》があってよければ、木は安く使えますし、漆喰《しっくい》は部分的な補修は必要になっても長く使えます。和紙を壁に張っても、かなり長持ちします。

自然素材は、人工の建材と違って時間の経過により味わいを増します。このような味わいをうまく生かした内装設計をすることは、シックハウス症候群の対策にもつながります(図 125)。

シックハウス症候群を防ぐため、
竣工からしばらく期間を空けて入居
することが大切です

図 124 ▶シックハウス症候群対策のためのルール（建築基準法）

1：使用物質の規制（令20条の5）	
①	クロルピリホス（シロアリ駆除剤）の使用禁止（令20条の6）
②	ホルムアルデヒドの放散量による使用禁止（令20条の7） ・夏季におけるホルムアルデヒド放散量が0.005mg／m²・h以下の場合、F★★★★ ・F★★★★の材料を使う場合には使用制限なし ・F★★★、F★★の材料を使う場合には面積制限などの使用制限あり ・自然素材は使用制限なし
2：機械換気設備の設置義務付け（令20条の8第1号、平15国交告274号）	

図 125 ▶住まい手の健康に配慮した内装設計

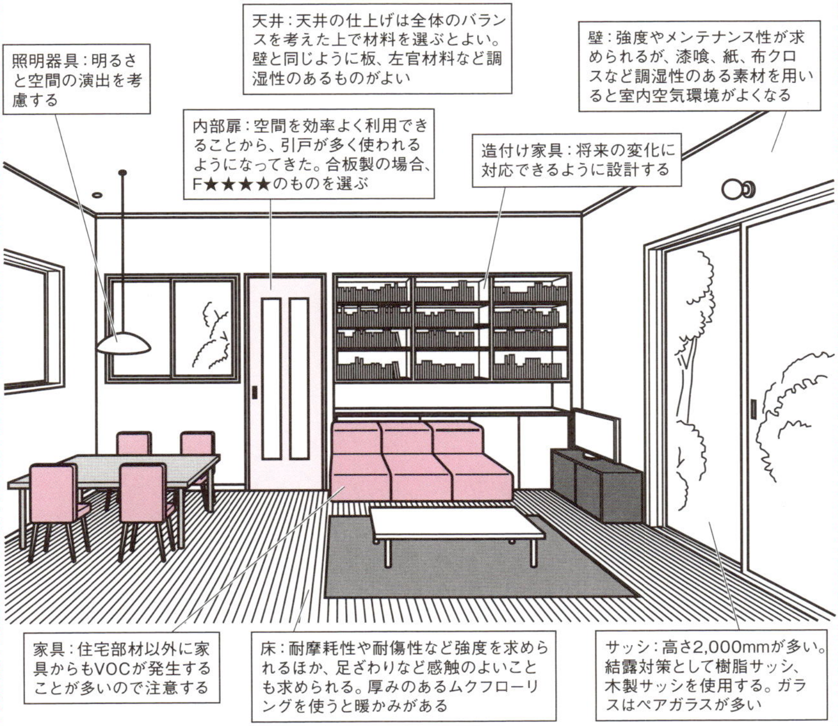
天井：天井の仕上げは全体のバランスを考えた上で材料を選ぶとよい。壁と同じように板、左官材料など調湿性のあるものがよい
照明器具：明るさと空間の演出を考慮する
壁：強度やメンテナンス性が求められるが、漆喰、紙、布クロスなど調湿性のある素材を用いると室内空気環境がよくなる
内部扉：空間を効率よく利用できることから、引戸が多く使われるようになってきた。合板製の場合、F★★★★のものを選ぶ
造付け家具：将来の変化に対応できるように設計する
家具：住宅部材以外に家具からもVOCが発生することが多いので注意する
床：耐摩耗性や耐傷性など強度を求められるほか、足ざわりなど感触のよいことも求められる。厚みのあるムクフローリングを使うと暖かみがある
サッシ：高さ2,000mmが多い。結露対策として樹脂サッシ、木製サッシを使用する。ガラスはペアガラスが多い

大壁《おおかべ》と真壁《しんかべ》で異なる下地のつくり方

大壁下地と真壁下地

壁には、柱を見せない大壁と柱を見せる真壁があります。大壁は洋間に使われ、真壁は主に和室に使われます。

大壁は、柱と間柱《まばしら》の上に、石膏ボードを張って、一般的にはクロスや塗装仕上げとします。最近では、大壁下地に左官《さかん》仕《し》上《あ》げをすることもあります。柱や間柱の変形によるひび割れを防ぐため、柱と直角方向に横胴縁《どうぶち》を入れて、その上から石膏ボードを張ることもあります。真壁は、柱の間に貫《ぬき》を水平に入れ、その上に下地の石膏ボードを張ります。柱を貫通《かんつう》する通し貫が、構造的にも強度を高める効果を発揮します。貫は、真壁工法を構成する部材の 1つで、土台と平行に、柱と柱の間を貫くように通します。貫の上に、壁下地の面材を受けるための胴縁を組み、仕上げを行います。

最近は和室であっても大壁にしたり、洋間を真壁にすることもあるので、空間のデザインに合わせて下地をつくります(図 126)。

幅木《はばき》の納まり

床と壁の交わる部分に幅木を入れます。幅木は、壁の傷みを防ぐためと、床が下がったときに壁と床の間に隙間が生じるのを防ぐために取り付けます。本幅木は、上部に溝をつけ、壁の石膏ボードをはめ込んで納めます。付け幅木は、壁と床の取り合い部に後付《あとづけ》するものです。施工《せこう》は簡単ですが、隙間が出る可能性があります。和室では幅木ではなく、畳寄せを畳の床と同じ高さに入れます(図 127)。

壁が出っ張っているコーナーを出隅《ですみ》、内側のコーナー部分を入隅《いりすみ》といいます。特に、出隅は傷みやすいので、クロスや左官仕上げの際に、下地として樹脂や木製のコーナービートで補強します。吊戸棚やエアコンを設置するときは、壁下地に構造用合板を張り、補強することが大事です。合板の上に左官仕上げをする場合は、合板からのアクの染み出しを防ぐため、アク止め処理をしっかり行います。

一般的には洋間は大壁、
和風は真壁の下地でつくります

図 126 ▶大壁下地と真壁下地の違い

大壁下地

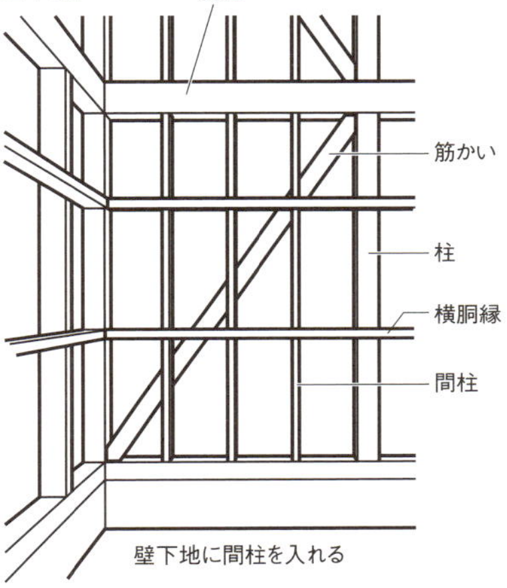

壁下地に間柱を入れる

真壁下地

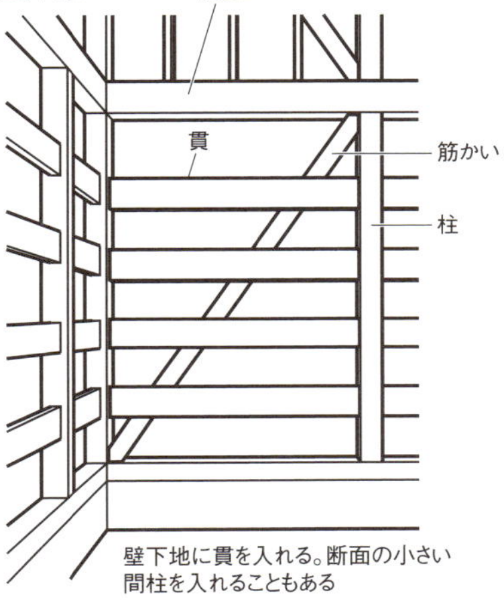

壁下地に貫を入れる。断面の小さい
間柱を入れることもある

図 127 ▶幅木のつくり方

①本幅木

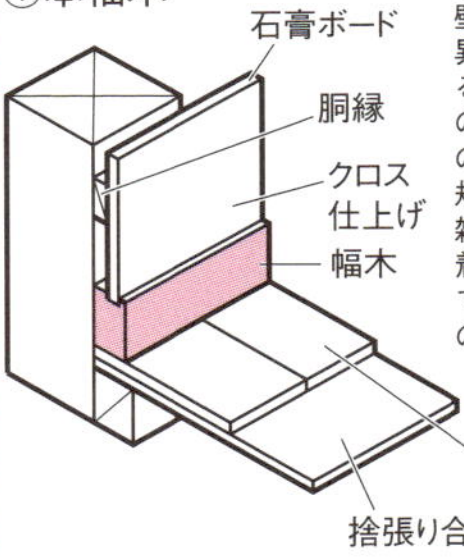

幅木：60×31～34
壁仕上げと床仕上げが異なる場合に必要となる、水平方向の見切材のこと。施工上は、壁面の仕上がり面の基準定規となる。掃除の際の雑巾などによる汚れ付着防止や、掃除機などで傷みやすい壁面下部の保護の機能もある

②付け幅木

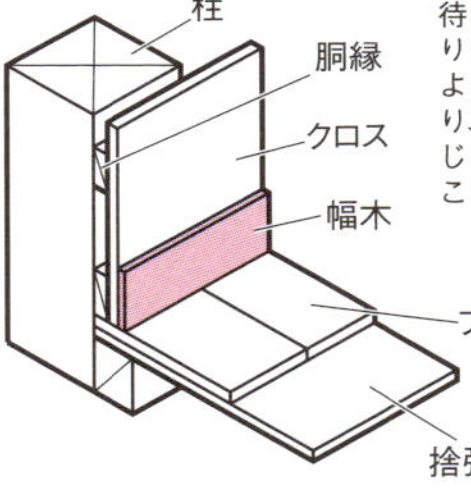

施工が単純で、コストダウンや工期の短縮が期待できる反面、壁面の反りや床板の乾燥収縮によって幅木が波打ったり、床との間に隙間を生じるなどのトラブルが起こりやすい

③雑巾摺《ぞうきんずり》

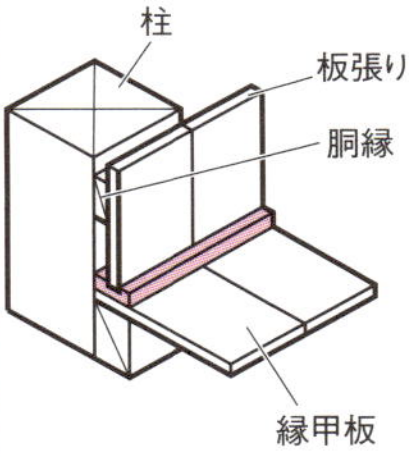

雑巾摺：ヒノキ35×15
和室の床の間や押入、地板や棚板が壁と取り合う場合に用いる、せい10mm程度の見切材の一種。掃除のとき壁面が汚れることを防ぐ

④畳寄せ

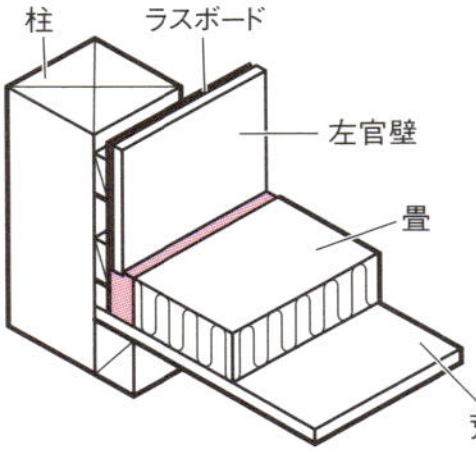

畳寄せ：ヒノキ55×35
畳と壁と柱との3カ所の部材に取り合っている見切材のこと。和室に畳を敷く場合は化粧面と壁面にチリをとるため、チリ寸法差を埋める部材が必要になる。
通常は畳面と畳寄せ天端が揃っている

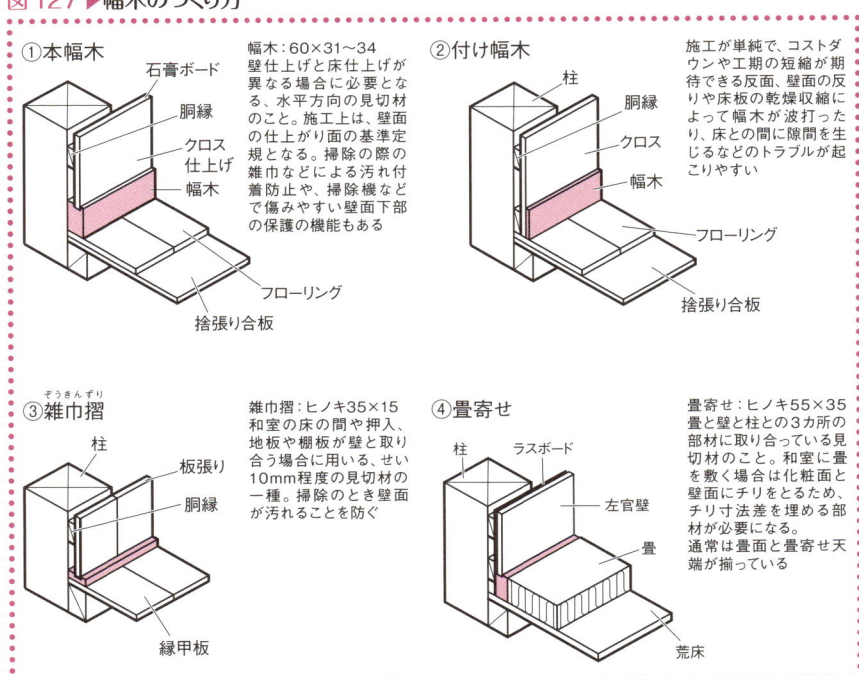

見直される左官仕上げの内装

見直される左官仕上げ

最近、漆喰《しっくい》などの左官仕上げが見直されています。その質感とともに、調湿《ちょうしつ》効果があることや、有害化学物質を出さないことが理由の1つです。通常は、消石灰《しょうせっかい》に砂、ひび割れ止めのためにスサとして麻の繊維などを入れ、接着力を増すためにツノマタなどの海草を入れます。漆喰は、物理的な傷などがなければ、20年以上経ってもメンテナンスフリーです。

珪藻土《けいそうど》も、最近かなり注目されている素材です。調湿効果に加え、耐火性能が非常に高く、防水性もあります。しかし、珪藻土自体に接着性がないため、つなぎに石灰や接着剤を入れているものや、珪藻土の含有率が低い珪藻土塗り壁材もあるので、成分を確認した上で使用します。

左官仕上げの下地は、石膏ボードにたくさんの凹みを付けて左官の壁材が付着しやすくした石膏ラスボードを張ります。その上に下塗りや中塗りをして、漆喰などで仕上げます。石膏ボードや石膏ラスボードの継目は寒冷紗《かんれいしゃ》テープなどで補強してパテ処理をし、継目《つぎめ》を平滑《へいかつ》にして目立たないようにします(図128・129)。

クロス仕上げ

現在、新築の住宅において、内装のほとんどはビニルクロス仕上げです。これまでは、調湿効果は期待できませんでしたが、最近では、調湿効果をもつ紙クロスや布クロスも使われるようになっています(図130)。

板張り仕上げ

室内に合板を張って仕上げる場合、ピーリングなど壁面用の材料があります。ムクの木材では、スギ、ヒノキ、ベイマツ、サワラ、タモ、パインなどを使います。壁に使う板材は、板と板を隙間なく繋げるために板の両端を凸凹の形(本実《ほんざね》、相決《あいじゃく》り) に加工したものを使います。

また、板の表面に釘が見えにくくするために、化粧釘を使うなどの対応を行います。

薄塗り仕上げの左官や
塗装では、下地ボードの継目を
平滑に仕上げます

図 128 ▶ラスボード下地（左官）

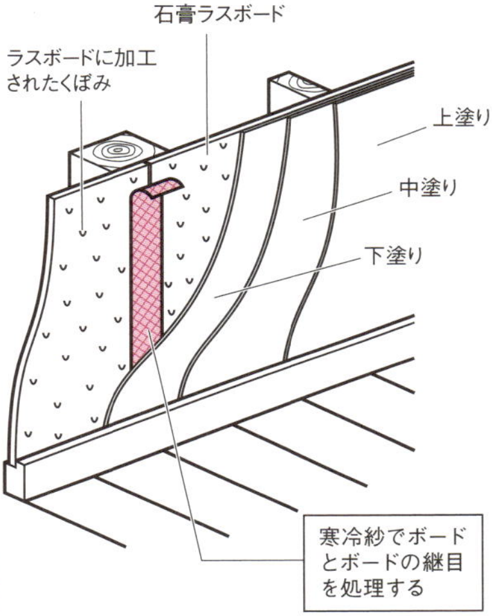

ラスボードとは型押し加工でボードの表面にくぼみを付けた石膏ボードのこと。石膏プラスター塗りの壁下地として用いられる。おもに和室での使用が多い

図 129 ▶石膏ボード下地（塗装、左官）

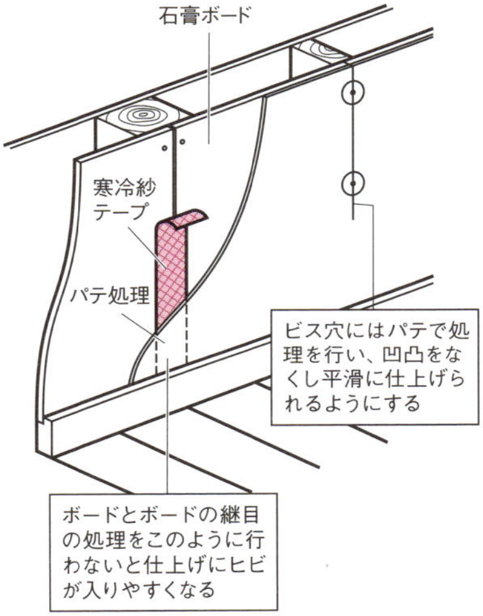

図 130 ▶クロス仕上げの壁

クロス仕上げは、内装のボード下地のジョイント部分や釘・ビスの頭にパテ処理をする。
また、ボードの継目には補強のため、寒冷紗またはファイバーメッシュを張り、パテ処理する

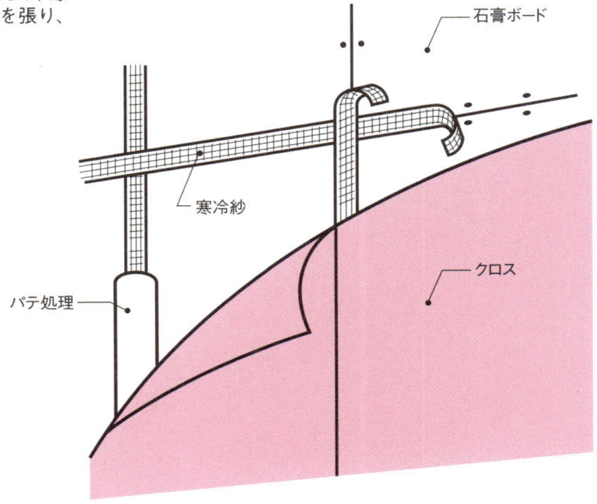

天井の形状によって変わる空間の広がり方

天井の形状は空間の質を大きく左右します。屋根裏空間を利用するために小屋《こや》組《ぐみ》をそのまま見せることもあります。

天井の形状

（1）平天井

水平に張られた天井で、最も一般的です。

（2）勾配《こうばい》天井

斜めに張られた天井のことで、屋根勾配に沿って天井を張ります。

（3）船底天井

切妻《きりづま》屋根のように中央が高くなる天井です。

（4）化粧屋根裏天井

天井を張らずに小屋組を隠さない天井を化粧屋根裏天井といいます。垂木《たるき》の上に張られた野地板《のじいた》がそのまま見えます。野地板とは、木造住宅の屋根で、屋根材を支えるために屋根材のすぐ下に入れられる部材のことです。具体的には、垂木の上に張る板で、構造用合板を用いることが一般的です。2階の床組《ゆかぐみ》を隠さない1階の天井は「踏み天井」ともいいます。その場合、2階の床板を 30mm厚以上にし、梁《はり》を900mm間隔程度で入れ、根太《ねだ》を省くような納まりとすると、2階の床板の裏側を見せる、「床表《ゆかあらわ》し」にすることもできます。2階の音が1階に響きやすくなりますが、天井高を確保しやすいというメリットもあります（図 131）。

天井の高さ

住宅の居室の天井高は、2,400mmが標準的な高さです。法規的には、天井高さの平均で 2,100mm以上あることが求められます。和室では、畳に座ったときの目の高さを考えて、洋室よりやや低めに考えます。8畳より広い場合でも、天井高は2,400mm以下にします。

また、居間や食堂などで、天井の高い部分と低い部分を組み合わせると空間を上手に演出することができます。その際、間接照明を使うと効果的です（図 132）。

部屋の広さにより
天井の高さの感じ方が
変わってきます

図 131 ▶天井の主な形状の種類

(1) 平天井

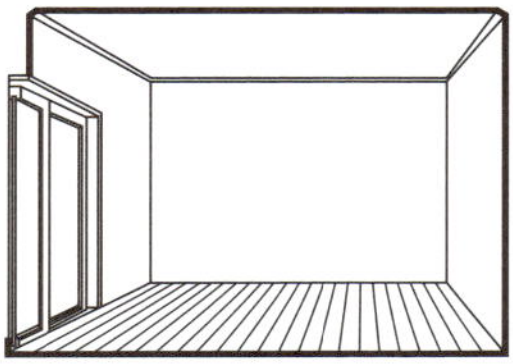

水平に天井板を張る、最も一般的な天井の形状。造作方法や仕上げ材を選択しやすい。天井は水平に張ると視覚の錯覚で中央部分が下がっているように見える。そのため、中央部は下地づくりでレベルを調整する

(2) 勾配天井

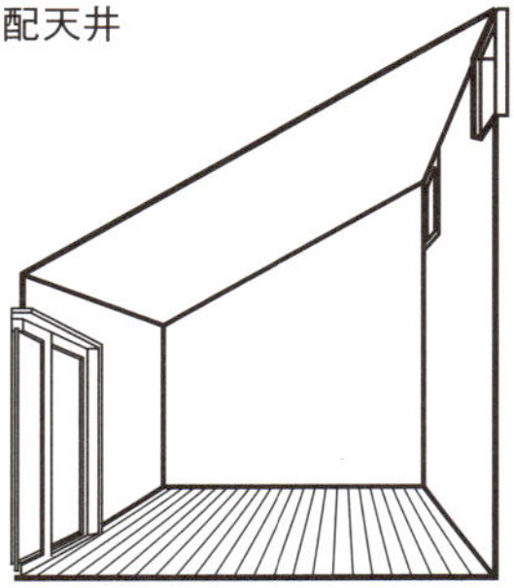

屋根勾配に沿って張られた天井。空間に流動感も生まれる。建築基準法による北側斜線等の制限がかかり、一方の天井を低くせざるを得ない場合でも、勾配天井にすることで、全体的な高さを確保することができる

(3) 船底天井

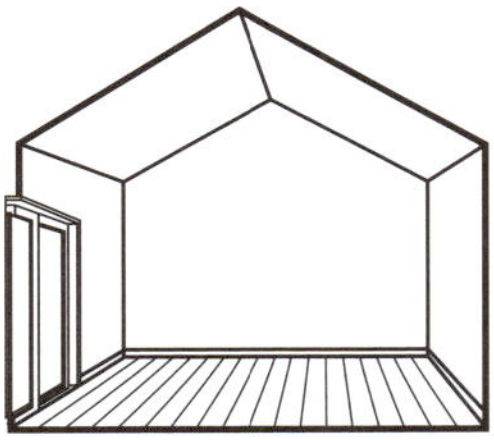

船の底を裏返しにした形状の天井で中央部が平坦になっているものを船底天井という。平坦部分をつくらずに山形になっている天井を屋形天井というが、これも船底天井と呼ぶ。主に数奇屋風の住宅で採用されている

(4) 化粧屋根裏天井・踏み天井

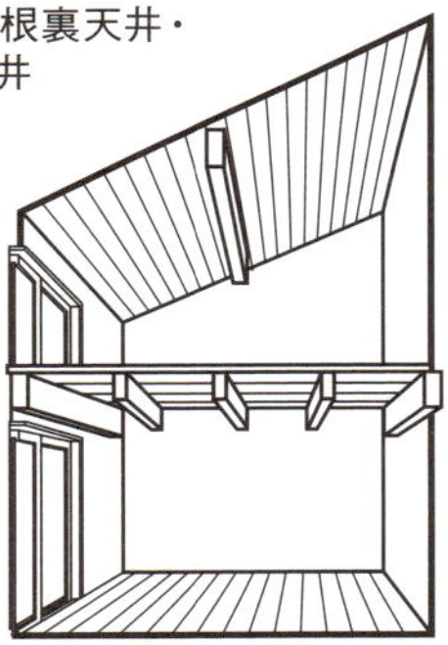

化粧屋根裏天井では野地板、梁などの横架材がすべて見えるので、木材の選び方に配慮する

図 132 ▶天井の高さ

天井の高さは空間の役割などによって切り換えると効果的である

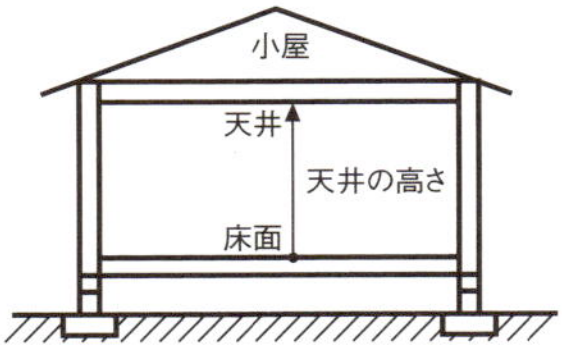

一般的な居室では高さ2,400㎜。法規的には2,100㎜以上と決められる(平均の天井高さ)

天井を水平に見せるテクニック

天井下地の組み方

天井は、完全に水平につくってしまうと目の錯覚で中央が下って見えます。そのため、ほんのわずか中央部を上げてつくります。

天井下地は野縁《のぶち》で構成し、これに天井仕上げの天井板やクロスなどを張る石膏ボードを取り付けていきます。野縁は、天井板を張るための下地の骨組となる細長い角材のことをいいます。野縁は約450mm間隔で打つのが一般的ですが、天井を下がりにくくするため、303mm間隔とすることもあります。野縁は、梁《はり》や桁《けた》から吊木《つりき》という部材で吊り下げます。吊木は、吊木受けという部材を梁の間に渡して吊り下げることもあります。勾配《こうばい》天井では、垂木の下に直接か、野縁に取り付けた上に仕上げの天井板を張ります。天井高を確保するために、梁を化粧で見せることもあります(図 133)。

天井板をスッキリ納めるために、天井板を差し込む溝をつくったり、梁と天井板の間に目地をつくることもあります(図 135)。

1階・2階間の防音対策

ＲＣ造などに比べ、木造は音が伝わりやすい構造です。1階と2階それぞれで発生する生活音を遮音《しゃおん》・防音するには、吸音材を天井板の上に入れたり、ＡＬＣ板を2階の床下に入れることもあります。天井の石膏ボード下地を2重に張るのも効果的です。吊木の途中にゴムをはさみ、音振動が伝わりにくくする方法もあります(図 134)。

廻《まわ》り縁《ぶち》

壁と天井の境には廻り縁を入れます。これは壁と天井の取り合いでクロスなどの仕上げの納まりをきれいに見せるために取り付ける部材です。廻り縁は一般的に高さ20～ 30mmほどですが、高さ 12mmほどの小さいものや4 mmほどの幅のものなど、さまざまな寸法があります。和室の天井廻り縁を 2段にした 2重廻り縁などがあります(図 136)。

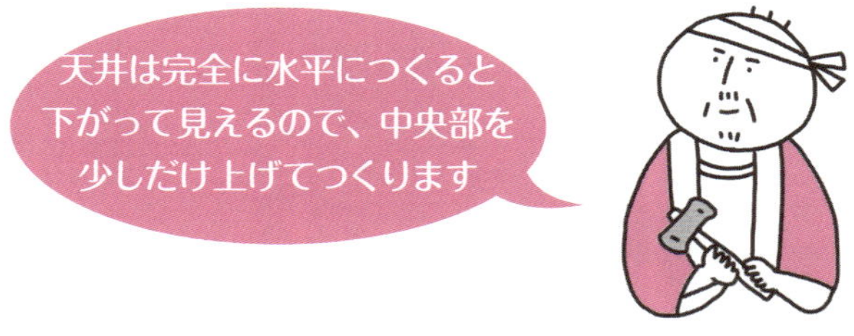
天井は完全に水平につくると
下がって見えるので、中央部を
少しだけ上げてつくります

図 133 ▶天井下地の組み方

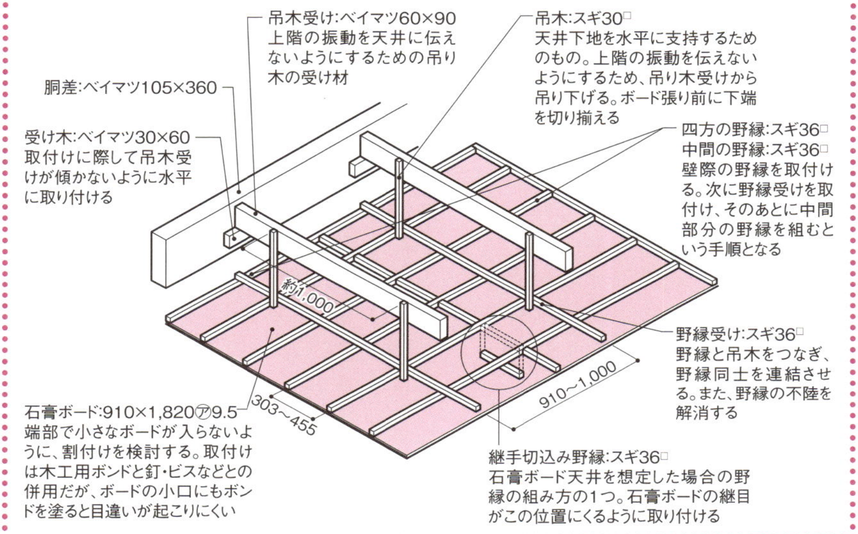
吊木受け:ベイマツ60×90
上階の振動を天井に伝えないようにするための吊り木の受け材
胴差:ベイマツ105×360
受け木:ベイマツ30×60
取付けに際して吊木受けが傾かないように水平に取り付ける
吊木:スギ30□
天井下地を水平に支持するためのもの。上階の振動を伝えないようにするため、吊り木受けから吊り下げる。ボード張り前に下端を切り揃える
四方の野縁:スギ36□
中間の野縁:スギ36□
壁際の野縁を取付ける。次に野縁受けを取付け、そのあとに中間部分の野縁を組むという手順となる
約1,000
野縁受け:スギ36□
野縁と吊木をつなぎ、野縁同士を連結させる。また、野縁の不陸を解消する
910~1,000
303~455
石膏ボード:910×1,820㋐9.5
端部で小さなボードが入らないように、割付けを検討する。取付けは木工用ボンドと釘・ビスなどとの併用だが、ボードの小口にもボンドを塗ると目違いが起こりにくい
継手切込み野縁:スギ36□
石膏ボード天井を想定した場合の野縁の組み方の1つ。石膏ボードの継目がこの位置にくるように取り付ける

図 134 ▶遮音対策

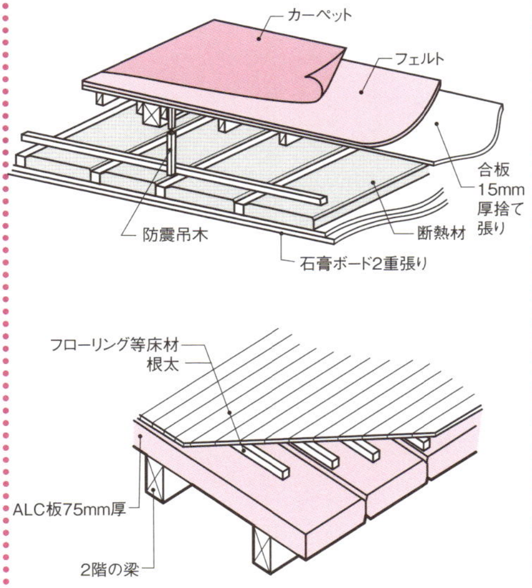
カーペット
フェルト
合板15mm厚捨て張り
防震吊木
断熱材
石膏ボード2重張り
フローリング等床材
根太
ALC板75mm厚
2階の梁

木造は音が伝わりやすいので、吸音材を天井の上に敷き詰める、ALC板を2階床下に入れる、天井の石膏ボードを2重張りにするなどの対処を考える

図 135 ▶天井板をきれいに見せる

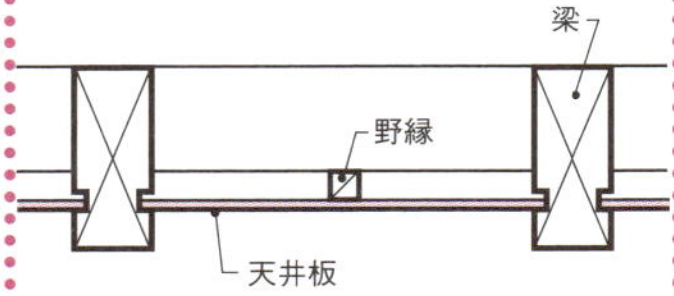
梁
野縁
天井板

梁に天井板を差し込む溝をつくり、直接納める

図 136 ▶廻り縁の納まり

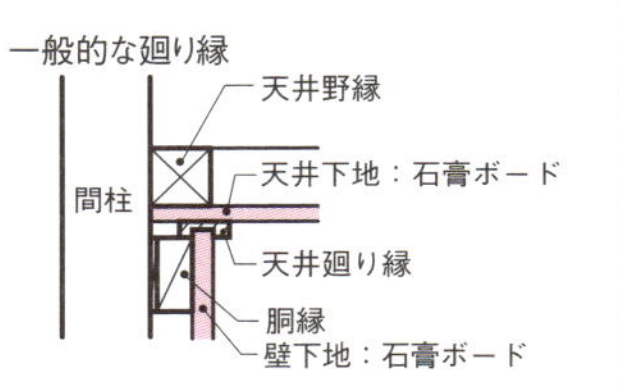
一般的な廻り縁
天井野縁
天井下地：石膏ボード
間柱
天井廻り縁
胴縁
壁下地：石膏ボード

一般的な廻り縁は天井下地の後、天井ボードを張り、そこに廻り縁を取り付けてから壁下地を施工する

部屋の長手《ながて》方向に張る床板の原則

床の下地

床下地は、床板を張る方向を確定してから下地を張る方向を決めます。床板は原則として部屋の長手方向に張るので、それと直角に下地を入れます。床板を張る下地として合板を捨て張りすると、仕上げの床板が張りやすくなり、床の強度も増すというメリットがあります。

1階は床板と直交する方向に幅 45mm、高さ 60mm程度の角材の根太《ねだ》を 300mm程度の間隔で入れます。根太を支えるのが 90mm角ほどの大引《おおびき》で、約 900mm間隔で入れます。大引を支えるのが床束《ゆかづか》です。最近では、床高さの微調整ができる、金属製の束や樹脂製のプラ束を採用することが多くなってきました(図 137)。

2階は、梁《はり》の間隔を1間ほどあけて、根太を入れます。根太の高さは 90～105mmほどにします。1階と同じように、900mm間隔で梁を入れて1階床と同じサイズの根太にする場合もあります。

床仕上げ

フローリングは、合板を基板とした複合フローリングとムク材のフローリングがあり、複合フローリングが多く使われています。ムクのフローリングは、堅い広葉樹のナラやブナなどの他、最近では、ヒノキ、スギ、サワラなども使われるようになってきました(図 138)。

足ざわりが良く、暖かく、床より下の階に歩く音を伝えにくい床としてカーペットも使われます。ただし、定期的に張替えが必要なことと、ダニが繁殖《はんしょく》しやすいため、注意が必要です。畳は、和室に敷くだけでなく、洋間にもヘリなし畳や琉球畳を敷くなどして、床座《しょうざ》スペースをつくることができます(図 139)。水廻りには塩ビ製のクッションフロアがよく使われます。メンテナンスも容易でコストも手頃です。コルクは、断熱性が高く、足触りもよい材料です。厚さが5 mm程度なので、クッションフロアの代わりに張り替えることもできます。

複合フローリングは、ラワン
合板の表面に 0.3mm 程度の薄い
木材を張り付けたものです

図 137 ▶ 1階の床下地の組み方

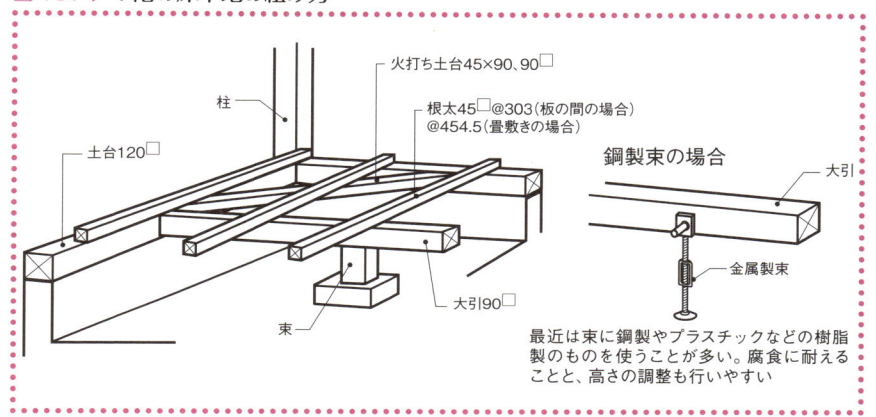

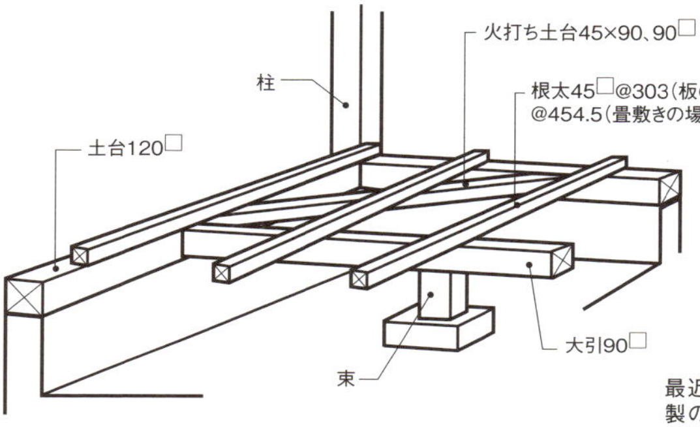

鋼製束の場合

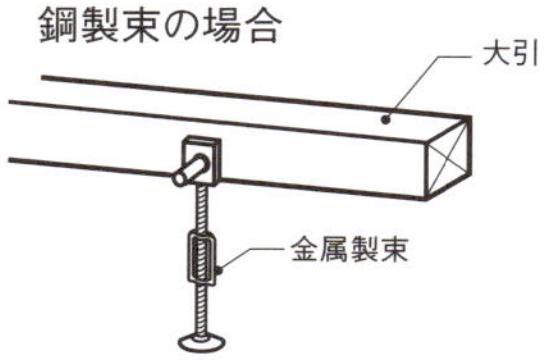

最近は束に鋼製やプラスチックなどの樹脂製のものを使うことが多い。腐食に耐えることと、高さの調整も行いやすい

図 138 ▶ フローリング

ムクフローリング

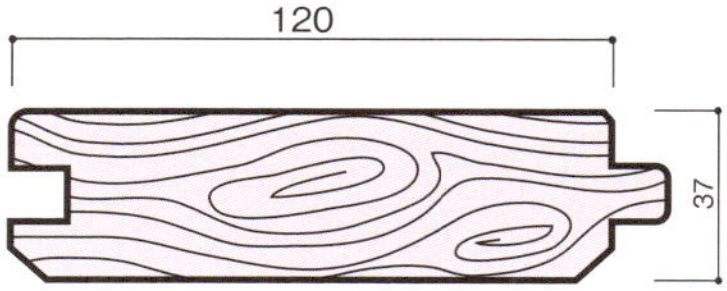

ムクフローリングは主に12、15、24、30、37mm厚で、幅は105、120mmなど。表面にオイル塗装や蜜蝋ワックスを塗って仕上げるとムク材を活かした仕上げとなる。

複合フローリング

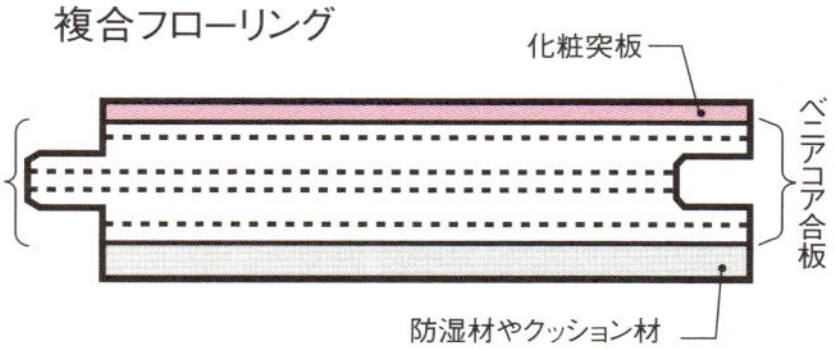

表面に木をスライスした突き板を張る。一般的には突き板は0.3mm程度だが、傷がついたときのことを考慮し、1mm程度にしたものもある。また、この突き板が厚くなると挽き板という

図 139 ▶ 畳

藁床の畳

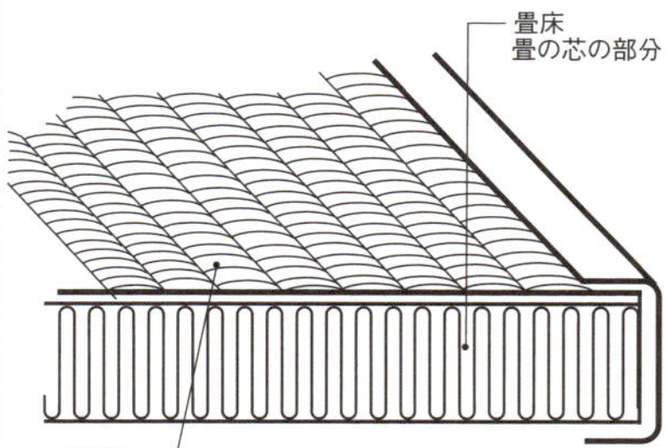

畳表
畳の床をくるむ表装部分。イ草でできているものが本格的なもの

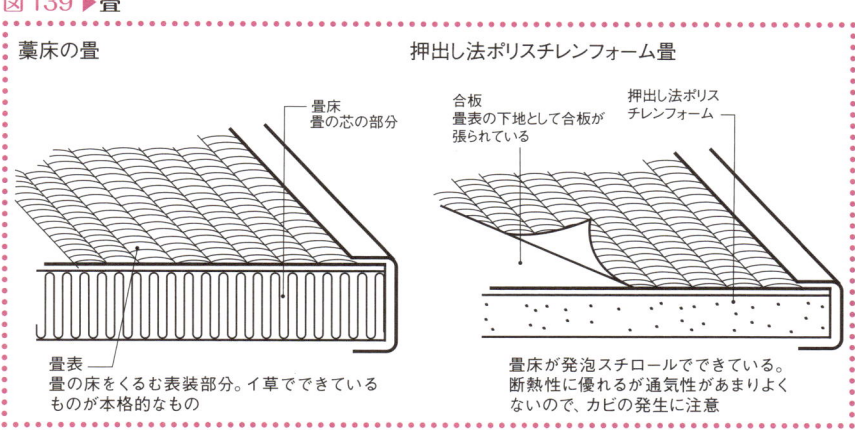

押出し法ポリスチレンフォーム畳

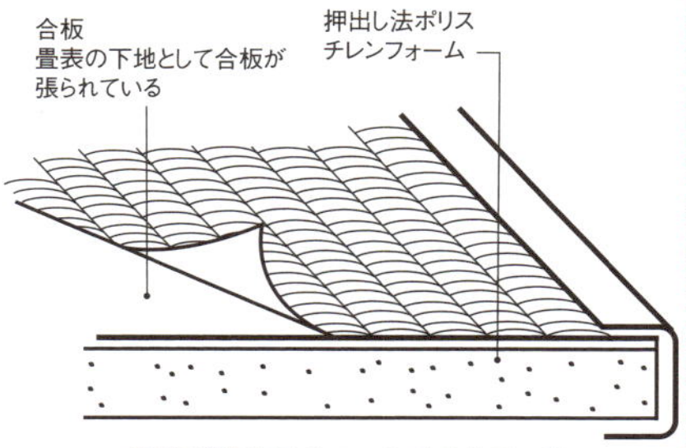

畳床が発泡スチロールでできている。断熱性に優れるが通気性があまりよくないので、カビの発生に注意

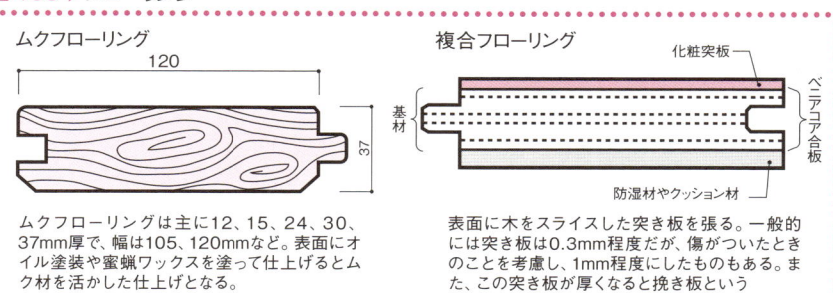

バリアフリーで増える吊戸の納まり

建具《たてぐ》の形式と素材

　建具は、室内空間のなかの開放と閉鎖のバランスを考慮して、配置と形式を決めていきます。建具の形状は、引戸と開き戸が基本で、和室には、障子《しょうじ》や襖《ふすま》などの引戸が使われます。

　洋室には開き戸を使いますが、最近は引戸を使うことも多くなっています。引戸は、開いたときに邪魔にならず、開け放すことができ、また通風のために、少しだけ開けておくこともできます。ただし、気密性は劣ります。

　引戸は、引き違いや片引き、引き込みなど、それぞれ場所に応じたつくり方があります。床のレールをなくして吊戸とすると、床に段差ができずバリアフリーの納まりとすることができます(図 140)。

　吊戸はあまり重い建具には向かず、下に隙間があくため気密性が低くなります。そのため、設置場所を選ぶ事が大切です。

　和室には、障子や襖を使います。洋室と和室の境の建具には、和室側からは襖に見えて、洋室側からは、戸に見える戸《と》襖《ふすま》を使うこともできます。

引戸と開き戸

　引戸は、敷居《しきい》と鴨居《かもい》を木工事で取り付けます。敷居に溝を掘って建具をスライドさせるか、建具に戸車を付けてレールを敷居に取り付けて建具を動かします。溝がV型のレールを敷居や床材に埋め込んでレールが出っ張らないようにすることもできます(図 141)。

　住宅の内部では開き戸を使うことが多くなっています。開き戸は、閉じて使う場合に適しているうえ、密閉性を高めれば遮音《しゃおん》効果も高くすることができます。木工事では、周囲の枠だけを取り付ければよいので、施工がしやすくなります。バリアフリーの面では、敷居の段差をなるべく小さくしたり、敷居なしで納めるようにするとよいでしょう(図 142)。

扉は下地の骨組の両面に薄い
合板や板を張ったフラッシュ戸が
多く使われます

図140 ▶引戸

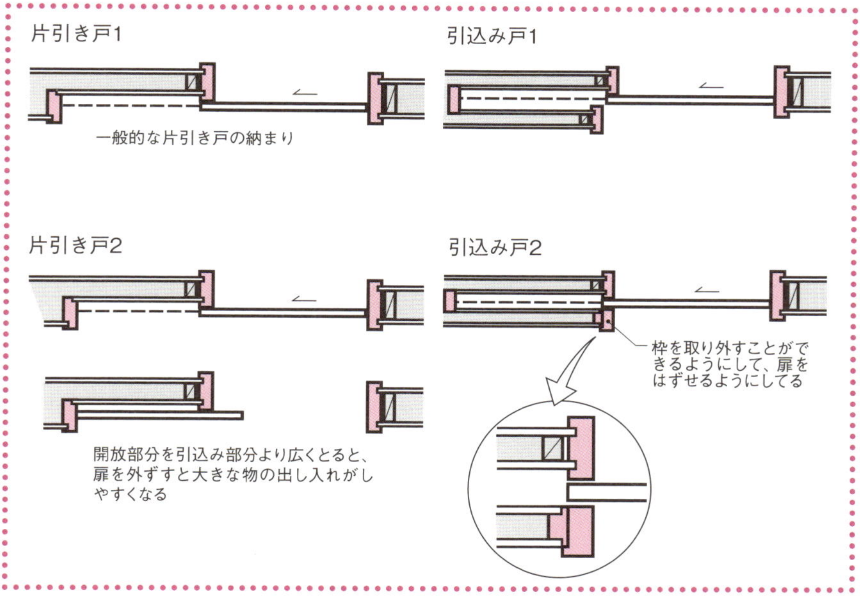
片引き戸1
一般的な片引き戸の納まり
引込み戸1
片引き戸2
開放部分を引込み部分より広くとると、扉を外ずすと大きな物の出し入れがしやすくなる
引込み戸2
枠を取り外すことができるようにして、扉をはずせるようにしてる

図141 ▶引戸

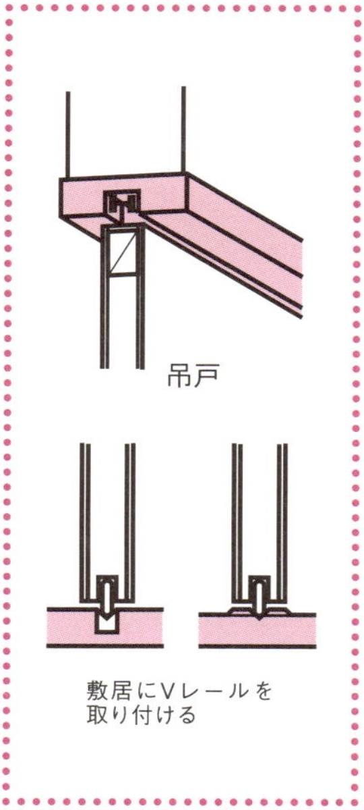
吊戸
敷居にVレールを取り付ける

図142 ▶開き戸

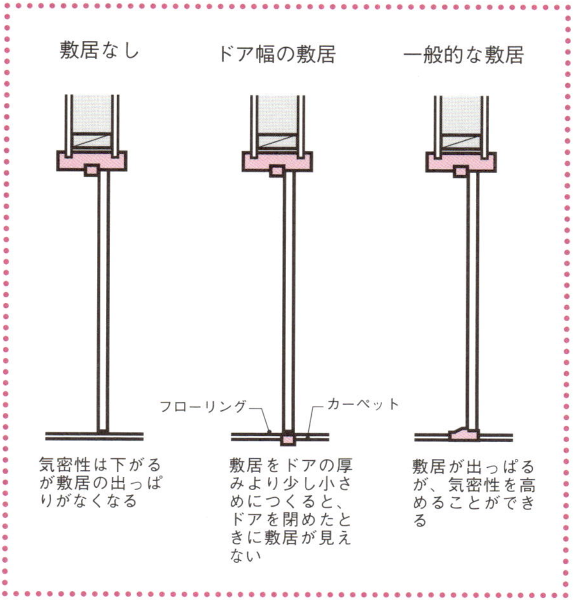
敷居なし
ドア幅の敷居
一般的な敷居
フローリング
カーペット
気密性は下がるが敷居の出っぱりがなくなる
敷居をドアの厚みより少し小さめにつくると、ドアを閉めたときに敷居が見えない
敷居が出っぱるが、気密性を高めることができる

キッチンの内装制限

火気使用室

キッチンなど火を使う設備を置く部屋は原則として、壁と天井を不燃材《ふねんざい》、または、準不燃材の仕上げにしなければならないと建築基準法で定められています。かまど・コンロなど、火気を常時使う設備を設けた部屋が対象となり、ストーブなど季節によって使用する設備の場合は内装制限の対象とはなりません(図 143)。

天井の不燃仕上げは、石膏ボードに水性塗料を塗る、石膏ボードに不燃材または準不燃材のクロスを張る、漆喰《しっくい》など左官《さかん》で仕上げる方法などがあります。壁の仕上げも天井と同様に石膏ボード下地のうえ塗装やクロス、漆喰などの左官仕上げとします。

流し台のガス台廻りの壁は、防火性能が高くて汚れにくい素材で仕上げます。不燃材の上にステンレスやアルミの金属板を張ったキッチンパネルを張り付けたり、タイルを張るのが一般的です。

タイルの目地の汚れが気にならないよう、800× 600mmほどの大判のタイルを張ったり、色目地にして汚れを目立たなくすることがあります。

下《さが》り壁《かべ》

火気使用室と隣接するそのほかの部屋との境の天井には、天井から 500mm以上の高さの不燃または準不燃の素材の下り壁が必要になります。ただし、隣接する部屋の壁と天井が不燃または準不燃材であれば下り壁は不要です。

下り壁は、台所のガスコンロから出火した火が燃え広がらないようにするためにつくります。下り壁の仕上げは、通常、石膏ボードに塗装やクロスを張ったものになりますが、不燃材であるガラスで下り壁をつくって、空間の開放感を演出することもできます(図 144)。

ＩＨクッキングヒーターの場合は、火気ではないとして、内装制限を受けないことがあります。

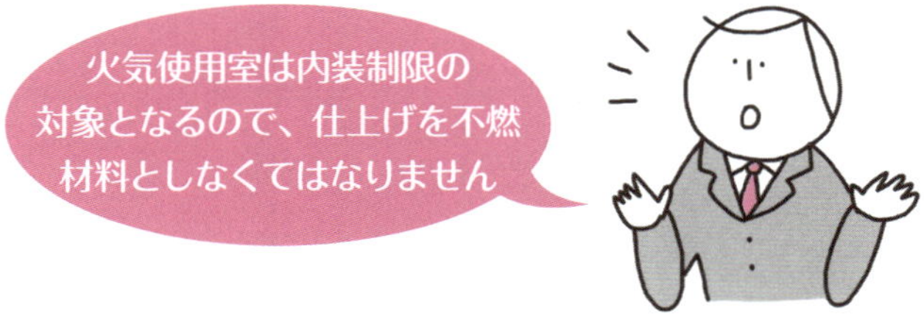
火気使用室は内装制限の
対象となるので、仕上げを不燃
材料としなくてはなりません

図 143 ▶木造住宅と内装制限

内装制限を受ける場合

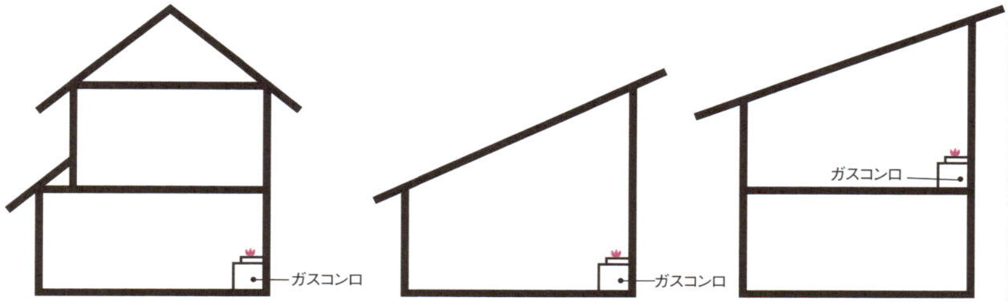

1階に火気を使用する設備（ガスコンロなど）がある場合、内装制限を受ける

住宅以外の木造建築物で、火気を使用する設備がある場合、平屋であっても、設備が最上階にあっても内装制限を受ける

内装制限を受けない場合

住宅平屋または2階建てでも最上階（平屋の場合は1階）に火気を使う設備がある場合、内装制限を受けない

図 144 ▶ダイニングキッチンの内装制限

垂れ壁で区画した場合

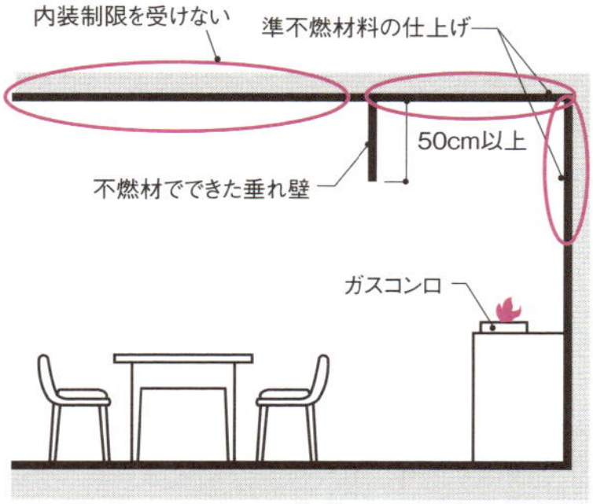

区画なしの場合

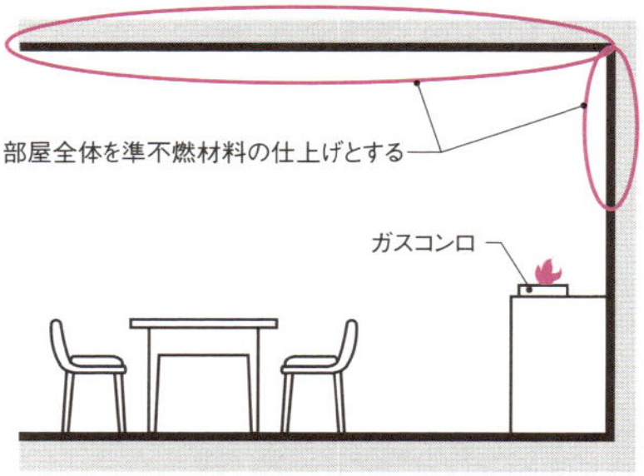

コンロの中心から半径800mm、高さ2,350mmの円柱スペース内および天井面、および間柱や下地材を特定不燃材（コンクリート、レンガなど）で仕上げた場合は、部屋全体を準不燃材料で仕上げる必要はない

D値・L値で表される木造住宅の防音・遮音《しゃおん》性能

住宅内の音

快適な生活をするには、不快な騒音を防ぐことが大切です。

音は、強さ(dB: デシベル) と高さ(Hz: ヘルツ)、音色の違いなどで分けられます。騒音は、人の会話音のレベルである 60dB 以上が目安となり、室内で快適な暮らしができる許容レベルは、40ｄＢ以下といわれています。

音の伝わり方には、航空機や自動車などの空気中を伝わる騒音である「空気音」と上階の足音やスピーカーの振動音、自動車や電車の振動音である「固体音」があります。

遮音対策

木造住宅で遮音性能にかかわる部位は、外壁、開口部、内壁、床です。空気音の遮音性能はＤ値で表します。Ｄ値は数値が大きいほど性能が高くなります。Ｄ値で表される壁の遮音性能は一般的に外壁でD -40、内壁でD -30程度となります。壁の気密性を高めたり、壁に吸音材を充填《じゅうてん》することで遮音性能を上げることができます。

Ｌ値は、床の防音性能を評価する数値です。L値が低くなるほど遮音性能は高くなります。子どもが飛び跳ねたり走り回ったりしたときの衝撃音を重量衝撃音(LH)、物が落ちたり椅子《いす》を引きずる音などの衝撃音を軽量衝撃音(LL) として分類されます。

一般的な床の遮音性能は、L -75(LH、LL共) 程度です。床に重量のある下地を使うことで、床の遮音性能を上げることができます。２階の床下地に ALC板を敷くことも遮音効果があります(図 145・146)。

サッシについては、JISでＴ -1からＴ -4までの４段階の遮音性能が定められており、数値が大きいほど性能が高くなります。木造住宅用のサッシは、Ｔ -1の遮音性能があり、遮音性能を上げるにはＴ -2の性能をもつアルミと樹脂の複合サッシや２重サッシを使用します。

日中に使われる居間と夜に
使われる寝室では、不快な音の
レベルは異なります

図 145 ▶吊り天井の納まり例

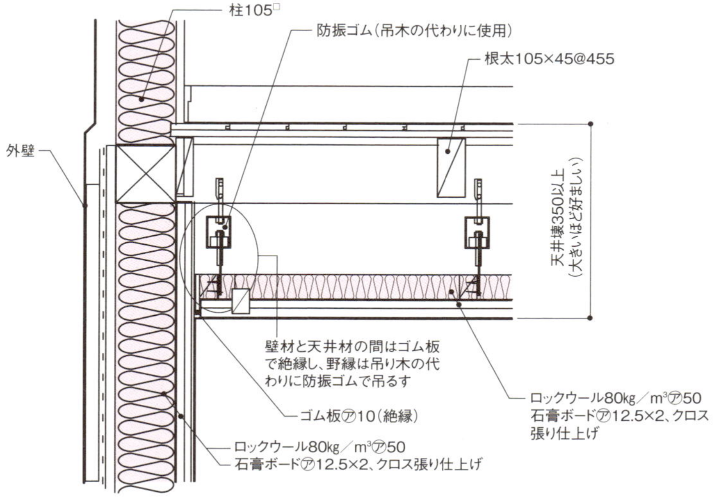
柱105□
防振ゴム（吊木の代わりに使用）
根太105×45@455
外壁
天井裏350以上
（大きいほど好ましい）
壁材と天井材の間はゴム板
で絶縁し、野縁は吊り木の代
わりに防振ゴムで吊るす
ゴム板㋐10（絶縁）
ロックウール80㎏／m³㋐50
石膏ボード㋐12.5×2、クロス
張り仕上げ
ロックウール80㎏／m³㋐50
石膏ボード㋐12.5×2、クロス張り仕上げ

図 146 ▶軸組と縁を切った床組の納まり例

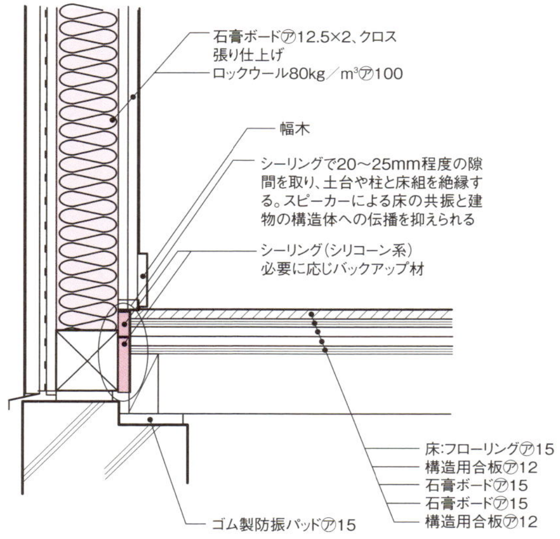
石膏ボード㋐12.5×2、クロス
張り仕上げ
ロックウール80kg／m³㋐100
幅木
シーリングで20～25mm程度の隙
間を取り、土台や柱と床組を絶縁す
る。スピーカーによる床の共振と建
物の構造体への伝播を抑えられる
シーリング（シリコーン系）
必要に応じバックアップ材
床:フローリング㋐15
構造用合板㋐12
石膏ボード㋐15
石膏ボード㋐15
構造用合板㋐12
ゴム製防振パッド㋐15

床に座った目線を基準に設計する和室の基本寸法

和室のつくり方

現在の木造住宅では、本格的な和風住宅をつくるケースは減っていますが、一部屋を和室とするケースはかなりあります。和室は客間としたり、くつろぎの空間にもなるので、使い方が多様な空間です。

文字で言えば楷書《かいしょ》、行書《ぎょうしょ》、草書《そうしょ》があるように、和室のつくり方にも、書院造などの本格的で硬い「真《しん》」、中間の「行《ぎょう》」、数《す》寄《き》屋《や》造の茶室などのやわらかくくだけた「草《そう》」という段階があります。木材の柱は、選択の幅がありますが、四角い柱が「真」、丸太の丸い面角に残す面皮《めんかわ》や角を落して大きめの面を取るのが「行」、丸太を使うのが「草」となります（図147・148）。

畳と床の間

畳は、藁床《わらどこ》の上に畳表を取り付けたもので、厚さは約 60mmです。最近では、藁床の代わりに押出し法ポリスチレンフォームやインシュレーションボードを使うものも多くあります。

畳の下地として荒床《あらどこ》を敷き、その上に畳を敷いていきます。荒床は厚さ 12mmの合板を使うことが多く、スギ板を使うこともあります。壁と畳の隙間に畳寄せを取り付け、採寸をした上で畳をつくります。敷き方は、床の間に向かって縁の方向を向ける「床《とこ》差《ざ》し」とならないようにします。

和室の基本寸法

和室は、床に座った目線の高さを基準とし、重心を低くして設計するのが基本です。天井の高さは、8畳まででは8尺（2,400mm）以上にはしません。建具《たてぐ》の内《うち》法高《のりたか》さは6尺（1,800mm）程度にします。窓は、座っても外が見える程度の高さにとし、棚の高さも低めに抑えます。

畳の割付け方には種類があります。柱《はしら》芯《しん》で3尺（909mm）グリッドの江戸間と、3尺1寸5分（954.5mm）×6尺3寸（1,909mm）畳の大きさを並べてから間取りを決める京間です（図149・150）。

東海地方や中国地方、
九州地方などにも独自の寸法
モジュールが存在します
京
江

図 147 ▶和室の寸法

尺寸法

1尺＝303㎜

1寸＝30.3㎜

1厘＝3.03mm

1間＝6尺＝1,818㎜

半間＝3尺＝909㎜

半間を910㎜ にするケースが多いが、尺寸法とずれてくるので909㎜にしたほうがよい

図 148 ▶柱の真・行・草

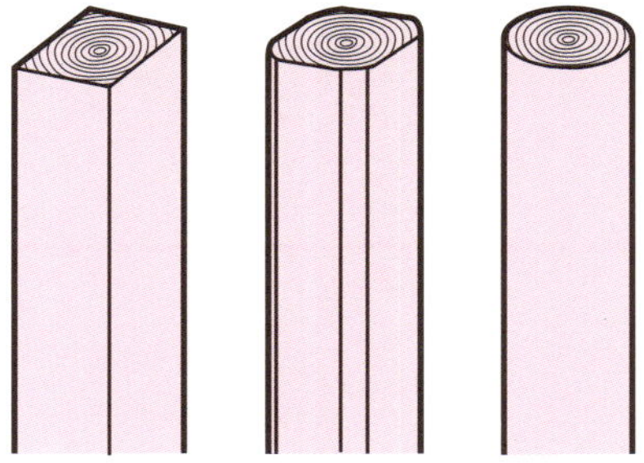

図 149 ▶和室の平面寸法

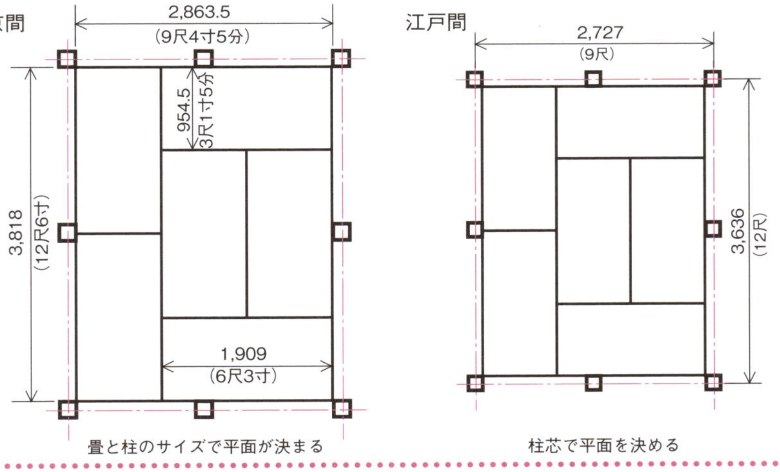

畳と柱のサイズで平面が決まる

柱芯で平面を決める

図 150 ▶畳の納まり

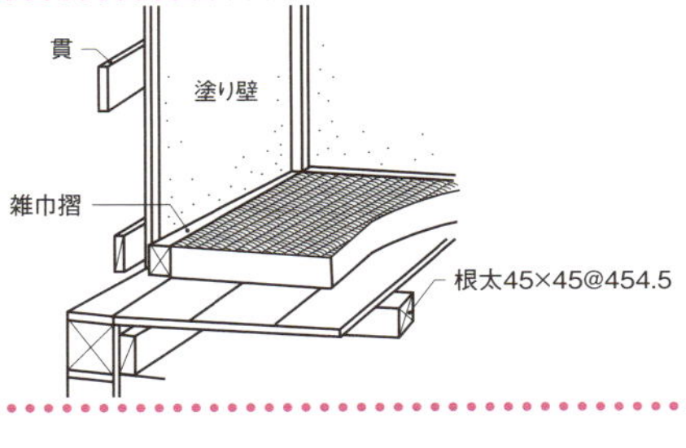

和室の天井と造作《ぞうさく》のルール

天井と造作

和室の天井は、合板の敷目板張《しきめいたば》り(目透《めすか》し張《ば》り) で仕上げます。板目《いため》には柾目《まさめ》と板目がありますが、木目が落ち着いているのは、板の中心付近に木目のある中杢《なかもく》です。床と同じように、目地の方向が床の間に向かう床差《とこざ》しにならないように気をつけます(図 151)。

本格的な和室では、竿《さお》を入れて竿縁《さおぶち》天井《てんじょう》にします。通常、20mm程度の竿を360～ 450mmピッチで入れていきます。20× 30mmほどの部材を横にして取り付ける平竿《ひらさお》という仕上げ方もあります(図 152)。

竿の方向は床差しにならないよう、床の間と平行に入れるのが基本です。和室の造作は真壁《しんかべ》が基本で、見付幅《みつけはば》を 30～35mm程度にします。また、基本的に角の納まりを「留め」 にしません(図 153)。

また、部材の角に面をとり、面の幅や向きでディテールを決めていきます。長押《なげし》に面を取って、全体のデザインを柔らかくすることもあります。

縁側《えんがわ》

和室の前に広縁《ひろえん》をつくることで、内と外との中間的な領域を演出します。本格的な和室には、広縁を設置します。

広縁の大きさは、原則的に幅が３尺(909mm) から６尺(1,818mm) で、３尺５寸(1,060mm) 程度が標準的な幅です。

構造的には、縁側を下屋《げや》にするのが本格的なつくり方です。下屋とは、主屋《おもや》の屋根から差し架けた片流れの屋根のことです。天井高さを低くして、軒裏《のきうら》から化粧の天井とすることもあります(図 154)。

室外に設置する濡《ぬ》れ縁《えん》は、庇《ひさし》より内側につくり、幅 600mm程度とすることが標準です。

板の張り方は、横方向か縦方向に張りますが、いずれにしても、外の方向に水勾《みずこう》配《ばい》をとり、雨水が溜まらないようにすることが大切です。

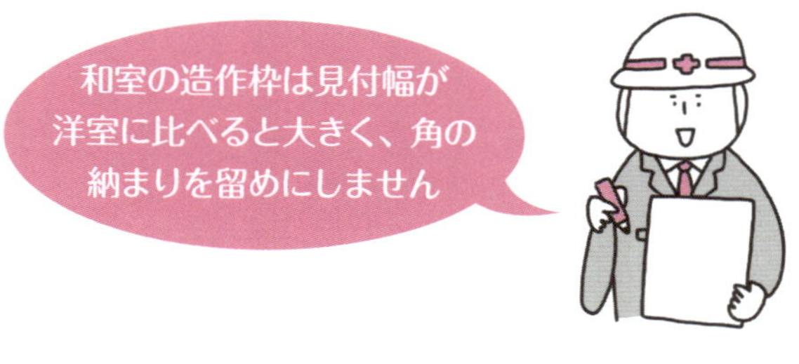
和室の造作枠は見付幅が
洋室に比べると大きく、角の
納まりを留めにしません

図 151 ▶敷目板天井

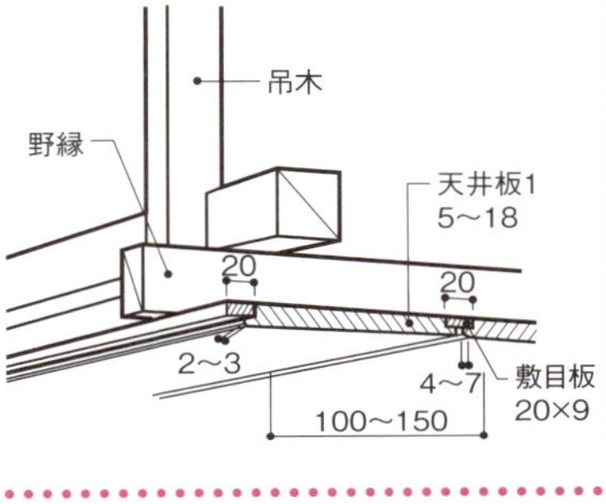

図 152 ▶竿縁天井

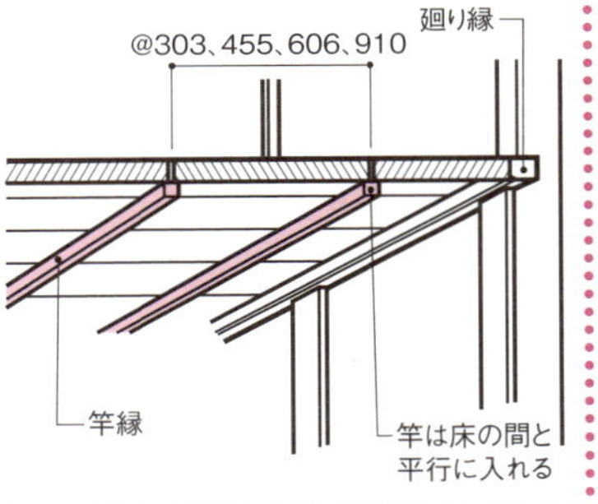

図 153 ▶天井目地と竿の方向

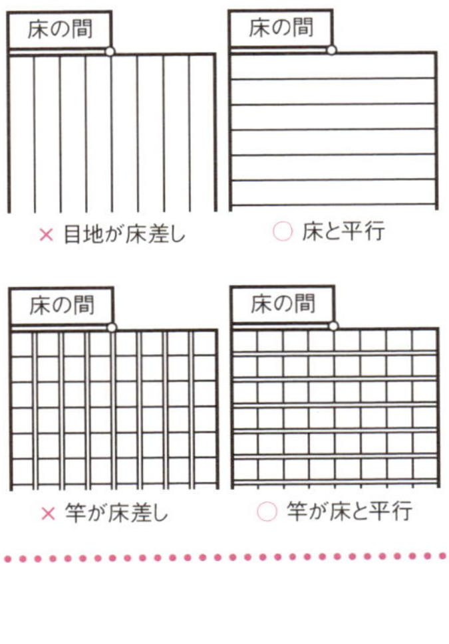

図 154 ▶広縁の構成

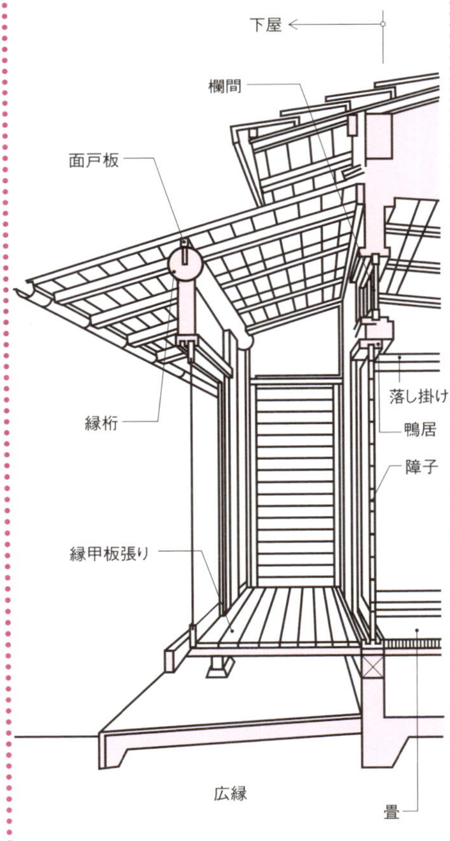

和室に欠かせない障子《しょうじ》と襖《ふすま》

和室の建具《たてぐ》には、主に障子と襖が使われます。

障子

障子を使うと、障子紙を通した光が柔らかく部屋に差し込み、空間を演出することができます。そのため、洋室でも障子を使うことが多くなってきています。

障子の見込み(厚さ) は、30mmほどです。以前は、障子紙の幅で桟《さん》の割付けが決まっていましたが、最近では幅広の障子紙があるため、桟の割付けを自由にできるようになりました。組子《くみこ》をやや大きめの割付けとすると、洋室にも合うデザインになります。

障子の素材は、スギやスプルスなどを使います。スギ材は、秋田スギなどの高級なものや、一般に使われている地スギがあります。

障子の形状は(図 155) のようにさまざまですが、障子の桟の下半分がスライドして上がる雪見障子は、開口部を効果的に演出するのに有効です。

襖

襖は、木材で格子《こうし》状の枠をつくって和紙を下張りし、その上に仕上げの襖紙を張ります。そして、最後に周囲に枠を取り付けます。

襖の見込み(厚さ) は7分(21mm) が標準で、通常の板戸の溝の寸法とは異なるので注意が必要です。

襖枠は、黒や茶色に塗装します。漆《うるし》か、漆に似た色調をもつ塗料であるカシューを塗ります。艶消しと艶ありがありますが、艶消しのほうが高級感があります。自然な感じを出すには、白木枠や枠なしの太鼓《たいこ》張《ば》りの襖とします。太鼓張りとは、襖など格子状の骨組みの表と裏に紙や板を張り、中を空洞にしたものです。中に空気層があるため断熱性があります(図 156)。

引手は、さまざまな形状があります。一般の住宅では、丸や四角などシンプルな形で桑材のものがよいでしょう。

障子の見込みは 30mm、
襖の見込みは 21mm 程度が
標準となります

図 155 ▶障子のつくりと主な種類

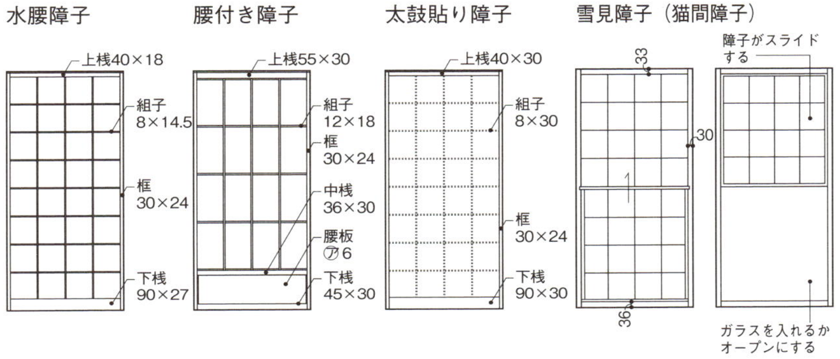

通常見込み30mm。種類は、横組・横繁組・竪繁組・桝組などがある。材質は高級な仕上げにはヒノキ、一般的な建物ではスギが多く用いられる。材は通常白木だが、高級な仕上げでは漆塗りにする。また、今日では、塗装を施すこともある

図 156 ▶襖の構成（縁付き襖）

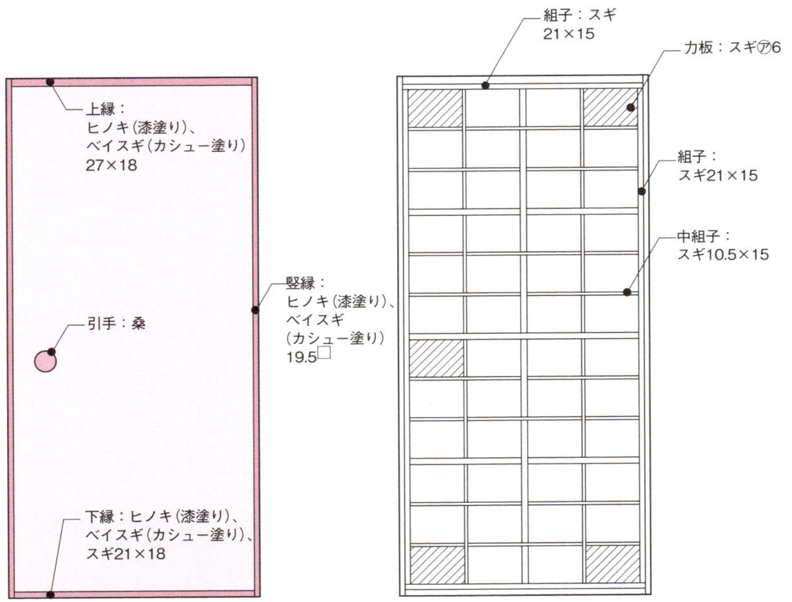

高さ1,800mm、幅900mm内外の襖で、中組子は竪3本、横11本とする。組子は21×15、21×16.5、中組子は10.5×15または18×15、力骨24×15、27×15ぐらいとする。下地骨を補強するために、竪の中組子を両サイドだけ1本ずつさらに細かく入れたものもある。4隅に厚さ6mm程度で幅100mm内外の力板を入れて襖のたわみを防ぐ

防水を重視する玄関ドア

玄関の基本

住宅の顔として、人を迎え入れるのが玄関です。

欧米では、玄関のドアは内開きとします。外から押されても、押し返して支えることができるため、防犯の観点では内開きのほうがよいとされています。また、人を迎え入れるという点においても内開きが適しています。

それに対して、日本の住宅の玄関ドアはほとんどが外開きです。防水上の納まりとしては外開きが適しているためです。

既製品のドアは、価格に大きな幅があります。中途半端なデザインのドアではなく、あえてシンプルなアパート用のドアなどを活用するのも1つの方法です(図 157)。

玄関の土間は、タイルを張ったり、洗い出し仕上げ、シンプルなモルタル仕上げ、モルタルに小石を埋め込む仕上げなどとします。

洗い出しは、種石を練り合わせたモルタルを上塗りし、それを水や酸で洗い出して、モルタルに種石が自然な風合いで見えるようにする仕上げです。玄関の土間やアプローチなどに使われます(図 158)。

土間から床に上がる部分を上《あが》り框《かまち》といいます。上り框は土間から1階の床に上がる段差の角に取り付けます。靴を履いたり脱いだりするため、上り框は 250mm程度の段差が適しており、それより低くなると膝を曲げないと動作ができないため使いにくくなります(図 159)。

バリアフリーとするために上り框の段差をなくす場合もありますが、その場合は、椅子《いす》を置くなどして靴を履いたり脱いだりする動作をカバーする必要があります。

玄関の収納

下足《げそく》入れは必ず必要で、靴以外にも傘、雨具などの収納をつくる必要があります。玄関に連続したシューズクロークは、外で使うものや泥のついた野菜などを収納することができるので便利です(図 160)。

上り框の材質は、床材に合うものとし、通常、ナラやヒノキなどを使います

図 157 ▶玄関ドア（片開き戸）の納まり

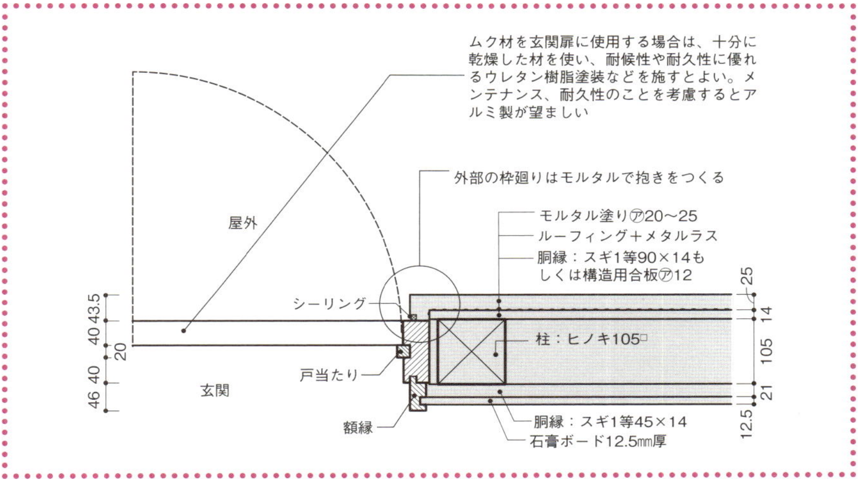

図 158 ▶土間の仕上げ

モルタルに小石を埋め込んだ例

図 159 ▶上り框の納まり

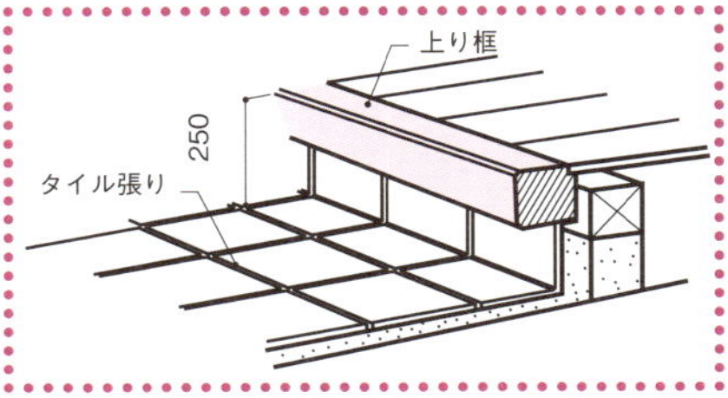

図 160 ▶シューズクローク

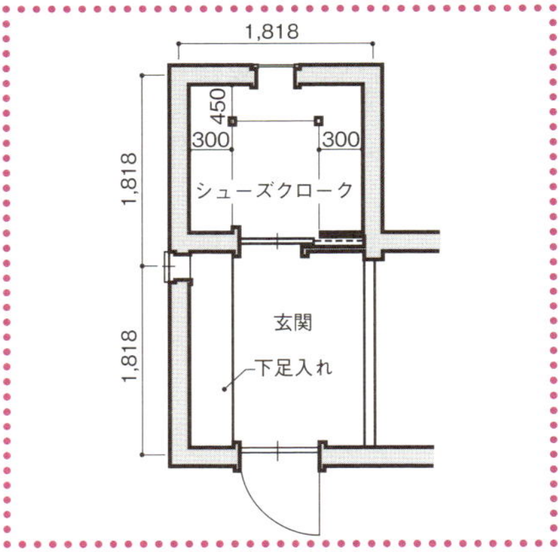

価格の幅が大きい キッチンなどの水廻り設備

設備と収納が集中するキッチン

キッチンは既製品を使う場合と造《つく》り付《つ》けにする場合があります。既製品は、システムキッチンと呼ばれるものから、流し台・コンロ台などを別々に並べるタイプのもの、業務用などの選択肢があります。システムキッチンは、価格の幅が大きく、流し台の天板もステンレスや人工大理石など豊富にあります。引き出し式の収納や食器洗い機などの組み込みなどバリエーションもさまざまです。

引き出しや収納などをオーダーでつくる場合は、天板のみを取り付け、下をオープンにしたほうがコストもかからず、結果的に使いやすくなります。業務用は、実用的であり安価な汎用品《はんようひん》もあるため、建て主によっては上手に活用できます。

キッチンは、収納だけでなく炊飯器やポットなどの家電器具を置くスペースや作業台スペースに余裕を持たせると使いやすくなります(図 161)。

浴室とトイレ

浴室は、防水性や施工時間、コスト面で有利なユニットバスを使うことが多くなっています。

従来の作り方では、下地をつくり、浴槽を据えて、タイルなどで仕上げます。浴室廻りの基礎は、通常の基礎天端《てんば》より600mmほど高く立ち上げて、土台や柱を腐りにくくします。

浴室の床面の高さは、バリアフリーとし、一般の床面との段差をなくします。排水のために入口にグレーチング付きの排水溝を取付けます。入口の扉《とびら》は引戸としますが、車椅子《いす》が移動できる幅を確保するためには3枚引戸にします(図 162)。

トイレの扉は、中にいる人が倒れたときのことを考え、外開きか引戸にします。バリアフリーとして、床の段差をなくし、手《て》摺《すり》を設置します。建築時に手摺を取り付けない場合も、将来手摺を取り付けられるように下地を入れておきます(図 163)。

床下収納は、十分活用していないことも多いため、必要かどうかを十分に検討します

図 161 ▶キッチンの構成

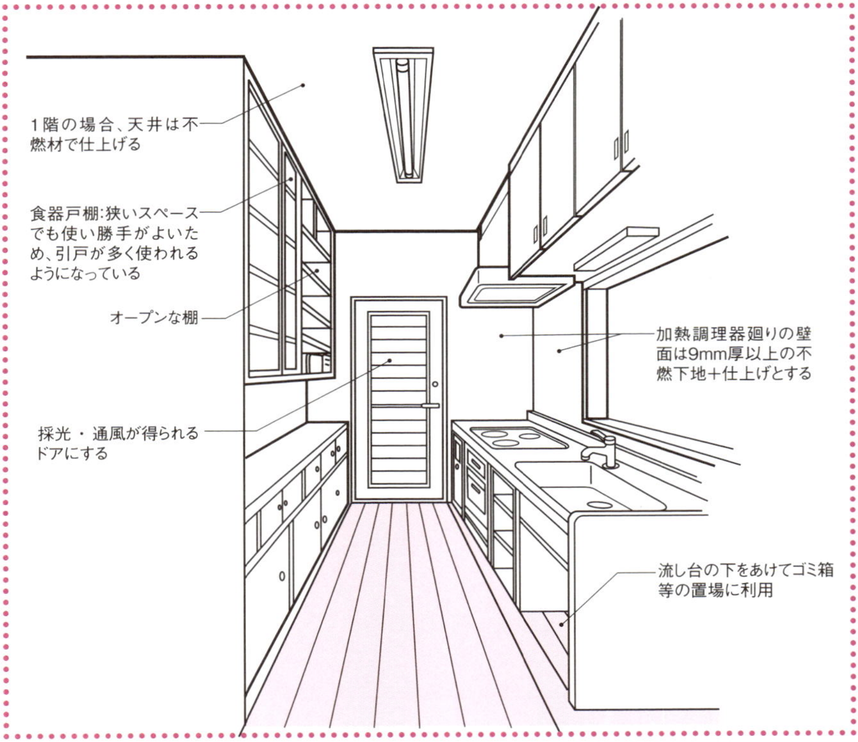

図 162 ▶浴室の構成

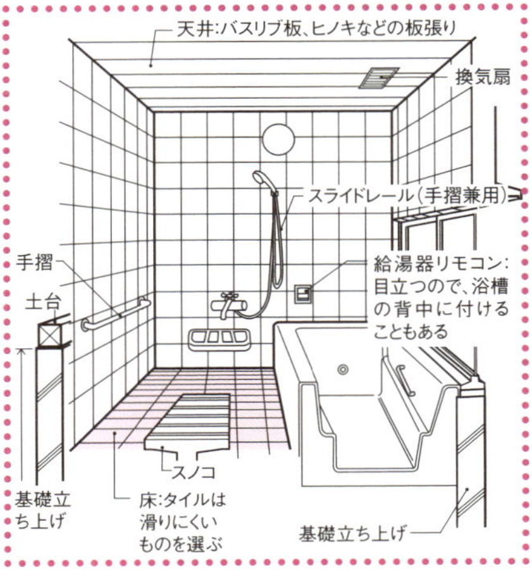

図 163 ▶トイレの構成

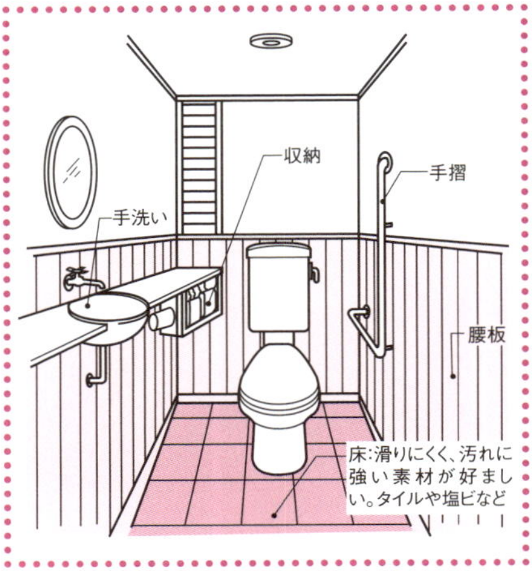

建築基準法で決まっている階段の基本寸法

階段の形式と基本寸法

階段は、住宅全体の平面計画や立面計画のなかで位置が決まります。直線に上り下りする直階段《ちょくかいだん》から、折り返す折れ階段、らせん階段など多くのバリエーションがあります。階段は転落事故が発生しやすい箇所ですから、安全かつ上りやすくつくる必要があります。安全性を考えて踊場《おどりば》をつくり、折れ階段の回転部分は3段以下にします。

階段の基本寸法は、まず、階段の角度を 45度以下にするのが目安です。階段の幅を 750mm以上確保するために、壁芯《かべしん》を900mmから 1,000mmとります。

階段1段分の高さは蹴上《けあ》げといい、階高を等分してその寸法を決めます。木造住宅の階段の蹴上げは建築基準法で 230mm以下、踏面《ふみづら》は 180mm以上と定められています。上りやすさを考えて 200mm以下の蹴上げで 225mmの踏面を確保します(図164・165)。

階段のつくり方

階段の段板を両脇の側桁《がわげた》で支えるのが一般的なつくり方です。側板を段形につくったものをささら桁《げた》といい、その上に段板をのせる階段もあります。側板とは、家具や階段を構成するための側面に取り付けられる板材のことです。階段の側板は踏み板を挟み込むように取り付けられます。最近では、既製品のユニット階段が多く使われるようになっています(図 166・167)。

また、踏面を滑りにくくするために、段板の先のほうに溝をつくったり、滑り止めのノンスリップを取り付けることがあります。

安全性を確保するために手摺《てすり》の設置が義務付けられています。手摺は太さ30mm程度が一般的です。通常は、片側に付けますが、将来のことを考慮して両側に付けられるように壁面に手摺取り付け用の下地を入れておきます。

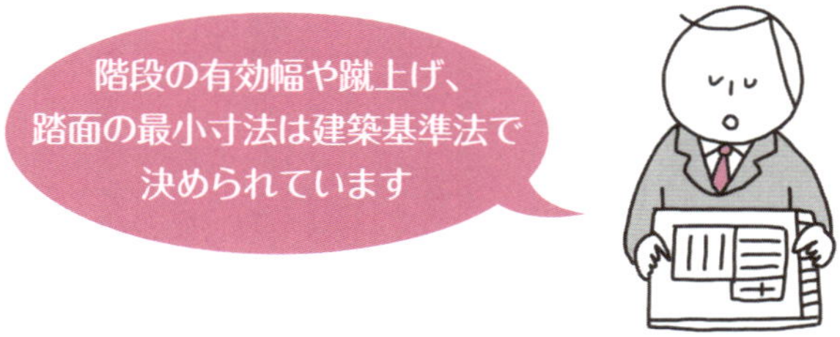
階段の有効幅や蹴上げ、踏面の最小寸法は建築基準法で決められています

図 164 ▶階段の標準寸法

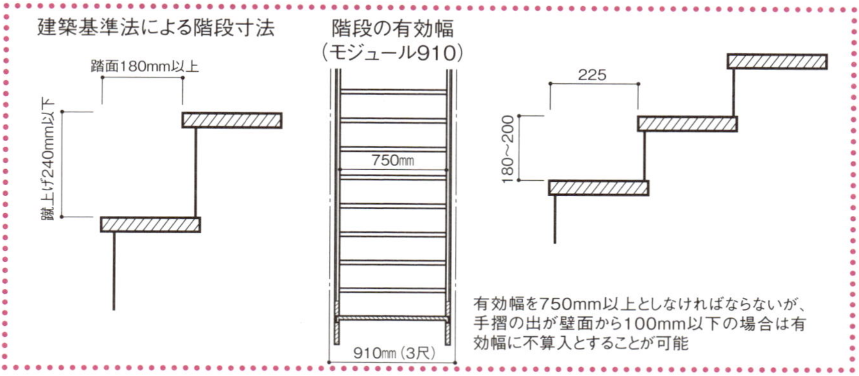

図 165 ▶階段と天井の関係

図 166 ▶側桁階段

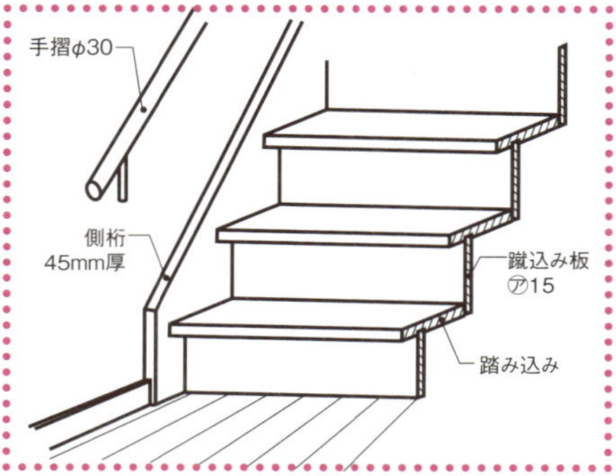

図 167 ▶折れ階段

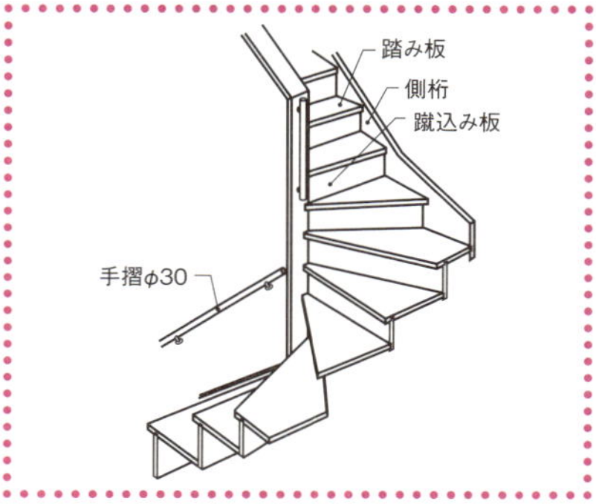

量より使いやすさで考える収納と造作家具《ぞうさくかぐ》

現代の住宅には物が大量に溢れています。必要なものを整理したうえで収納の量を考える必要があります。

納戸《なんど》と押入れ

面積に余裕があれば、収納専用の独立した部屋として納戸を設けます。中には収納家具を置いたり、棚や洋服をかけるパイプ取り付けたりして使い勝手をよくします(図168)。階段の下を収納にする場合、床を張らずに、床下も活用して食品の貯蔵庫などにすると、かなりの収納量を確保できます。また、冷暗所であるため貯蔵に適した温度と湿度を確保できる点もメリットです。玄関に連続して倉庫を設けると、靴や外で使うものなどを収納するのに便利です。

和室には布団を収納するための押入れをつくります。敷布団を折り畳んだサイズは、900× 650mmほどになるため、押入れの幅は、できれば芯々で 1,000mmとります(図 169)。

本棚の棚の寸法は 320mmの高さで奥行き 230mm程度とし、Ａ４サイズを基本とします。外張り断熱としたときは壁の厚さを活用して本棚をつくることもできます。

造作家具

造作家具は造《つく》り付《つ》けの家具で、家具と室内の素材を合わせることができ、固定するので地震で倒れにくいこともメリットです。反面、生活の変化に対応しにくいことや、組み込んだ設備機器を取り換えるときに納まらなくなるといった心配があります。そのため、造作家具を製作する際は、図面を描いて詳細な検討が必要です。収納するものの寸法を測り、将来の使い方もできる限り予想して、納まりを決めます。洋服の幅は、最低 500mmが必要で、本は奥行き 250mmあればほとんどのものが収まります。造作家具の扉《とびら》は室内のドアと同じ素材とし、ドアよりもグレードを上げる場合もあります。家具に扉をつける場合は、開戸か引戸とします(図 170)。

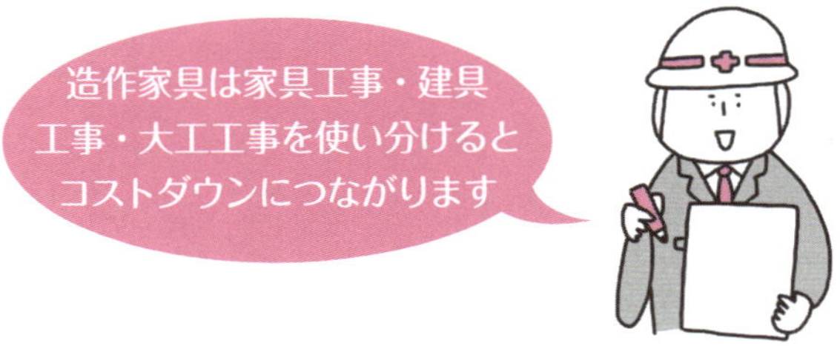
造作家具は家具工事・建具
工事・大工工事を使い分けると
コストダウンにつながります

図 168 ▶納戸の寸法

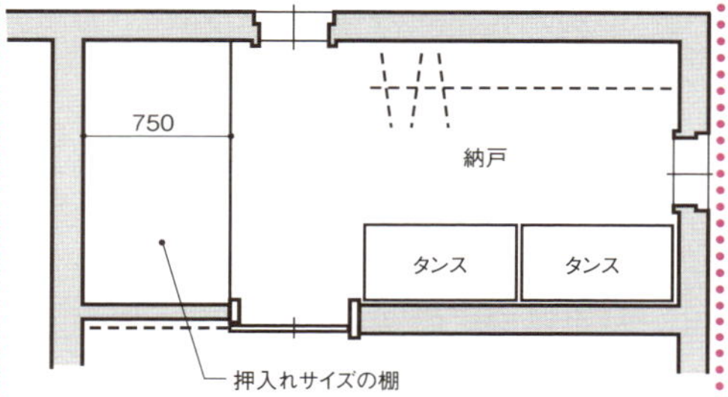

納戸の中に押入れサイズの棚をつくる。納戸の中なので、扉は省略してもよいため、コストダウンにつながるうえ、物の出し入れがしやすい

図 169 ▶押入れの寸法

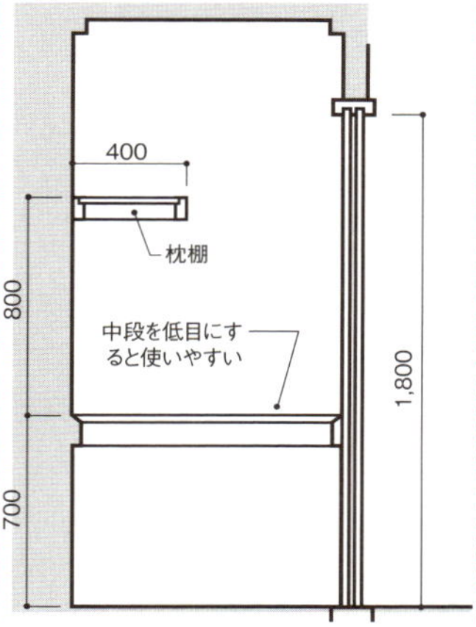

一般的に押入れに天袋をつくるが、使いずらいので、天袋を省略し、枕棚を設置する

図 170 ▶造作家具の例

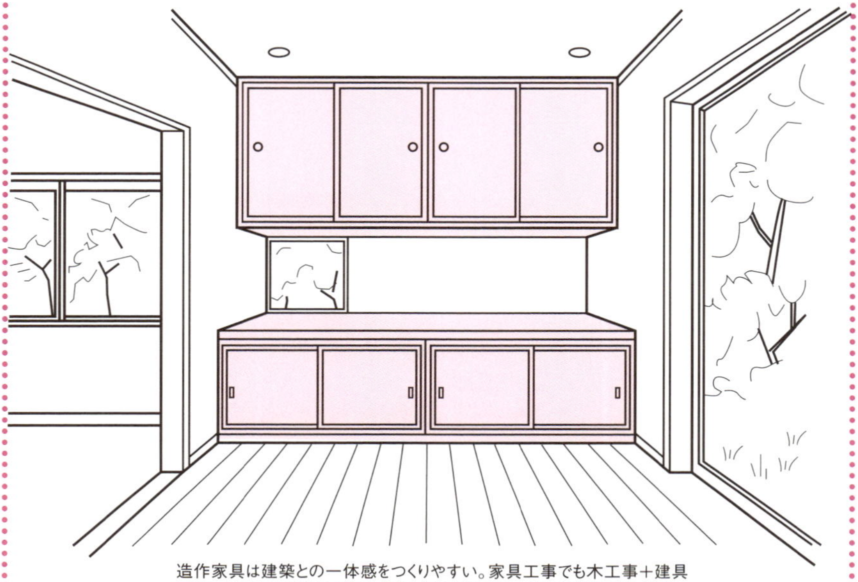

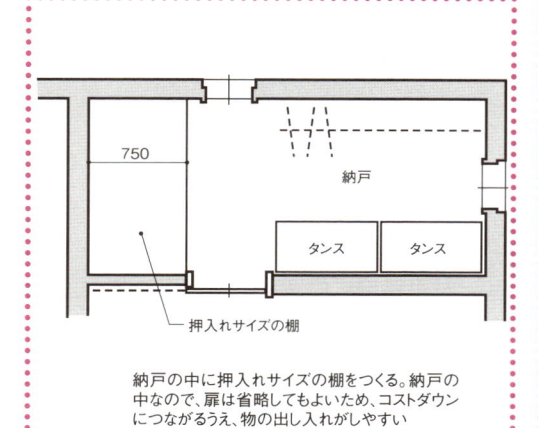

造作家具は建築との一体感をつくりやすい。家具工事でも木工事＋建具工事でも施工できるが、家具工事のほうが精巧なつくりを実現できるだろう。木工事はコストダウンにつながるが、素朴なつくりになりやすい

コラム

家の中で火を囲むよろこび

家のなかで火を囲む

住宅に、薪《まき》ストーブを入れるのは、大きな楽しみの 1つです。火は、暖をとるだけではなく、眺めるだけで心がなごみます。

(1) 薪ストーブ

薪ストーブは火力が強く、1台で住宅全体を暖めることができます。ストーブ本体は、鋳物《いもの》と鉄製のもので燃焼性能が異なり、ほとんど完全燃焼するタイプのものもあります。暖炉《だんろ》と違って、給気口の開閉により燃焼を調整することができます。夜、寝る前に太目の薪を入れて空気口を最小に絞り込んでおくと、朝までゆっくりと燃え続けてくれます。ストーブの扉《とびら》に耐火ガラスが入っていると、燃える炎を見ながらくつろぐことができます。

煙突は、煙の上昇と煙突掃除をしやすくするため、できる限りまっすぐに立ち上げます。屋根からの貫通部分は、専用の水切りがあり、断熱材を挟み込んだ 2重煙突を使います。2階の床の貫通部分や安全上の配慮として、2重煙突を使うケースもあります。

コストの面では、一般的な薪ストーブの場合、ストーブ本体と煙突の費用はほとんど同じです。また、ストーブ本体の価格はかなり幅があります。薪ストーブを設置するには、煙突穴から出る煙が近隣に影響を与える可能性があるため、周囲の家の状況や薪の入手手段などを考慮したうえで判断します。

(2) ペレットストーブ

薪の代わりに木製ペレットを燃料にしたストーブがあります。製材時の材木の端材《はざい》などを粉末にして、挽《ひ》き肉をつくるように、圧力を加えて直径 5〜 6㎜の複数のノズルから押し出してペレットをつくります。ペレットは燃焼する熱量もかなり大きく、薪ストーブ同様、住宅全体を暖めることも可能です。ペレットは、自動的にストーブに供給される仕組みとなっていて、ガスの FF暖房機と同様な使い方をすることができます。

ペレットストーブは、煙が出ることが少ないため、市街地での使用も特に問題はありません。ペレットは木材資源の有効利用としても、注目されています。

第6章

進化する住宅設備と
まちなみをつくる外構

建物より短い設備の寿命

これからの住宅設備

住宅の設備は、人間でいえば血液の循環であり、肺であり、神経でもあります。設備機器は年々、新しいものが開発され、性能も向上しています。

設備により生活のグレードアップも図ることができますが、住宅の配置、平面、立面計画によって日照と風通しを考慮し、設備機器に頼りきりにならない住宅とすることも重要です(図 171)。

(1) 省エネルギー

電気や燃料などのエネルギーを効率よく使える設備機器選びや、配管設計を心がけます。水廻りは平面的になるべく1カ所に集め、上下階で配管を短くすることも重要です。

機器によって、イニシャルコストがかかる反面、ランニングコストがかからないものや、その逆のものがあります。機器の選定には十分な検討が必要です。

また、エアコンや暖房の設定温度を調整したり、照明を蛍光灯にするなど、使う側が省エネを心掛けることも非常に重要です。

(2) 将来の可変性

建築本体と比べると設備機器の寿命は短く、約15年程度です。よって、設備機器のメンテナンスや更新、新たな設備が加わることなどを想定して設計を考えることが必要です。

設備のデザイン

設備は、建築空間のデザインとは別個のものと思われがちですが、建築と一体で考えることが大切です。

配管やウエザーカバーなども、色や形状が空間全体に合うように心がけます。

また、設備機器や配管がうまく隠れるように設計することもポイントとなります。

ウエザーカバーとは、換気扇の外部(屋外) に取り付け、雨の侵入を防ぐカバーのことです。延焼を防止するため、防火ダンパー付きのものもあります。

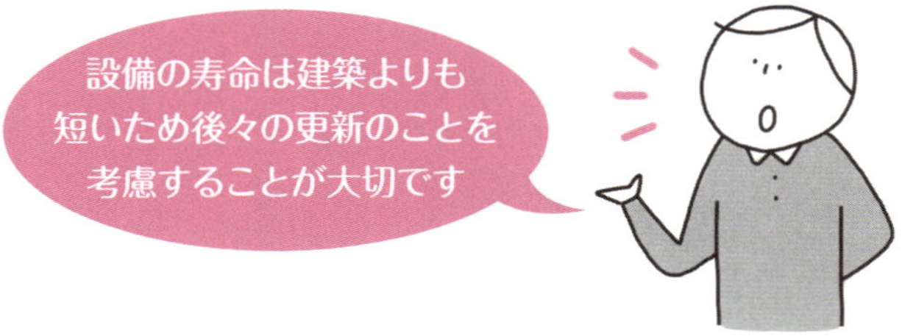
設備の寿命は建築よりも
短いため後々の更新のことを
考慮することが大切です

図171 ▶戸建住宅の設備計画

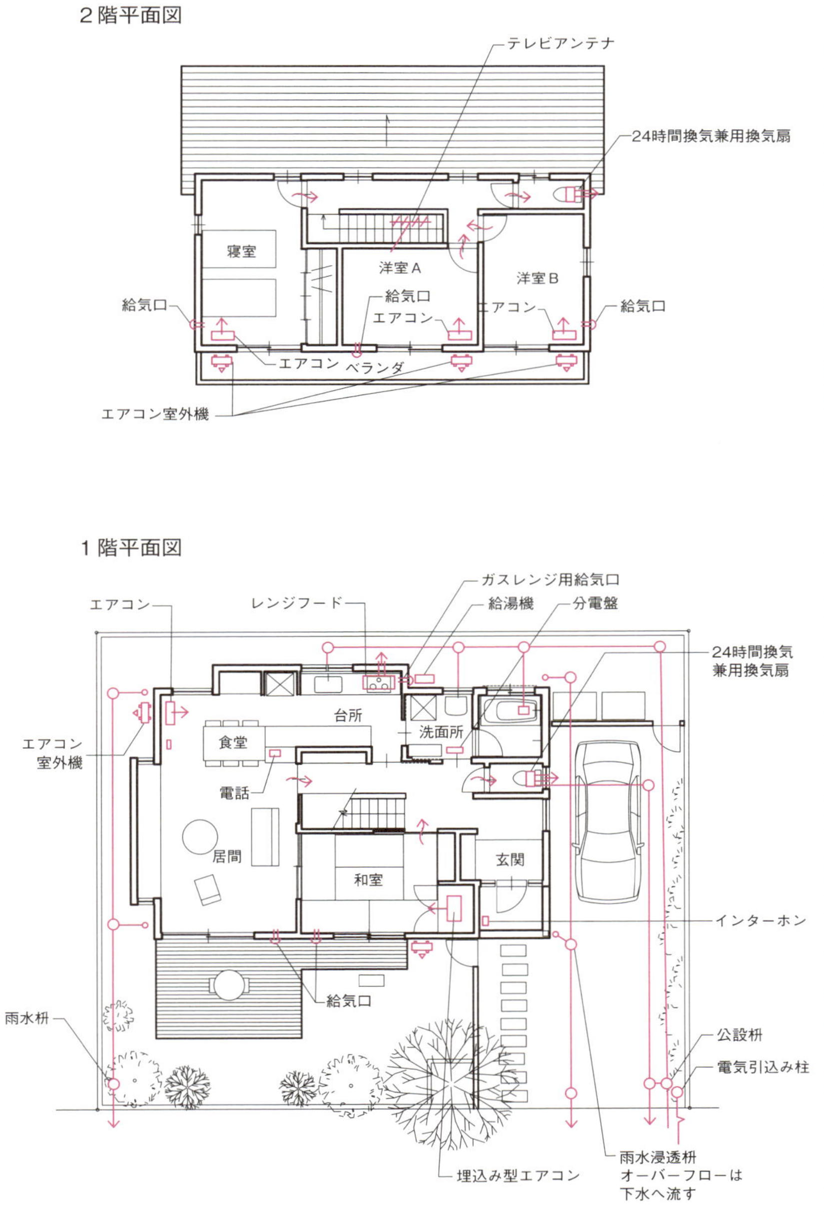
2階平面図
テレビアンテナ
24時間換気兼用換気扇
寝室
洋室A
洋室B
給気口
給気口
給気口
エアコン
エアコン
エアコン
ベランダ
エアコン室外機
1階平面図
ガスレンジ用給気口
エアコン
レンジフード
給湯機
分電盤
24時間換気
兼用換気扇
台所
食堂
洗面所
エアコン
室外機
電話
居間
和室
玄関
インターホン
給気口
雨水枡
公設枡
電気引込み柱
雨水浸透枡
オーバーフローは
下水へ流す
埋込み型エアコン

引込み柱を立てたい
電線の計画

電線の引込み

道路から電線を引き込む場合、通常は建物の高い位置で取り込みます。電線を建物に直接引き込むのが景観的に好ましくない場合は、一旦、敷地内に立てたポールに電線を引き込み、そこから地中に埋設《まいせつ》して引き込む方法もあります(図 172)。

電線を敷地内に引き込んだところには、メーターを設置しますが、電気量の検針がしやすい位置とします。

電気器具やコンセントの数、回路数によりブレーカーの容量が決まります。以前は30～ 40アンペアが普通でしたが、多くの電気機器を使う現在では、50～ 60アンペアが一般的です。

エアコンや電子レンジなど電気消費量が大きい器具は、専用コンセントを設け、漏電《ろうでん》を感知する漏電ブレーカーも併設します。コンセントの高さは通常、床上300mm程度ですが、高齢者など、しゃがむことが難しい人のために、コンセントを高い位置に付けることもあります。

電力の契約

電気料金の契約は、国の指導により3段階になっています。第1段階は、最低限の暮らしに必要な電気使用量として、最も低い料金。第2段階は普通の生活を営むのに必要と思われる電気使用量に対する料金。第3段階は、より豊かな暮らしをするための電気使用量で、もっとも高い電気料金となります(図 173)。

共働きで、昼間の電気使用がほとんどなく、夜の電気使用が多い場合は夜間使用の料金が安くなる契約をします。オール電化住宅の場合は、割引率が高くなります。オール電化住宅は、家庭内の全ての熱源を電気でまかなう住宅です。エコキュートや IH調理器、エアコン、蓄熱《ちくねつ》式電気暖房器または床暖房システムなどを組み合わせます。オール電化住宅の場合は、一般に 200ボルト(V) を使用します(図 174)。

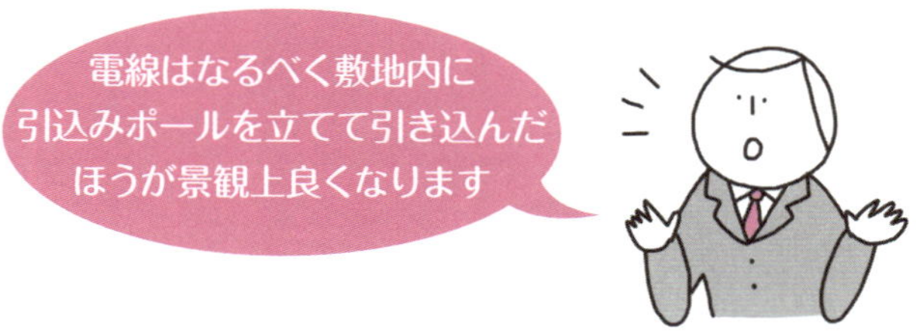
電線はなるべく敷地内に
引込みポールを立てて引き込んだ
ほうが景観上良くなります

図 172 ▶電線の引込みの基本

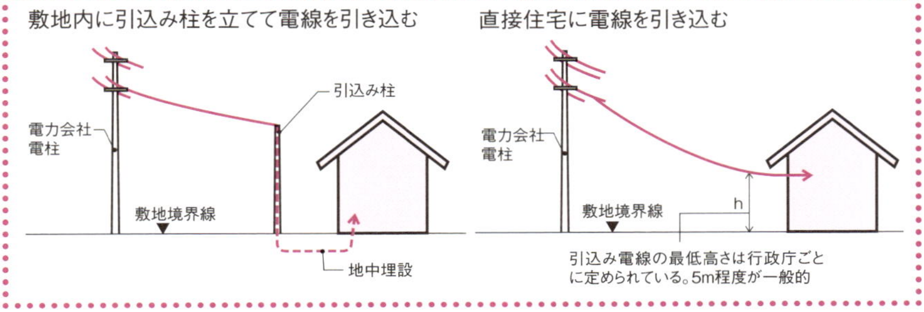
敷地内に引込み柱を立てて電線を引き込む
引込み柱
電力会社電柱
敷地境界線
地中埋設
直接住宅に電線を引き込む
電力会社電柱
敷地境界線
h
引込み電線の最低高さは行政庁ごとに定められている。5m程度が一般的

図 173 ▶電気料金の仕組み

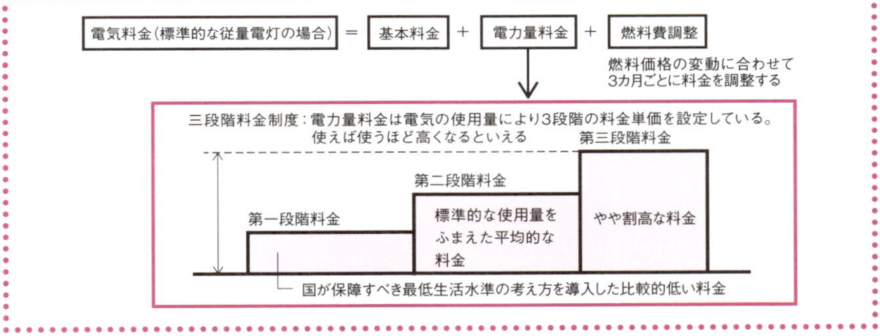
電気料金(標準的な従量電灯の場合) = 基本料金 + 電力量料金 + 燃料費調整
燃料価格の変動に合わせて3カ月ごとに料金を調整する
三段階料金制度：電力量料金は電気の使用量により3段階の料金単価を設定している。使えば使うほど高くなるといえる
第三段階料金
やや割高な料金
第二段階料金
標準的な使用量をふまえた平均的な料金
第一段階料金
国が保障すべき最低生活水準の考え方を導入した比較的低い料金

図 174 ▶オール電化住宅のイメージ

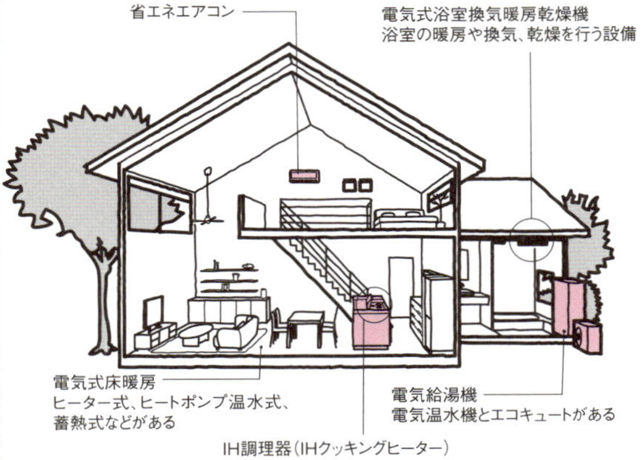
省エネエアコン
電気式浴室換気暖房乾燥機
浴室の暖房や換気、乾燥を行う設備
電気式床暖房
ヒーター式、ヒートポンプ温水式、蓄熱式などがある
電気給湯機
電気温水機とエコキュートがある
IH調理器(IHクッキングヒーター)

オール電化住宅のメリット

- 電力会社によってオール電化住宅用の電力契約や電力量料金の割引がある
- IHクッキングヒーターや電気式床暖房機器類は結露しにくく、燃焼ガスの発生がないので室内の空気環境をクリーンに保つ
- 住宅内で燃焼がないので安心
- 電気は災害時の復旧がガスや水道と比べて早い

オール電化導入時の注意点

- 電気給湯機の貯湯タンクなどを設置するスペースの確保が必要
- ガス併用の住宅と比較すると大きな電力量を必要とする。また、IH調理器、ヒートポンプなどのためには200V電源が必要

できるだけまとめたい給排水設備

給水

(1) 道路からの引込み

給水メーターが設置してあれば、敷地内の配管だけを行いますが、13mmの管径の場合は、原則として、20mm以上の管径に引き直します。その場合、道路を掘削《くっさく》して本管から引き込み、バルブを設け、給水メーターを設置するので、かなりの費用がかかります。

(2) 敷地内の配管

敷地内は、地中に埋設《まいせつ》して配管します。管の材質は、塩ビ製がほとんどですが、耐久性と非塩ビ製ということで、ステンレス管を使うこともあります。寒冷地では、冬場に凍結するおそれがあるため、断熱材を巻いたり電熱線のヒーターを巻き付けます。

(3) 建物内の配管

水廻りをなるべくまとめて、給水管の長さを短くすることが大切です。水圧が不足する場合は、加圧ポンプを設置するなどの対策をとります(図 175)。

敷地外への排水

排水は、トイレからの汚水、雑排水、雨水の3種類があります。下水道は、汚水・雑排水を汚水管で処理し雨水を分けて処理する分流式と、雨水も汚水も合わせて処理する合流式があります。公共下水道が前面道路にある場合、道路に沿った敷地に、通常、公設枡《こうせつます》が設けられているので、そこに接続します(図 176)。

下水道がない場合は、浄化槽《じょうかそう》を設置します。最近は、汚水だけを処理する単独浄化槽ではなく、原則として汚水と雑排水を合わせて処理する合併浄化槽を使います。

建物内の配管が長くならないように、水廻りを集中させます。配管は勾配《こうばい》をとり、排水管の臭いを外に出さないように、排水トラップを設置します(図 177)。2階の排水を1階まで下げるために、パイプスペースを取ったり、外部に出してしまうこともあります。また、通気管を設けて配管内が真空状態になることを防ぎます。

大雨時に排水が逆流しない
ような工夫が必要です。悪臭を
止める対策も万全にします

図 175 ▶住宅内の配管

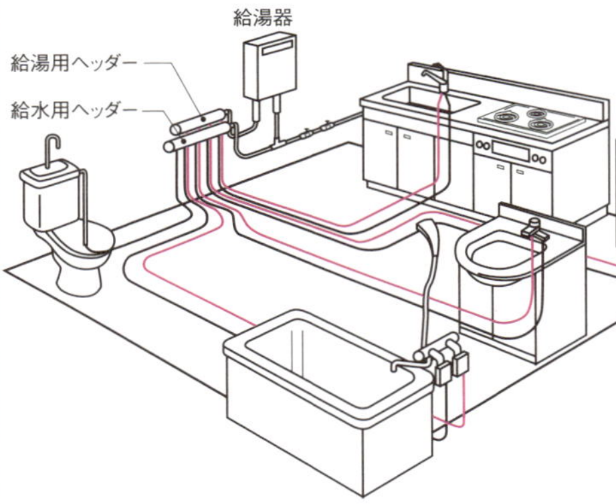

ヘッダー配管方式

ヘッダー部から分岐し、それぞれの水栓まで配管するため、接続部がヘッダー部と水栓部のみで点検･管理が容易で配管の更新もしやすい

鋼管

以前は多く使われていたが、錆びるため、現在はほとんど使われていない

塩ビ製

硬質塩化ビニルを使用。給水管によく使われる。コストが低く、最も多く使われている

塩ビライニング鋼管

鋼管の内側を塩ビでコーティングしたもの。鋼管の強度を保ちつつ錆びを防ぐことができる

架橋ポリエチレン管

継目が少なく配管できるため施工に優れている

銅管

継目を少なくでき、耐久性も高い

ステンレス管

施工にやや手間がかかるが、メンテナンスはほとんど不要

図 176 ▶排水方式の種類

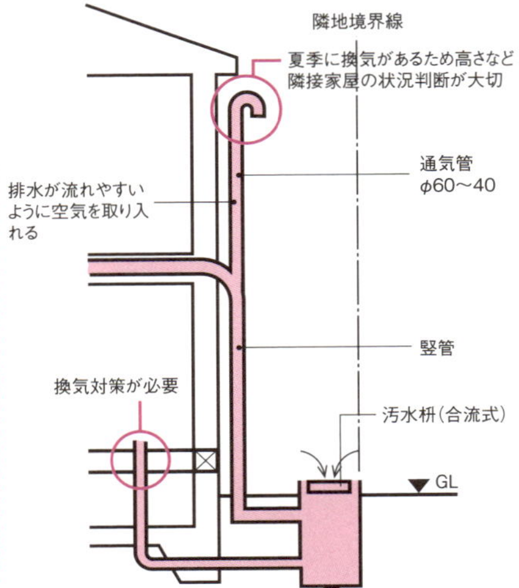

排水管に空気を入れて圧力を高くして水を流れやすくするため、通気管を排水管に取り付けるとよい。ただし、通気管から臭気が発生する場合があるので、位置や高さには注意

図 177 ▶トラップで配水管からの臭気を止める

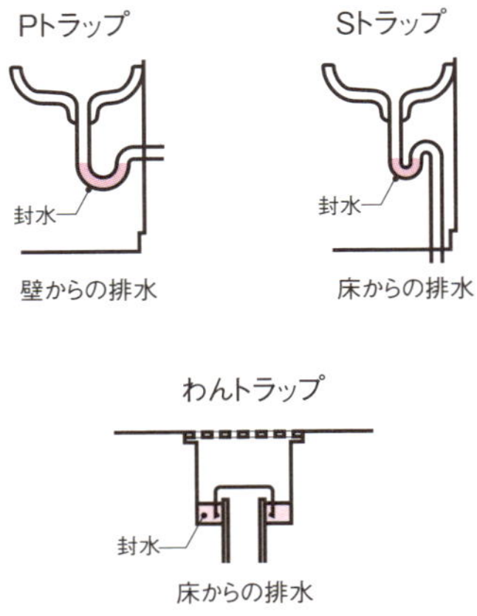

トラップは排水管から臭いや虫などの侵入を防止する目的で設けられるもの。図のようにP形やS形の排水管やわんトラップに水を張り、臭いや虫の浸入を防ぐ

機械換気と自然換気の使い分けで実現する快適な空間

住宅の気密性が上がるに従い、換気が重要になってきています。

シックハウス対策で 24時間換気の設置が建築基準法で義務付けられています。

機械換気と自然換気

機械換気には３つの方式があります（図178）。給気と排気の両方を機械で行うか、給気と排気のどちらかを自然換気とするとする方法の組合せです。

台所や浴室には換気扇を設置して排気し、給気口から外気を自然換気で取り入れます。浴室には、入浴後しばらくの間湿気を排出するためにタイマーを設置するのも良いでしょう。トイレにも換気扇を設置します。

特に、窓を設けられない場合には必ず必要となります。熱交換式の換気扇は、冷暖房の負荷を軽減することができます。

自然換気は、部屋の対角線に２カ所開口部を設けると効率良く換気をすることができます。

夏場の熱い空気を排出するには、高い位置に窓を設け、上方へ換気ができるようにすると効果的です。

冷暖房機器

エアコンを壁に取り付ける個所には、下地に合板を張っておくなどの下地の補強を行います。また、冷房時に結露《けつろ》水を排出するドレインパイプを貫通させるスリーブを適切な場所に設ける必要があります。

暖房の熱源は、ガス、灯油、電気があり、設備としては、主にヒーターとエアコンの２種類があります。さらに、薪《まき》ストーブや木材を粉末にして顆粒状のペレットを燃料とするペレットストーブも使われるようになっています。

床暖房は、電気式と温水式があります。電気式は、イニシャルコストは安いものの、広い面積で床暖房する場合はランニングコストがかなりかかります。温水式は、イニシャルコストがかかる反面、ランニングコストは電気式に比べて安くなります（図179）。

給気口は、新鮮な空気の
取り入れ口で、空気量を調節
するダンパーを備えています

図 178 ▶機械換気方式の種類

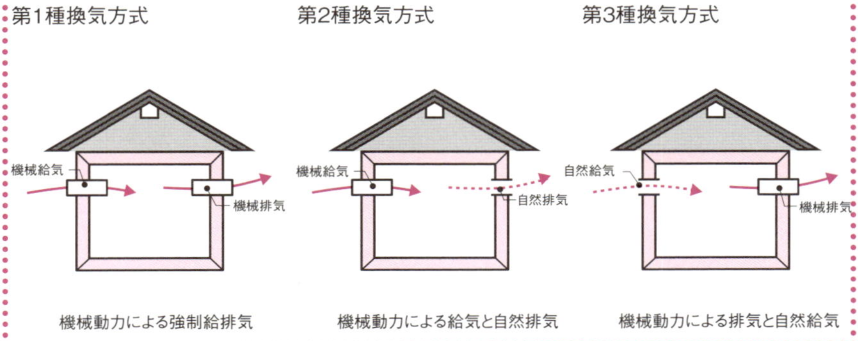

図 179 ▶暖房熱源ごとのコストの考え方

熱源	暖房機	イニシャルコスト	ランニングコスト	備考
電気	ヒートポンプエアコン	高	低	電気を熱源とすると空気を汚さないというメリットがある。パネルヒーターは広範囲の暖房には不適
	ヒーター	低	高	
	パネルヒーター（オイル）	中	高	
ガス（都市ガス、LPガス）	ガスストーブ	低	中	ガスストーブは使用上の安全性に注意が必要。温水式ファンヒーターなら空気を汚さない
	ガスファンヒーター	低	中	
	FF式ファンヒーター	高	中	
	温水式ファンヒーター	高	高	
灯油	石油ストーブ	低	低	最も安価。ただし、FF式ファンヒーター以外、室内空気が汚れやすい
	石油ファンヒーター	低	中	
	FF式ファンヒーター	中	中	
太陽光	空気式	高	低	補助熱源が必要であることに注意
	温水式ファンヒーター	高	低	

多くの種類がある給湯の熱源

給湯の熱源には、ガスを使うことがもっとも多く、次いで灯油の給湯器が使われています。最近では、電気のヒーターやヒートポンプで温水をつくるエコキュートもあります(図 180)。

給湯器

給湯器には床置きと壁掛けのタイプがあり、外部に電源が必要になります。

給湯温度は、リモコンで設定し、リモコンは浴室や台所、洗面所に設置します。通常、給湯温度は 40度ほどで、やけどをしない程度に調節します。以前は、高温のお湯と水を混ぜて使っていたため、水栓がサーモスタット式でした。サーモスタットとは、熱・温度を一定にするための自動温度調節装置です。

(1) 夜間の電気使用による節約

料金の安い深夜に電力を使い、夜のうちに電気のヒーターで温水をつくり、貯湯《ちょとう》タンクに溜めておけば、日中に使うことができます。タンクの容量によりお湯の量が決まるため、大量にお湯を使ったときにお湯が足りなくなることがあります。

(2) エコキュート

ヒートポンプでお湯をつくり、タンクに貯めて使うのがエコキュートです。イニシャルコストはかかりますが、ランニングコストは格段に安くなります(図 181)。

浴室の設備

浴室の設備は、給排水、浴槽と水栓です。木造住宅では、防水性の高さや工期短縮につながるためユニットバスが多く採用されています。ユニットバスを設置するときは、事前に、床下に配水管の配管スペースを設けなくてはなりません。また、天井には換気扇のメンテナンス用の点検口を設けます。手摺《てすり》を設置する場合は、下地を補強しておく必要があります。在来工法の場合は、アスファルト防水などで防水層をしっかりとつくることが重要です。浴槽は、高齢者がまたぎやすい高さなども考慮して、床より 300～ 400mmほど高くします。

給湯器に追《お》い焚《た》き機能を
付ければ、冷めたお湯を
加熱できます

図 180 ▶給湯の熱源の種類

エネルギー	熱源機	イニシャルコスト	ランニングコスト	備　考
都市ガス	ボイラー	低	中	最も多く使われている
LPガス	ボイラー	低	高	多く使われるがランニングコストが高い
灯油	ボイラー	低	低	現在ランニングコストが安いが将来は不安定
電気	ヒーター	中	高	夜間の割引制度を活用すればランニングコストは下げられる
	ヒートポンプ	高	低	ランニングコストが灯油より安い（夜間の割引制度を活用）
太陽熱	太陽熱温水器	中	低	天候により不安定だが、補助ボイラーと併用することができる

図 181 ▶ヒートポンプ給湯器

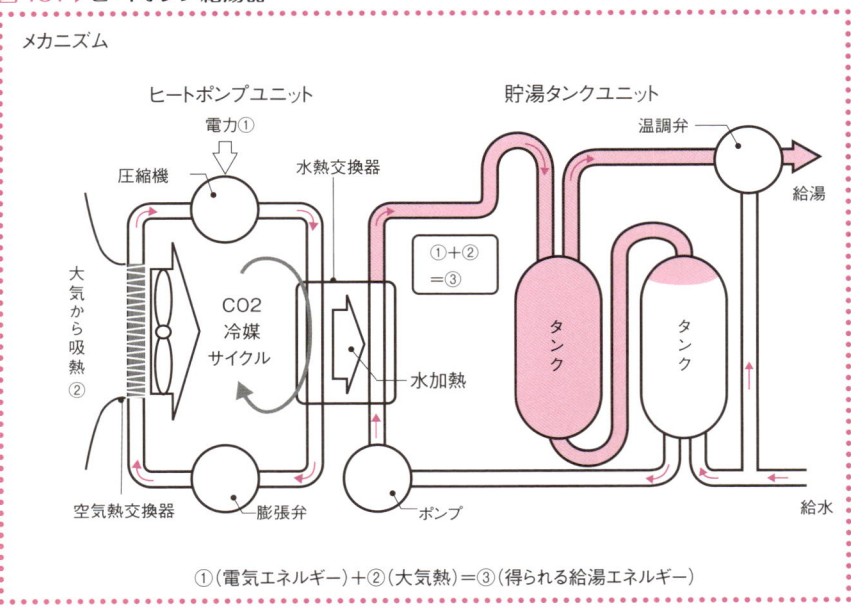

メカニズム

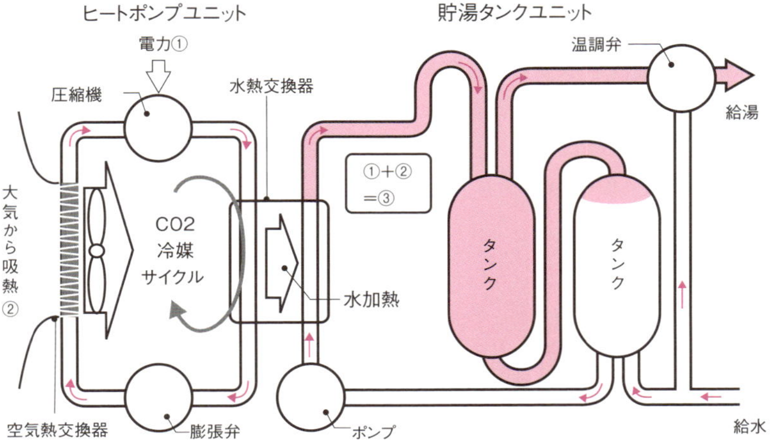

①（電気エネルギー）＋②（大気熱）＝③（得られる給湯エネルギー）

節水や快適性で進化を続けるトイレの設備

トイレの設備

最近のトイレには、さまざまな機能があり、掃除や快適性に配慮した工夫がされています。

(1) 大便器

大便器の種類は多くありますが、サイホンゼット式がもっともよいとされています。次いでサイホン、洗い落し式の順となります。サイホンゼット式は、排水路に設けられたゼット穴から噴き出す水が強いサイホン作用を起こし、汚物を吸い込むように排出する方式です。水溜まり面が広いため、汚物が水中に沈みやすく臭気の発散が抑えられます(図 182)。

その他に、使用水量を抑えた節水型の便器や掃除のしやすいタイプなど新たな製品もたくさん出ています。また、ウォシュレットなど洗浄機能付きのものを設置することが多くなっています。

(2) 小便器

小便器は、床置きのスツールタイプと壁付けのタイプがあります。子どもでも使えるのは床置きタイプですが、床と小便器の接する部分が汚れやすくなります。

最近では、汚れにくくするために床からわずかに上がっているタイプの小便器もあります(図 183)。

(3) 手洗い

手洗いを便器とは別に設置することも多くなってきました。カウンターをつくって手洗器を設置したり、単独の手洗器を設置します。特にタンクレスの便器では、必ず設置しなくてはなりません。狭いトイレでは、壁に埋め込むタイプもあります。

(4) 手摺《てすり》

手摺を設置して高齢者や障害を持った人に対応します。一般的には、L型の手摺を取付けますが、利用者の状況に合わせた対応が必要です(図184)。すぐに設置しなくても、将来、手摺が付けられるような下地を入れておくことも大切です。ドアを引戸にして、床の段差をなくすこともバリアフリー対応として有効です。

トイレには、トイレット
ペーパーや掃除用具を入れる
収納が必要です

図 182 ▶大便器の種類

洗い落し式

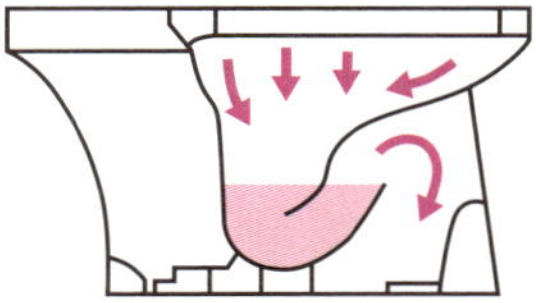

水の落差による流水作用で汚物を押し流す方式。水溜り面が狭いため水はねが起こりやすい

サイホン式

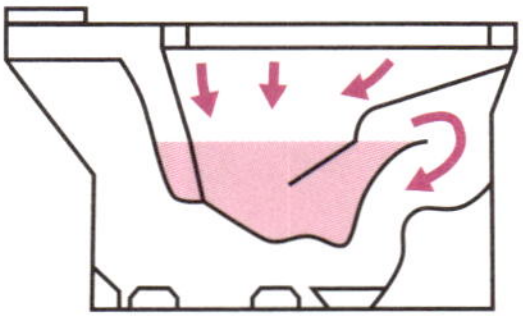

サイホン作用で汚物を吸い込むように排出する方式。水溜り面が比較的狭く、乾燥面に汚物が付着する場合がある

サイホンゼット式

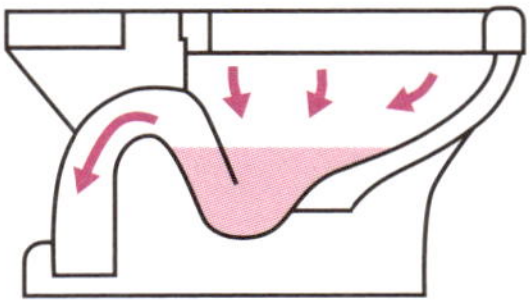

排水路に設けられたゼット穴から噴き出す水が強いサイホン作用を起こし汚物を吸い込むように排出する。水溜り面が広く、臭気や汚物の付着があまりない

サイホンボルテックス式

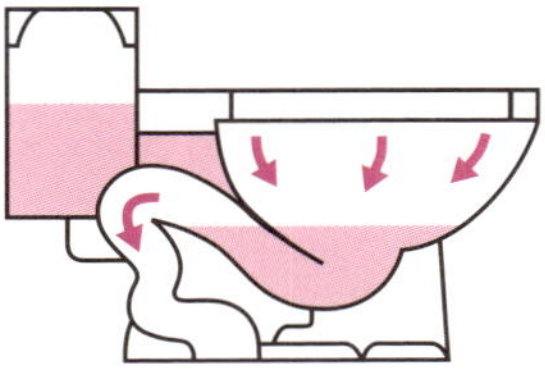

便器とタンクが一体になったワンピースタイプ。サイホン作用と渦巻き作用を併用した排出方式

図 183 ▶小便器

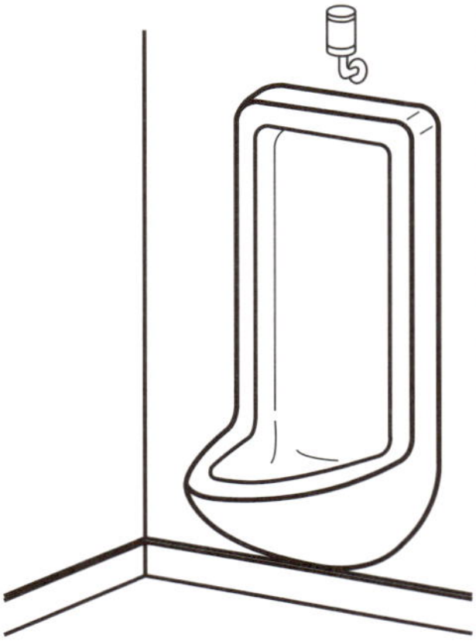

便器の下があいているタイプは、掃除がしやすい

図 184 ▶トイレのレイアウト

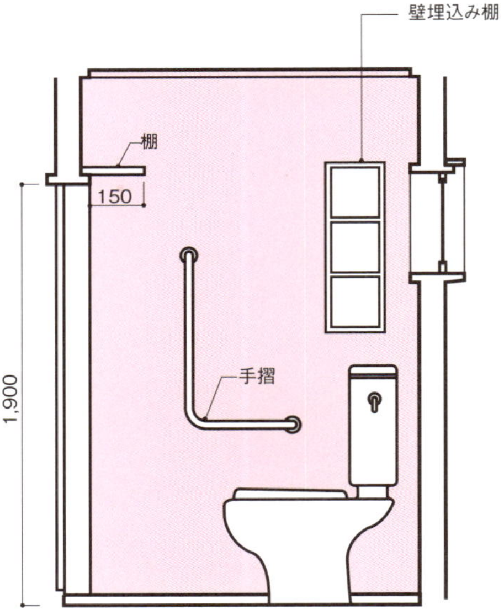

火を使わない キッチン設備の増加

システムキッチンなど、台所の器具の仕様と価格は、かなり幅があります。工事の早い段階で、排水と給水の位置を確定する必要があるため、設備配管に関係する器具の選定を早めに行ないます。

キッチンの設備

最近では、電磁波を活用したＩＨクッキングヒーターが多く使われるようになってきました。IHクッキングヒーターは、磁力線のはたらきにより鍋そのものが発熱することで加熱する調理器です。200ボルト機器なので加熱能力はハイカロリーバーナーにも劣りません。トッププレートがフラットなので手入れが楽で、火を使わないため、火災の危険が少なくなります。

流し台は、さまざまな仕様があります。既製品の流し台の天板は、ステンレスか人工大理石が多く、シンクはシングルとダブルがありますが、最近ではほとんどが大きめのシングルシンクが選ばれます。

水栓は、シングルレバーが多く使われ、シャワーヘッドの水栓が延びるものもあります。キッチンは、天板だけをオーダーし、下をオープンにして、下にゴミ箱やワゴンなどを納めることもできます。

ガス台やＩＨクッキングヒーターの上には、換気扇を設置します。特に、ガスコンロの場合は、給気口を必ず設置しなければなりません(図 185)。

内装制限

これまで、コンロなど火を使う設備を置く台所は、火気使用室となり、壁と天井を準不燃《ふねん》以上の防火性能の仕上げにし、他のスペースと区切るため、天井から500mm以上の下《さが》り壁《かべ》を設けなければなりませんでした。

2009年 5月から緩和規定が適用され、コンロの周辺を不燃材料で仕上げることによる内装の強化や遮熱《しゃねつ》板を設置することで、それ以外の部分については木材や難《なん》燃《ねん》材料での内装仕上げが可能になり、デザインの自由度が高まっています。

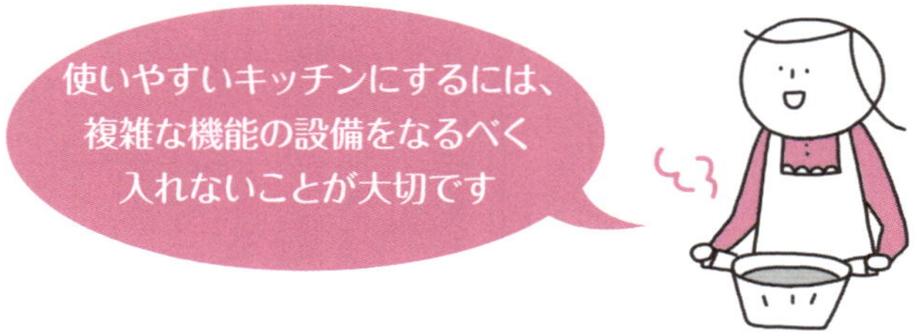
使いやすいキッチンにするには、
複雑な機能の設備をなるべく
入れないことが大切です

図 185 ▶キッチンの設備

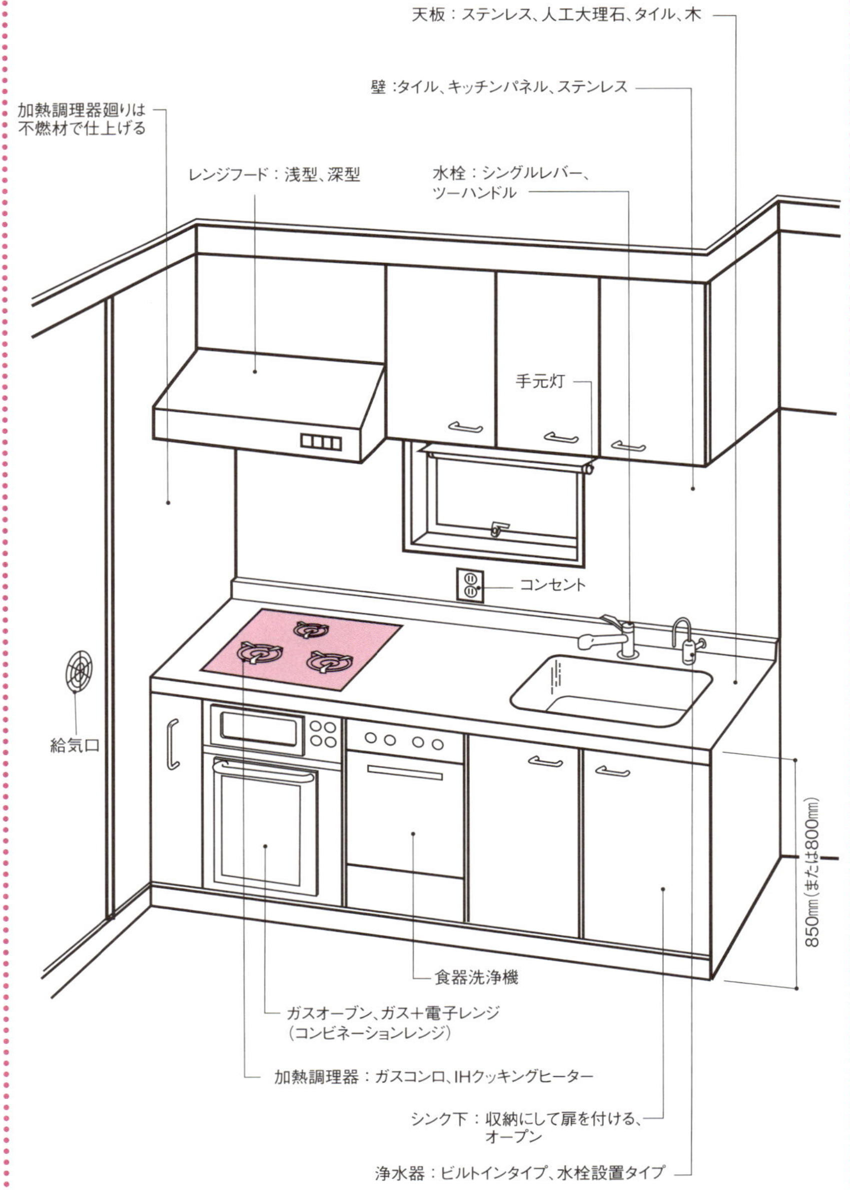

天板：ステンレス、人工大理石、タイル、木
壁：タイル、キッチンパネル、ステンレス
加熱調理器廻りは
不燃材で仕上げる
レンジフード：浅型、深型
水栓：シングルレバー、
ツーハンドル
手元灯
コンセント
給気口
850mm（または800mm）
食器洗浄機
ガスオーブン、ガス＋電子レンジ
（コンビネーションレンジ）
加熱調理器：ガスコンロ、IHクッキングヒーター
シンク下：収納にして扉を付ける、
オープン
浄水器：ビルトインタイプ、水栓設置タイプ

空間を演出する照明の使い方

電球の種類

(1) 白熱電球

今まで日本の明かりは蛍光灯が多く、白くて明るすぎるといわれてきました。くつろぐためには、ろうそくの明かりに近い白熱灯が適しています。トイレや納戸《なんど》など、短時間しか使わない部屋の照明にも白熱灯が良いでしょう。

(2) 蛍光灯

事務作業などを行う場所や台所の手元灯には、蛍光灯を使います。色は白だけでなく、昼白色のものや、白熱灯と同等の色合いのものもあり、上手に使うことでよりよい空間を演出できます。最近では LED 照明も普及してきました。

照明器具

部屋全体を1つの灯りで照らす場合は、部屋の中央に天井付けのシーリングライトやコードペンダントを設置します。光源をなるべく見せないダウンライトも空間の演出に役立ちます。ダウンライトは、天井内部に埋込んで設置するため天井面がフラットになります。

間接照明も空間演出に役立ちます。配線は、レールをうまく使うと、スポットライトやコードペンダントの取り付けや取り外しが自由にできるため便利です(図186)。

陶器製のレセップは、工事用の器具ですが、非常に安価で、ブラケットなどでうまく使うと、雰囲気のある空間を演出することができます(図 187)。

住宅内の弱電設備

最近の住宅では、パソコンに関連する設備の配線が必要になってきています。将来、配線を取りかえられるように、機器を設置する部屋の間に CD管を通しておきます。

住宅に必要な弱電設備は、電話、テレビ、インターホン、オーディオ、セキュリティ設備などさまざまなものがあります。設計の初期段階で、設備機器に必要な電源を確保し、配線などが露出しないように配慮します(図 188)。

光源をなるべく見せない
照明にすると、落ちつきのある
空間となります

図 186 ▶効果的な照明の例

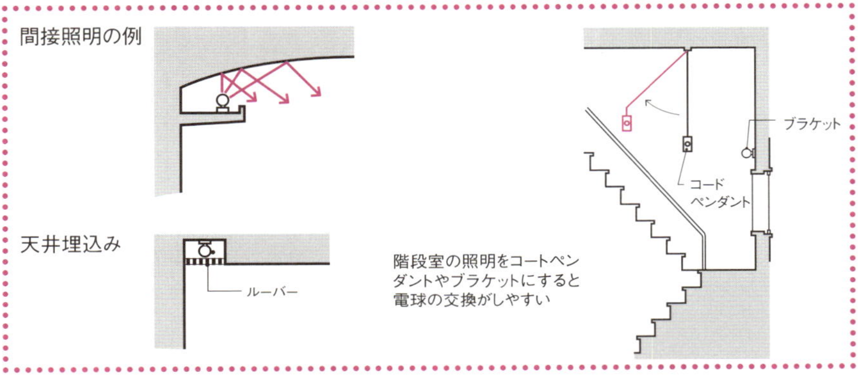

間接照明の例
天井埋込み
ルーバー
階段室の照明をコートペンダントやブラケットにすると電球の交換がしやすい
ブラケット
コードペンダント

図 187 ▶白熱電球と蛍光灯の違い

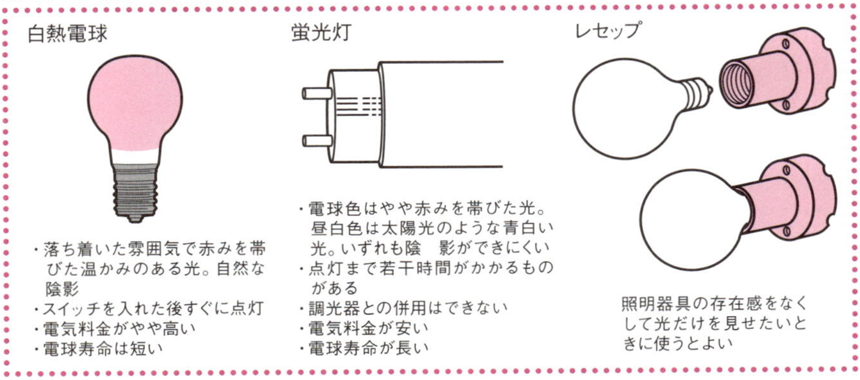

白熱電球
・落ち着いた雰囲気で赤みを帯びた温かみのある光。自然な陰影
・スイッチを入れた後すぐに点灯
・電気料金がやや高い
・電球寿命は短い
蛍光灯
・電球色はやや赤みを帯びた光。昼白色は太陽光のような青白い光。いずれも陰影ができにくい
・点灯まで若干時間がかかるものがある
・調光器との併用はできない
・電気料金が安い
・電球寿命が長い
レセップ
照明器具の存在感をなくして光だけを見せたいときに使うとよい

図 188 ▶住宅内の LAN 配線の例

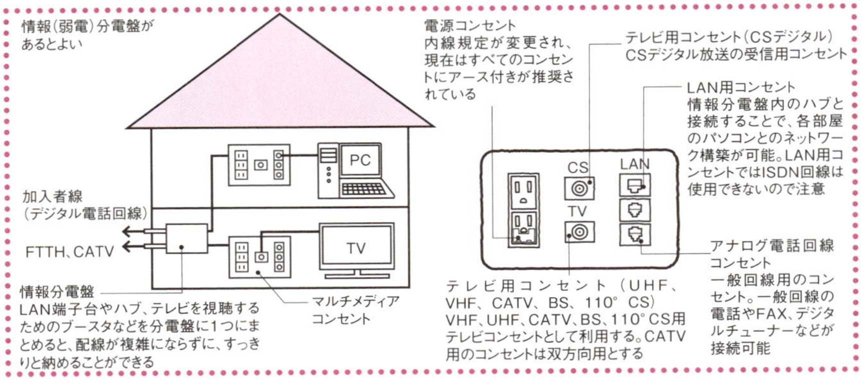

情報(弱電)分電盤があるとよい
PC
TV
加入者線(デジタル電話回線)
FTTH、CATV
情報分電盤
LAN端子台やハブ、テレビを視聴するためのブースタなどを分電盤に1つにまとめると、配線が複雑にならずに、すっきりと納めることができる
マルチメディアコンセント
電源コンセント
内線規定が変更され、現在はすべてのコンセントにアース付きが推奨されている
テレビ用コンセント(CSデジタル)
CSデジタル放送の受信用コンセント
LAN用コンセント
情報分電盤内のハブと接続することで、各部屋のパソコンとのネットワーク構築が可能。LAN用コンセントではISDN回線は使用できないので注意
CS
LAN
TV
テレビ用コンセント(UHF、VHF、CATV、BS、110° CS)
VHF、UHF、CATV、BS、110° CS用テレビコンセントとして利用する。CATV用のコンセントは双方向用とする
アナログ電話回線コンセント
一般回線用のコンセント。一般回線の電話やFAX、デジタルチューナーなどが接続可能

投資回収で考える省エネ設備の効果

採り入れたいエコ設備

地球温暖化を防止するためには、夏の通風と冬の日当たりを確保する設計が基本です。現在では、これに加えて、省エネ性の高い設備が使われるようになってきました。エアコンや家庭電化製品自体の省エネ対策はかなり進んでいます。

(1) 太陽光発電

太陽光発電は、太陽光のエネルギーを電力に変換する発電方式です。住宅の屋根や屋上に太陽電池のパネルを設置して発電し、生活で消費する電力をまかないます。

パネルの枚数により、発電量が異なりますが、日中の日差しが強いときは、電力会社に電気を売ることもできます。太陽光発電のイニシャルコストを考えると、元をとるまでに 10年以上かかりますが、環境面では重要な設備です。

省エネを促進するために太陽光発電の設置については、国や自治体の助成制度が設けられています。よく調べて活用することが大切です(図 189)。

(2) 太陽熱温水器

太陽熱温水器は、直接水を温めるタイプと、不凍液を循環させ、熱交換してタンクに溜めるタイプがあります。

直接水を温めるタイプでも、屋根上の集熱部分とタンクが一体になったシンプルなものと、下に置いたタンクとの間をポンプで循環させるものがあります。お湯の温度が上がらないときには、給湯器で加温できるような仕組みにする場合もあります(図 190)。

(3) 雨水利用

雨水の利用も省エネにつながります。専用の雨水タンクを設置し、屋根に降った雨を貯留《ちょりゅう》して利用します。

ごみやほこりが入りにくいようにしたり、降り始めの雨水を入れないようにするなど、工夫することで、雨水の用途を広げることができます。そのほか、池をつくって雨水を溜めることもあります(図 191)。

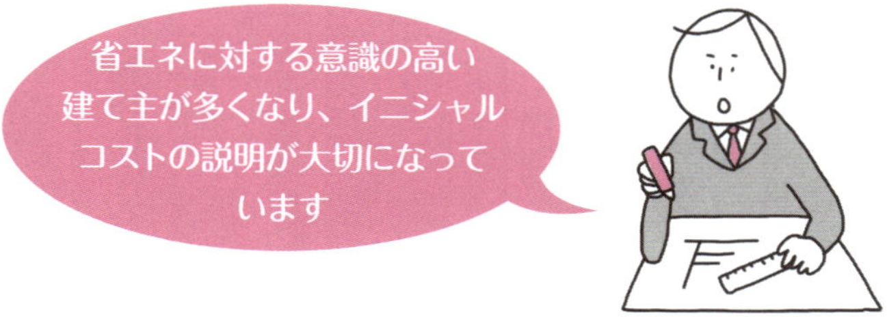
省エネに対する意識の高い建て主が多くなり、イニシャルコストの説明が大切になっています

図 189 ▶太陽光発電

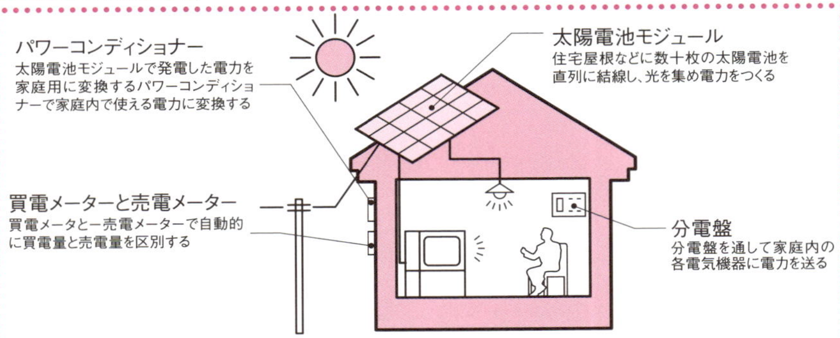
パワーコンディショナー
太陽電池モジュールで発電した電力を家庭用に変換するパワーコンディショナーで家庭内で使える電力に変換する
太陽電池モジュール
住宅屋根などに数十枚の太陽電池を直列に結線し、光を集め電力をつくる
買電メーターと売電メーター
買電メータと一売電メーターで自動的に買電量と売電量を区別する
分電盤
分電盤を通して家庭内の各電気機器に電力を送る

太陽電池のパネルを屋根の上に設置し、発電する。パネルの枚数により発電量が異なる

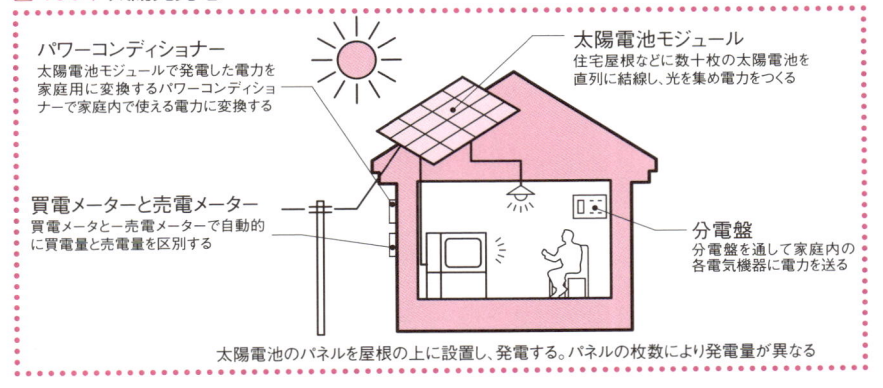

図 190 ▶太陽熱温水器

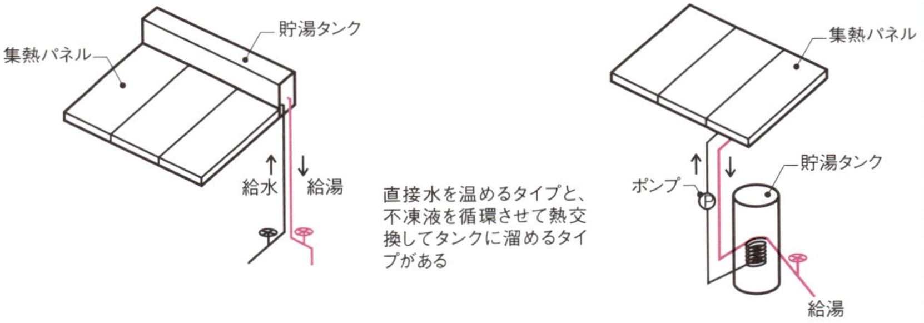
集熱パネル
貯湯タンク
給水
給湯
集熱パネル
ポンプ
貯湯タンク
給湯

直接水を温めるタイプと、不凍液を循環させて熱交換してタンクに溜めるタイプがある

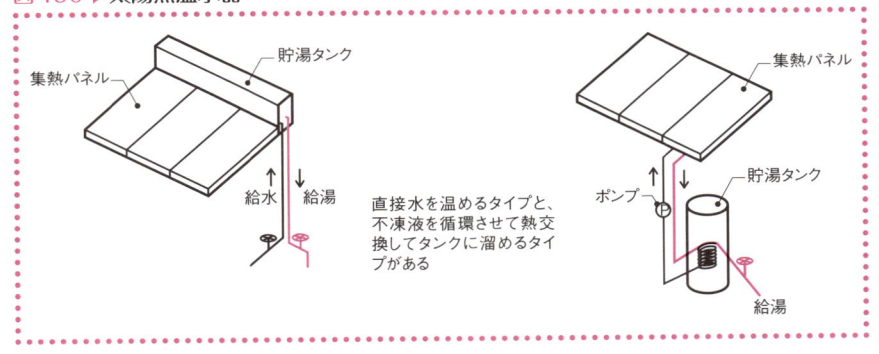

図 191 ▶雨水貯水槽

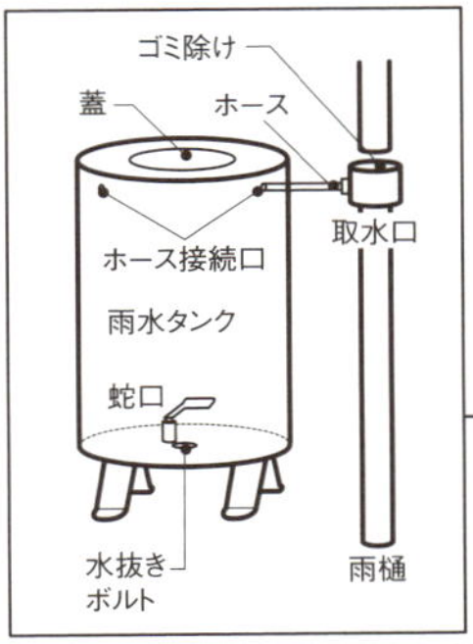
ゴミ除け
蓋
ホース
取水口
ホース接続口
雨水タンク
蛇口
水抜き
ボルト
雨樋

雨樋に取水口を取り付け、そこから雨水を取り込み、雨水貯蓄槽に貯める

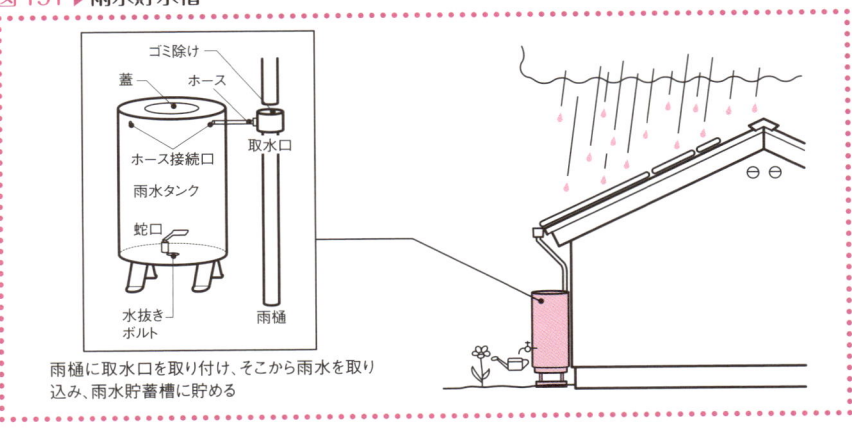

周辺環境との調和が大切な外構計画

外構の計画

外構は、周辺環境との調和が大切なので、設計の当初から考えておく必要があります(図 192)。

(1) 外部空間のゾーニング

まずそれぞれの空間の性格に合わせたゾーニングをします。玄関へのアプローチ、車庫、庭、サービスヤードなどに必要な空間を決めていきます。

(2) 雨水や日照などの条件の検討

敷地に降った雨水が十分処理できるか、隣地や道路から雨水が流れ込んでこないかなど敷地条件を確認します。雨の日に敷地を見るのも参考になります。また、隣地の建物や擁壁《ようへき》、樹木などによって通風や日照の条件も違ってきます。環境に合った植栽や外構を検討します。なお、雨水が地面に浸透しやすいように土のままにしたり、植物を植えることも重要です。

(3) 塀《へい》とフェンス

欧米と違い、日本では、敷地の周囲を塀やフェンスで囲います。ブロックなどの高い塀は、控《ひか》え壁《かべ》をつくるなど、十分な強度を持たせないと危険です。

低い部分はブロックにして高い部分はフェンスにすると、風通しが良くなります。フェンスであれば、身を隠すことができないので、防犯上も効果的です。

生垣《いけがき》は、建て主だけでなくまちなみに潤いを与えますし、地震時に倒れて怪我をすることもありません。メンテナンス方法や樹種を検討して上手に使いましょう。

(4) 地面の処理

地面は、土のままにする、コンクリートや石・ブロックなどで舗装する、砂利を敷くなど何らかの処理をします。

住宅が完成した時点で、外構が必ずしも完成している必要はなく、セルフビルドでつくる場合もあります。

洗濯や物干し場として使う
サービスヤードは、キッチンや
勝手口の付近に設けます

図192▶住宅の外構計画

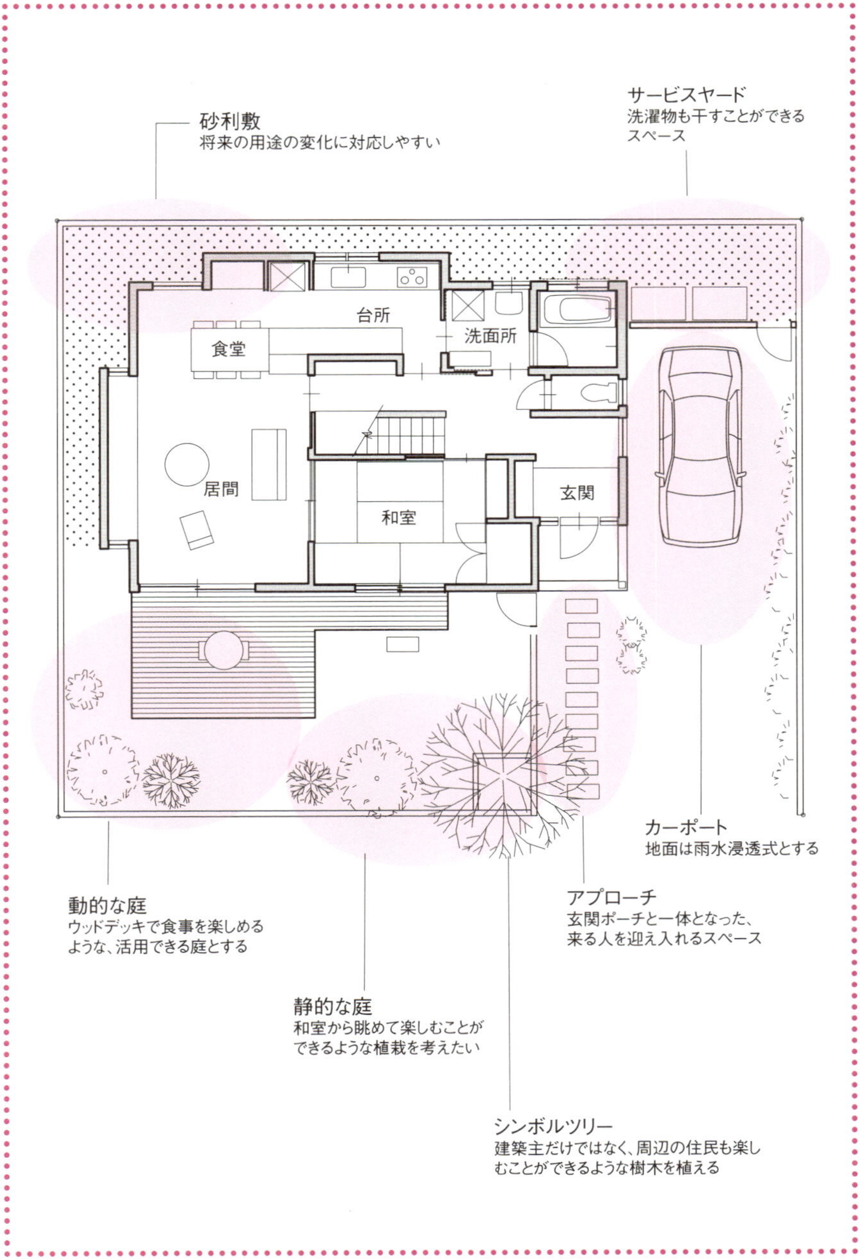
砂利敷
将来の用途の変化に対応しやすい
サービスヤード
洗濯物も干すことができる
スペース
台所
食堂
洗面所
居間
和室
玄関
カーポート
地面は雨水浸透式とする
動的な庭
ウッドデッキで食事を楽しめる
ような、活用できる庭とする
アプローチ
玄関ポーチと一体となった、
来る人を迎え入れるスペース
静的な庭
和室から眺めて楽しむことが
できるような植栽を考えたい
シンボルツリー
建築主だけではなく、周辺の住民も楽し
むことができるような樹木を植える

玄関と一体で考えるアプローチのデザイン

玄関前のポーチは、訪れる人を最初に迎える場所で、住宅の顔でもあります。カーポートも玄関からのアプローチと一体的に考えます（図 193）。

ポーチ

ポーチは、建物本体とのバランスを考え、玄関と一体的にデザインします。

床材はタイルや洗い出しなどの滑りにくい仕上げを施します。また、傘をたたんでも濡れない程度の屋根か庇《ひさし》が必要です。ポーチの手前には、バリアフリー対策としてスロープを設置する場合もあります。夜間などにポーチを照らすために、外部に照明用のスイッチか人感センサー付きの照明器具を付けると便利です。

カーポート

建築基準法では、建物の一部をカーポートとして使う場合は、床面積の1／3までは、容積率に算入しなくてよいことになっています。ただし、カーポートに屋根がつく場合、建築面積には算入されるので注意が必要です。

床は、車が載《の》っても大丈夫なコンクリートや石、インターロッキングなどを敷きます。コンクリートを打設《だせつ》し、水が引いた時点で、ホースの水で骨材の砂利を洗い出すコンクリート洗い出し仕上げも自然な感じになります。

その他、土を入れて芝を植えることができるコンクリートや、レンガの素材でできたブロック、90cm角ほどの間伐材《かんばつざい》の角材を並べるウッドデッキも、カーポートとして使えます。

ウッドデッキ

ウッドデッキは室内空間の延長として、魅力的な空間です。デッキ材は、風雨にさらされるため、水に強い木材を使いますが、いずれ取り替えることを考え、上からビス止めにします。仕上げは、あえて塗装しないか、防腐塗料や安全性の高い自然系の木材保護塗料を塗ります（図 194・195）。

ポーチのデザインは玄関と
一体に考えます。防犯上の
照明なども必要です

図 193 ▶カーポートと一体のアプローチ、ポーチ

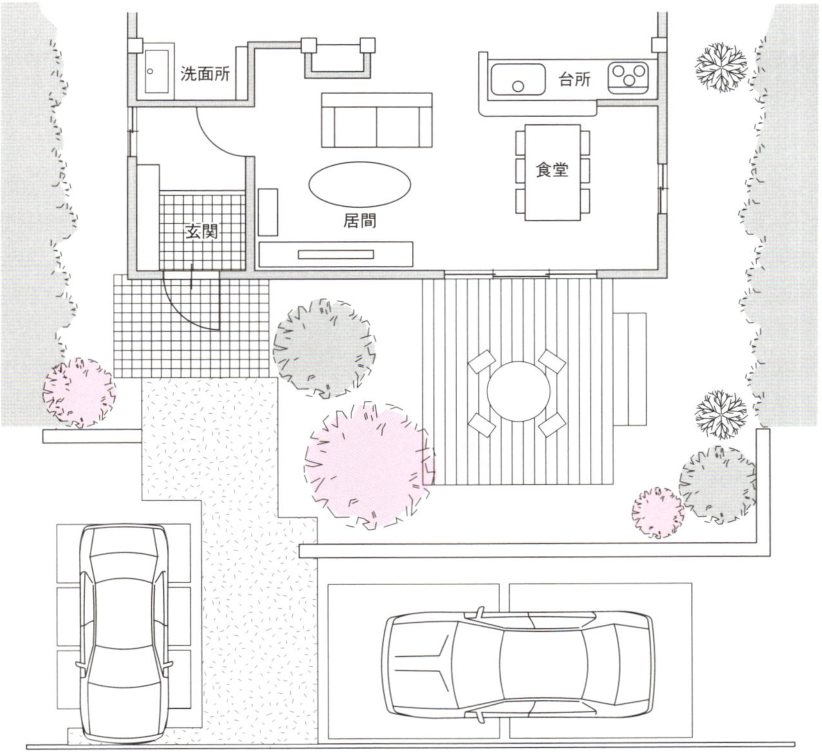

図 194 ▶標準的なウッドデッキのつくり

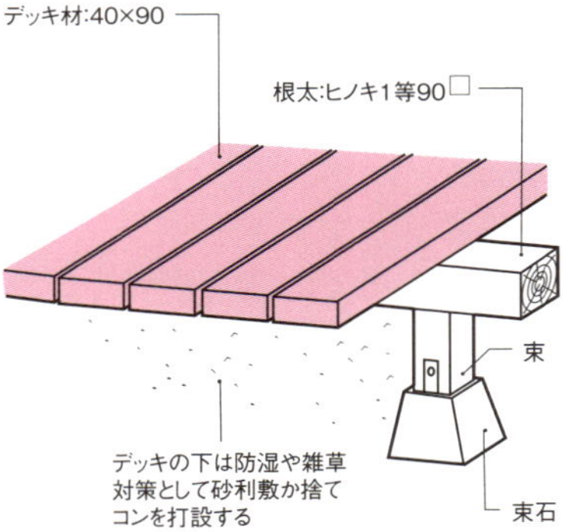

図 195 ▶間伐材を使った簡易なウッドデッキ

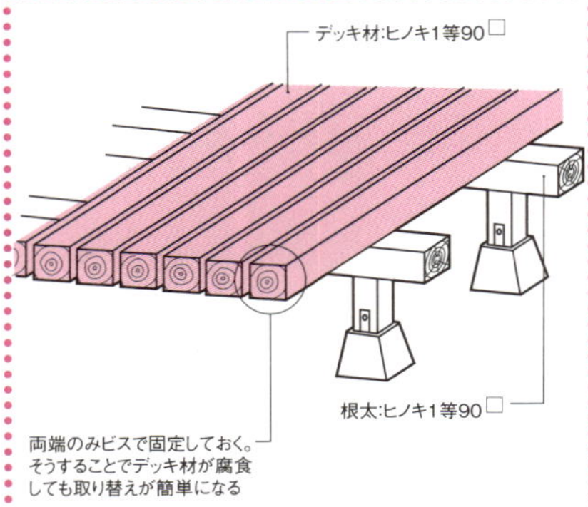

トータルイメージが大切な住宅の植栽計画

植栽計画

植栽の選定では、建築と調和した植栽にすることが大切です。

(1) トータルなイメージ

和風なのか、洋風なのか、雑木《ぞうき》の庭なのかなど、空間のイメージにもとづき、外《がい》構《こう》と一体となった植栽を計画します。

(2) シンボルツリー

庭やエントランスの庭に、メインとなる1本の木、シンボルツリーを植えます。家のシンボルとなる樹木は、樹姿《じゅし》の美しいものを選びます。シンボルツリーを決めてからそのほかの植栽を決めていきます(図 196)。

(3) 生垣《いけがき》と花壇

塀《へい》の代わりに、生垣をつくることがあります。生垣に使う植物は、ツゲ、ベニカナメモチ、ドウダンなどです。駐車場やアプローチ壁沿いに幅 10cmほどの花壇をつくると、コンクリートの表情が和らぎます。

(4) 家庭菜園

窓の外にネットを張り、ゴーヤや朝顔などのツル性の植物を絡ませ、日除けにする緑のカーテンをつくったり、野菜や果物を栽培する家庭菜園のスペースを設定します。

庭の役割

(1) アプローチの庭

玄関までのアプローチの庭は、家に来る人や家族を迎え入れる大切な演出空間です。

(2) 動的な庭

庭に出て歩いたり活動するために、石やレンガを敷いたり、ウッドデッキをつくります。

(3) 静的な庭

植物を植えたり、池を設置するなど、眺めるための静的な庭もあります。中庭や坪庭を設けると、家の中に通風や潤いをもたらし、効果的な演出ができます(図 197)。

(4) 実用的な庭

物干し場や物置を置くなど、実用的なサービスヤードとして活用します。

あまり手のかからない植物で
植栽をつくると、手入れの労力が
少なくて済みます

図 196 ▶シンボルツリー

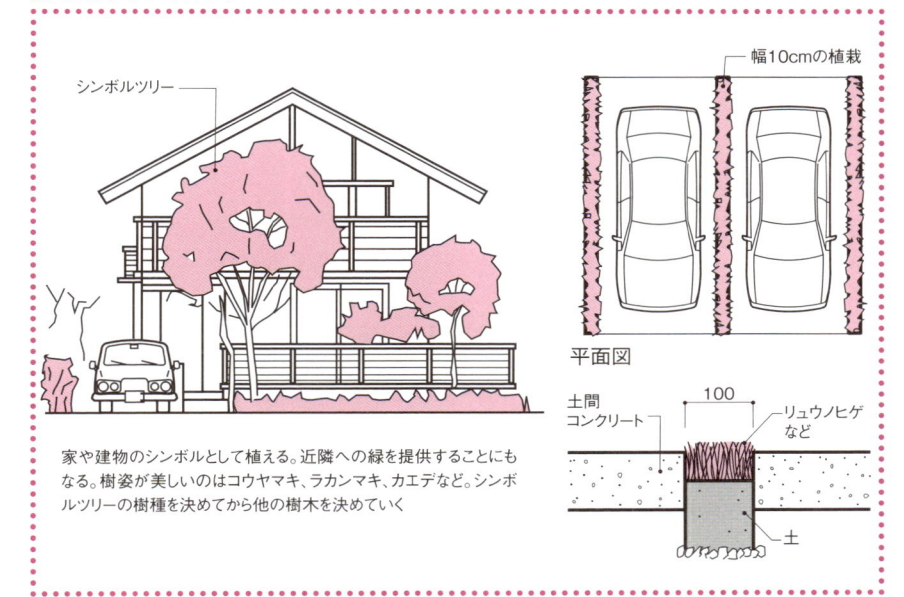

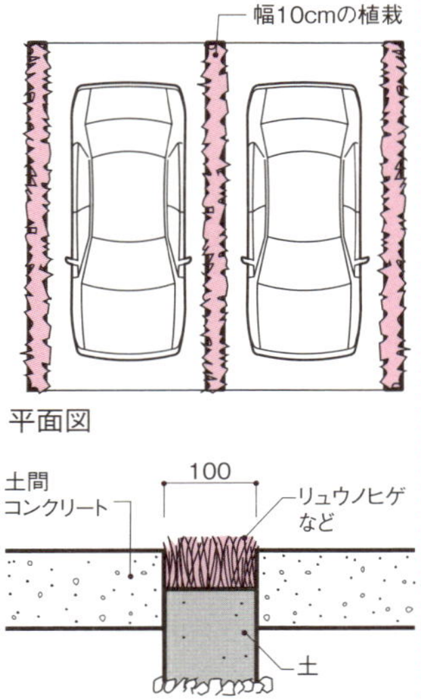

家や建物のシンボルとして植える。近隣への緑を提供することにもなる。樹姿が美しいのはコウヤマキ、ラカンマキ、カエデなど。シンボルツリーの樹種を決めてから他の樹木を決めていく

図 197 ▶静的な庭（眺める庭）

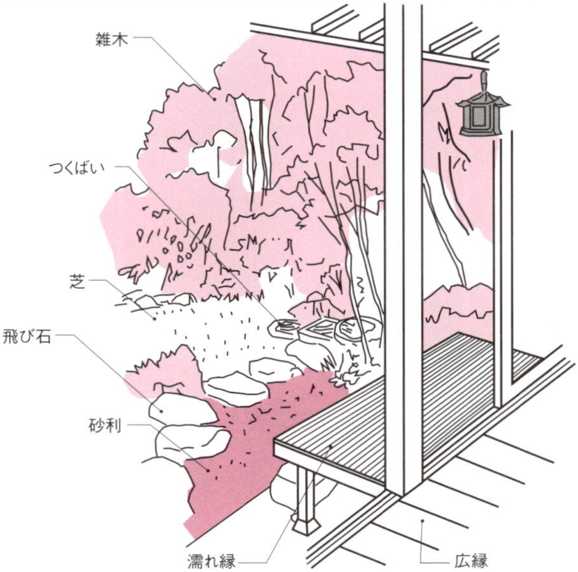

5分間の防御が目標の防犯対策

隠れる場所を作らない

近年、住宅における防犯対策が重要になってきました。建て主の防犯対策への関心も高くなっています。特に住宅地では、昼間、家に人がいないことが多く、人通りも少ないため、防犯対策を十分考える必要があります。

たとえば、ポストの郵便物や照明などで、留守であることがわからないようにすることも対策につながります。

窓やドアが道路や周辺から良く見える住宅では、ドアや窓をこじ開けたりする作業がしにくくなります。高い塀《へい》にせずに、外から中の様子が見えるフェンスなどにします。

夜間、窓やドアを明るくしておくのも効果的です。人が近づくと点灯する人感センサー付きのライトなどを付けます。

開口部の防犯対策

泥棒は、ドアや開口部を5分間でこじ開けられなければ、その家への侵入をあきらめるといわれています。

玄関には鍵を2つ付け、防犯性能の高いディンプル鍵などを設置します。

また、小さめの窓には格子《こうし》を設置します。室内側の窓枠に横のバーを取り付けて、侵入を防ぐ方法もあります。

シャッターや雨戸を設置することも防犯上効果的です。閉めたときに通風を確保できるように、ガラリ付きの雨戸や、通風用の細かい穴の開いたシャッターもあります。

外部からの侵入は、7割近くが窓ガラスを割って入ってくるという統計データがあります。

網入ガラスを防犯上効果的なものと思っている人もいますが、これは、火災時にガラスが割れても飛散しないことが目的で、防犯上の効果は期待できません。中間膜として樹脂フィルムを挟み込んだ、合わせガラスが防犯用のガラスとして効果的です(図 198)。

防犯対策の基本は、
隠れる場所を
つくらないことです

図198▶開口部の防犯対策

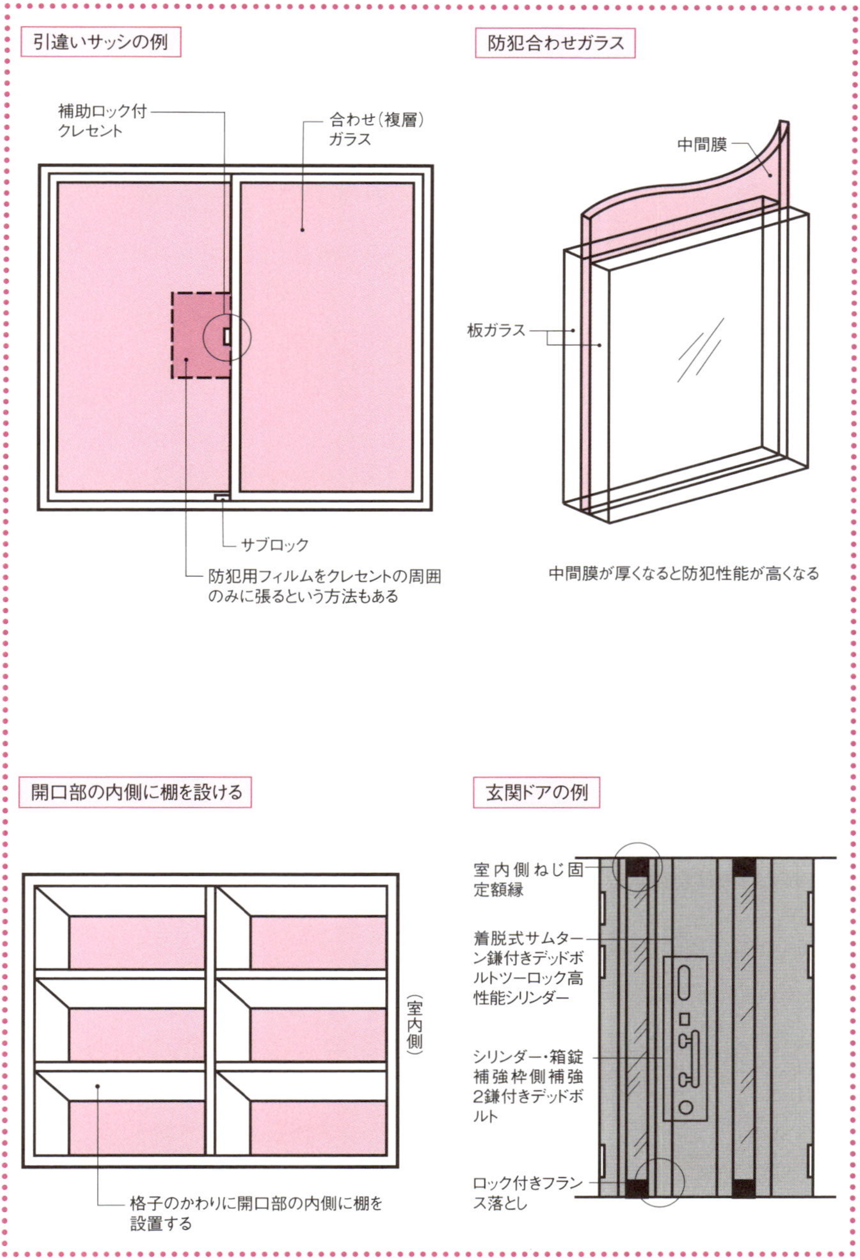

引違いサッシの例
補助ロック付クレセント
合わせ（複層）ガラス
サブロック
防犯用フィルムをクレセントの周囲のみに張るという方法もある
防犯合わせガラス
中間膜
板ガラス
中間膜が厚くなると防犯性能が高くなる
開口部の内側に棚を設ける
（室内側）
格子のかわりに開口部の内側に棚を設置する
玄関ドアの例
室内側ねじ固定額縁
着脱式サムターン鎌付きデッドボルトツーロック高性能シリンダー
シリンダー・箱錠補強枠側補強2鎌付きデッドボルト
ロック付きフランス落とし

関谷真一　（せきや しんいち）

1957年生まれ。工学院大学大学院修士課程修了。一級建築士。現在、結設計室主宰。自然×住宅の会理事。NPO法人新日本まちづくりハウジング協会理事長。NPO法人らいふ舎理事長。工学院大学非常勤講師。ローコストな自然素材の家づくりに取り組んでいる。

ゼロからはじめる建築知識

01 木造住宅

発行日	2010年6月18日　初版第1刷発行
	2018年7月25日　第3刷発行
著　者	関谷真一
発行者	澤井聖一
発行所	株式会社エクスナレッジ
	〒106-0032
	東京都港区六本木7-2-26
	販売部　TEL:03-3403-1321
	FAX:03-3403-1829
	URL:http://www.xknowledge.co.jp/
編集協力・本文デザイン	廷々史哉・桂山奈々／パルス・クリエイティブ・ハウス
	阿部 守／MABコンサルティング
イラスト	高村あゆみ
カバー・表紙デザイン	細山田デザイン事務所
印刷・製本	大日本印刷

落丁・乱丁本は販売部にてお取り替えします。

ISBN978-4-7678-0991-5